BAN KI-MOON
UN SECRETARY GENERAL

Die modernen Finanzmärkte würdigen und honorieren in zunehmendem Maße gute Sozial- und Umweltleistungen. Finanzanalysten und Investoren sind sich einig, dass Unternehmen, die Risiken reduzieren und neue Möglichkeiten aufspüren, höhere Langfristwerte darstellen.

Ebenso hat sich ein neuer global denkender Verbraucher herausgebildet. Dieser Käufer verlangt Informationen über den ökologischen und sozialen Fußabdruck von Produkten und Dienstleistungen, bevor er oder sie sich entscheidet.

Diese Entwicklungen demonstrieren, dass Gutes zu tun und dabei erfolgreich zu sein sich mehr denn je gegenseitig verstärken. Sie erfordern eine neue Herangehensweise an unsere Form der Geschäftstätigkeit – einen Ansatz, der auf Transparenz, Offenheit und der Bereitschaft basiert, auf die Erwartungen und Belange vieler verschiedener Interessengruppen einzugehen.

Durch Ihren Beitritt zum Global Compact haben Sie Ihre Bereitschaft gezeigt, diesen Pfad zum Erfolg einzuschlagen. Ich bin überzeugt, dass dieser Schritt Ihnen in den kommenden Monaten und Jahren zugutekommen wird.

Today's financial markets increasingly recognize and reward good social and environmental performance. Financial analysts and investors concur that companies which minimize risks and seek out new opportunities represent better long-term value.

Similarly, a new global consumer has emerged. This buyer seeks information about the environmental and social footprint of products and services before making his or her decisions.

These developments demonstrate that, more than ever before, doing good and doing well are mutually reinforcing. They require a new approach to the way we do business – one based on transparency, openness and a willingness to address the expectations and concerns of a wide range of constituencies.

*By joining the Global Compact, you have signalled your readiness to embrace this path to success.
I am confident it will serve you well in the months and years to come.*

APRIL 2008

CONTENT

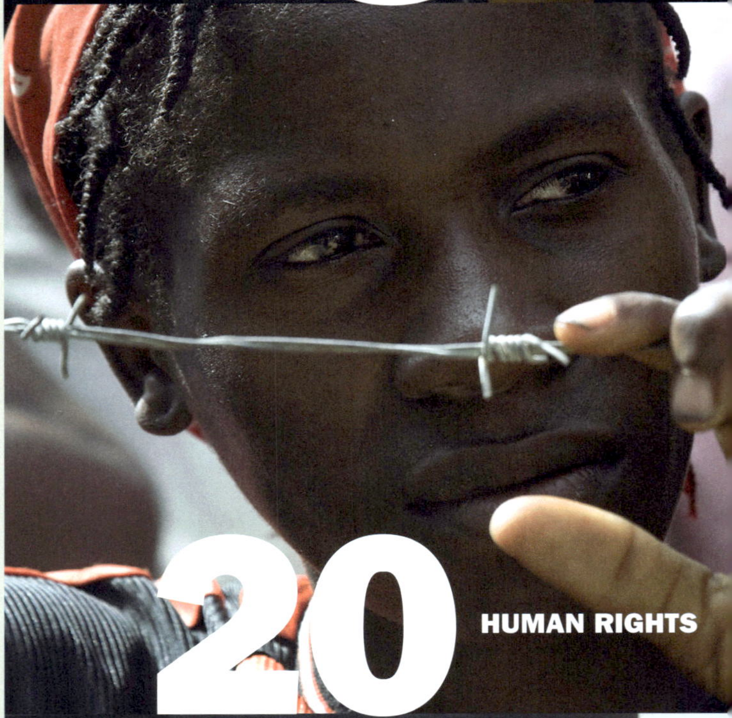

BEST PRACTICE

SECTIONS

60

Die Nachfrage nach Bio-Treibstoffen hat die Lebensmittelpreise um bis zu 60 Prozent steigen lassen. Die derzeitige Politik „sollte dringend hinterfragt werden, um eine sichere Welternährung, den Schutz kleiner Bauern, sowie die Entwicklung einer nachhaltigen und ökologischen ländlichen Entwicklung sicherzustellen." Zu diesem Schluss kommt ein Bericht von Jacques Diouf, Executive Director des UN Nahrungsprogramms FAO. Die Welt-Ethanolproduktion verdreifachte sich zwischen 2000 und 2007 und wird sich voraussichtlich bis 2017 nochmals auf dann rund 127 Mrd. Liter/Jahr verdoppeln. | The demand for biofuel has caused the increase in food prices of up to 60 percent. Current policies should be "urgently reviewed in order to preserve the goal of world food security, protect poor farmers, promote broad-based rural development and ensure environmental sustainability," said a report released by Jacques Diouf, the executive director of the United Nations Food and Agriculture Organization. World fuel ethanol production tripled between 2000 and 2007 and is expected to double again between now and 2017 to reach 127 billion liters a year.

SA
EGETABLE O
A FORTIFIE
SA

46664

Xola Dubula shows Nelson Mandela the prize magazine of The World's Children's Prize for the Rights of the Child.

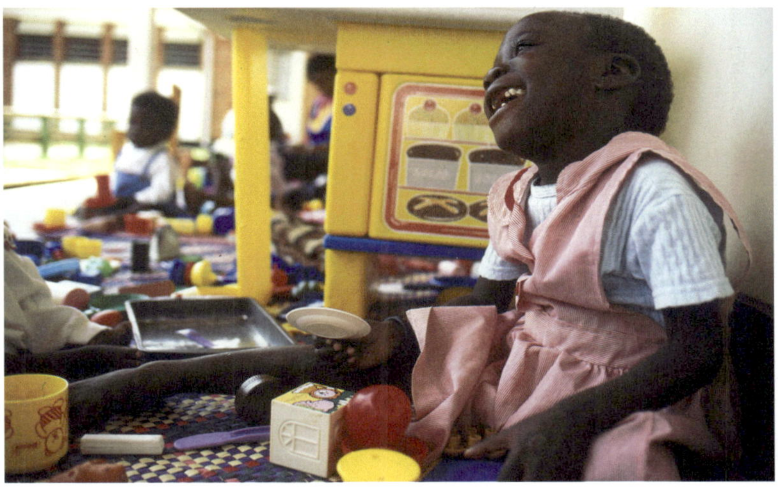

„46664 war 18 Jahre lang meine Häftlingsnummer, als ich Gefangener auf Robben Island war. Ich war nur als Nummer bekannt. Heute sind Millionen HIV-infizierter Menschen genau das: Eine Nummer!“ sagt Nelson Mandela. Seine Stiftung setzt sich heute unter dieser Nummer für HIV-Opfer ein. Im Jahr 2008 feierte Nelson Mandela seinen 90. Geburtstag. | **"46664 was my prison number for the 18 years that I was imprisoned on Robben Island. I was supposed to be reduced to that number. Today millions of people infected with HIV and Aids are in danger of being reduced to mere numbers unless we act. They too are serving a prison sentence for life so I have allowed my prison number to help drive this campaign". In 2008 Nelson Mandela celebrated his 90th birthday.**

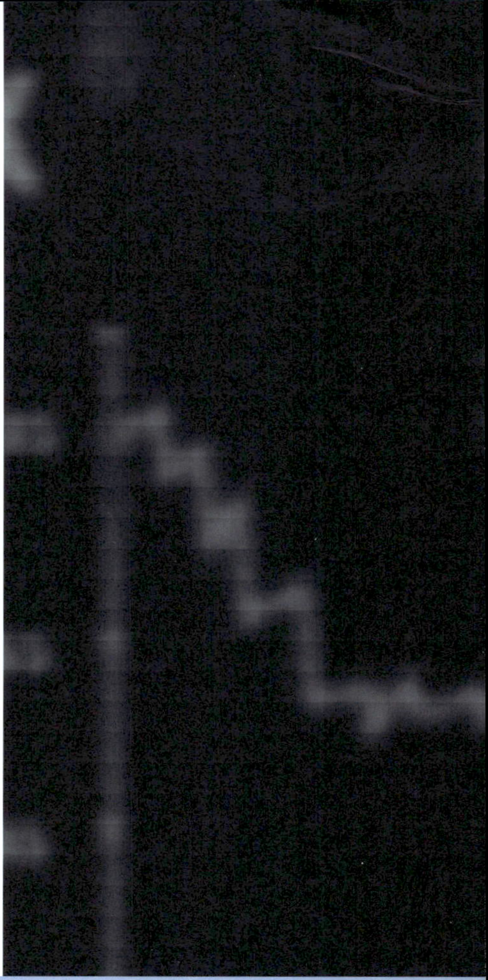

2.000.000.000.000

Die Bankenkrise kostete bisher mindestens 2.000 Mrd. US$. Das ist etwa so viel, wie die Realisierung der UN Millenniumsziele kosten würde. Die Krise geht auf eine Immobiliendarlehnsblase zurück, die spätestens 2007 offensichtlich wurde. Die Kreditkrise zeigt dabei deutlich die Schwächen des globalen Finanzsystems und der Regulationsmechanismen des Finanzsektors. | **The financial crisis put the cost at minimum $ 2trn. That's roughly the price of the enforcement of the UN Millennium Goals. The crisis, which has its roots in a subprime mortgage crisis, became apparent in 2007 and has exposed pervasive weaknesses in financial industry regulation and the global financial system.**

DIE ÖKONOMISCHE BEDEUTUNG DER BIODIVERSITÄT

Die Biodiversität bildet die Basis für das Überleben der Menschheit. Sie repräsentiert aber auch das natürliche Kapital der Erde und ist somit auch Grundlage für Wohlstand und wirtschaftliche Entwicklung. Eine Vielzahl von Leistungen wie z.B. Nahrungsmittel, Brennstoffe, sauberes Wasser, gesunde Böden, Schutz vor Überschwemmungen, Schutz gegen Bodenerosion, Arzneimittel, Kohlenstoffspeicherung und noch viele andere Leistungen stellt die Natur zur Verfügung. Die freie Verfügbarkeit dieser Leistungen der Natur hat uns zu lange dazu verleitet anzunehmen, dass sie keinen wirtschaftlichen Wert haben. Obwohl unser Wohlergehen vollkommen von diesen „ökosystemaren Dienstleistungen" abhängig ist, sind sie öffentliche Güter ohne Märkte und ohne Preise. Deshalb werden sie von unserem „Wirtschaftskompass" oft nicht wahrgenommen. In der Logik unserer traditionellen Ökonomien werden damit die Natur und die Biodiversität beinahe zwangsläufig übernutzt. Eine der größten Herausforderungen für unsere Zukunft liegt darin, diese Wahrnehmung der biologischen Vielfalt zu ändern und den Kompass zu justieren.

VON SIGMAR GABRIEL

Das Bundesumweltministerium hat auf der Grundlage der Gespräche der G8+5 Umweltminister daher gemeinsam mit der Europäischen Kommission eine Studie initiiert, die die ökonomische Bedeutung der Biodiversität deutlich macht und die Kosten des Verlusts biologischer Vielfalt berechnet.

Der erste Zwischenbericht dieser Studie, „Die Ökonomie von Ökosystemen und der Biodiversität" (The Economics of Ecosystems and Biodiversity – TEEB), wurde auf der 9. Vertragsstaatenkonferenz der UN-Konvention über die biologische Vielfalt (CBD) in Bonn von Pavan Sukhdev, dem Leiter des Projekts, vorgestellt. Pavan Sukhdev ist verantwortlicher Manager für den Bereich „Global Markets" der Deutschen Bank AG und hat mit Untersuchungen, die mit dem Ansatz der TEEB-Studie vergleichbar sind, in Indien bereits für Aufsehen gesorgt. Die von BMU und Europäischer Kommission nun initiierte Studie betrachtet die Auswirkungen des Verlusts der Biodiversität im globalen Maßstab.

Eine interdisziplinäre Arbeitsgruppe mit Partnern aus verschiedenen Staaten und internationalen Organisationen sowie unabhängige Experten aus aller Welt stellten sich in der ersten Phase der Studie dieser wirtschaftswissenschaftlichen Herausforderung. Es ist uns wichtig, bei der Untersuchung die megadiversen Länder genau so einzubinden wie die G8+5-Staaten. Denn das Ziel der TEEB-Studie ist es, einen weltweiten Verbund auf der Grundlage ökonomischer Instrumente zu schließen, sozusagen einen „Global Compact of Biodiversity", um den Verlust der biologischen Vielfalt zu stoppen.

Gerade in den Entwicklungsländern ist Biodiversität für viele Menschen die Grundlage ihrer Existenzsicherung. Allein in Indien sind beispielsweise 550 Millionen Menschen für die tägliche Daseinsvorsorge existenziell von intakten Ökosystemen abhängig. Die Vernichtung biologischer Vielfalt durch die weltweite

Präsentation der TEEB Studie von | Presentation of the TEEB study by
Achim Steiner (Director UNEP), Stavros Dimas (EU Commissioner), Sigmar Gabriel (BMU, Minister), Pavan Sukhdev (TEEB-Project) (v.l.n.r. | from left to right)

Fischereiindustrie wird ebenfalls zu allererst und existenziell die Armen dieser Welt treffen. Die TEEB-Studie zeigt auf, dass bei der Fortsetzung der gegenwärtigen Raubbau-Fischerei in den Weltmeeren ab der Mitte dieses Jahrhunderts keine kommerzielle Meeresfischerei mehr möglich sein wird, weil die Bestände dann zusammengebrochen sein werden. Eine Milliarde der ärmsten Menschen der Welt, die fast ausschließlich auf Fischprotein als Ernährungsbasis angewiesen sind, werden dadurch noch ernstere gesundheitliche Probleme bekommen.

An diesen Beispielen zeigt sich bereits, wie schwierig ein globaler Ansatz für eine wirtschaftswissenschaftliche Bewertung von Biodiversität und den Dienstleistungen der Ökosysteme ist: Für einen Menschen, der in Südasien an der Grenze des Existenzminimums lebt, ist der Gegenwert eines Dollars, der sich aus den Dienstleistungen der Natur verdienen lässt, ungleich wertvoller als für jemanden, der in einem Industriestaat wie Deutschland wohnt.

Die Ergebnisse der TEEB Studie richten sich vor allem auch an diejenigen, die mit ihren täglichen Wirtschaftsentscheidungen über die Lebensvielfalt auf unserem Planeten mitentscheiden. Wir wollen zeigen, dass der Schutz der Natur ebenso eine harte ökonomische Logik hat. Anhand verschiedener Beispiele verdeutlicht TEEB, den hohen Wert – berechnet in Euro und Dollar – der natürlichen „Dienstleistungen“ und ihre Bedeutung auch für unsere ökonomische Entwicklung. Im Vergleich mit wichtigen Industriesektoren wird dies sehr offensichtlich: In den 100.000 Naturschutzgebieten, die weltweit 11 % der Landmasse der Erde bedecken, werden Ökosystemdienstleistungen im Wert von 4,4 bis 5,2 Billionen US$ pro Jahr „erwirtschaftet“. Das ist deutlich mehr als die Umsätze des globalen Automobilsektors, Stahlsektors und IT-Dienstleistungssektors zusammen! Rund 40 Milliarden US$ pro Jahr, also nur etwa

The Economic Importance of Biodiversity

Biodiversity provides the foundation for the survival of humanity. But it is also the world's natural capital and thus the foundation for prosperity and economic development. Nature provides a multitude of goods and services, such as food, fuel, clean water, healthy soil, protection against flood, protection against soil erosion, medicines, carbon storage and many others. For too long, the free availability of nature's goods and services has misled us to assume they have no economic value. Although our welfare depends entirely on these "ecosystem services", they are public goods without markets and without prices. For that reason, our "economic compass" often does not register them. And so, in the logic of our traditional economics, it is almost inevitable that nature and biodiversity will be overused. One of the greatest challenges for our future lies in changing this perception of biological diversity and adjusting the compass.

BY SIGMAR GABRIEL

Based on the discussions of the G8+5 environment ministers, the German Federal Environment Ministry, together with the European Commission, has initiated a study that makes the economic importance of biodiversity clear and calculates the costs connected with its loss.

The first interim report of this study, "The Economics of Ecosystems and Biodiversity" (TEEB), was presented by Pavan Sukhdev, the project leader, to the 9th Conference of the Contracting Parties to the UN Convention on Biological Diversity (CBD) in Bonn. Pavan Sukhdev is Managing Director and Head of Global Markets at Deutsche Bank AG, and his investigations, which are comparable to the approach of the TEEB study, have already attracted great attention in India. The new study, initiated by the Federal Ministry for the Environment and the European Commission, looks at the effects of the loss of biodiversity on a global scale.

An interdisciplinary workgroup with partners from different countries and international organisations as well as independent experts from throughout the world have taken on the challenging economics in the first phase of the study. It is important for us that the entire range of extremely diverse countries should be included in the investigation in the same way as the G8+5 countries. For the objective of the TEEB study is to create a worldwide network based on economic instruments, a "Global Compact of Biodiversity", so to speak, in order to stop the loss of biological diversity.

For many people, especially in developing countries, biodiversity is the foundation of their economic existence. In India alone, for example, 550 million people depend on intact ecosystems to provide their daily subsistence. The destruction of biological diversity by the worldwide fishing industry will likewise hurt first and foremost the world's poor. The TEEB study shows that, if the current predatory fishing practices are continued, commercial sea fishing will no longer be possible by the middle of this century, since the stocks of fish will by then have totally collapsed. As a result, one billion of the world's poorest people who rely almost exclusively on fish protein to meet their nutritional needs will experience even more severe health problems.

These examples show the difficulty facing a global approach to economic evaluation of biodiversity and the services of ecosystems. For

1 % der jährlichen Wertschöpfung, sind notwendig, um diese Gebiete zu schützen und zu erhalten. Eine Investition in den Erhalt dieser natürlichen „Dienstleistungen" ist ein gutes Geschäft für unsere Gesellschaft und führt zu „win-win"-Lösungen, die zum einen dem Naturschutz zugute kommen und zum andern wirtschaftliches Wachstum auf einer nachhaltigen Produktionsgrundlage ermöglichen.

Die freie Verfügbarkeit der Leistungen der Natur hat uns zu lange dazu verleitet anzunehmen, dass sie keinen wirtschaftlichen Wert haben. For too long, the free availability of nature's goods and services has misled us to assume they have no economic value.

Mit der TEEB-Studie möchten wir aber nicht nur auf den durch die dramatisch schwindende biologische Vielfalt entstehenden enormen Wertverlust aufmerksam machen. Vielmehr möchten wir auch Beispiele vorstellen, wie man es besser machen kann. In etlichen Ländern werden bereits viel versprechende Konzepte erprobt, die Nachahmungsmöglichkeiten auf globaler Ebene bieten, wie beispielsweise das Konzept des „International Payments for Ecosystem Services" (Costa Rica), das Handelsinstrument des „Habitat Banking" (USA) und Programme zur Aufteilung der Einnahmen aus Schutzgebieten (Uganda). Erforderlich für die Umsetzung dieser und weiterer Politikansätze auf globaler Ebene ist ein ökonomisches Umdenken.

Es gilt, in diesem Prozess für eine neue ökologische Industriepolitik über eine Umorientierung unserer politischen Instrumente nachzudenken. Neue Märkte sind zu schaffen, und es muss uns gelingen, eine gerechtere Aufteilung der Vorteile des Biodiversitätsschutzes und die umfassende Berücksichtigung von Kosten und Nutzen ökosystemarer Dienstleistungen zu erreichen. Ein ökonomischer „Werkzeugkoffer", mit dem Entscheidungsträger aus Politik und Wirtschaft die genannten Ansätze in die Tat umsetzen können, wird in Phase II von TEEB erstellt werden.

BBOP – Wirtschaft & Biodiversität

Von Alexander Schulz

Wie können Unternehmen in den Artenschutz eingebunden werden? Eine Möglichkeit besteht darin, am Business and Biodiversity Offset Program (BBOP) mitzuwirken. Doch was sind eigentlich „Biodiversity Offsets"? BBOP will die Wirtschaft aktiv in Maßnahmen zum Schutz der biologischen Vielfalt einbinden und bringt dabei so unterschiedliche Akteure wie etwa Shell und den WWF an einen Tisch. Ziel ist es, mittels Biodiversity Offsets sicherzustellen, dass durch Infrastrukturprojekte verursachte unvermeidbare Verluste an anderer Stelle so ausgeglichen werden, dass es im Idealfall einen Zugewinn, keinesfalls aber einen Nettoverlust an Artenvielfalt gibt. Zu diesem Zweck wollen die im BBOP zusammengeschlossenen rund 40 Unternehmen, NGOs, Regierungsbehörden, Forschungseinrichtungen und Finanzinstitutionen in konkreten Pilotprojekten die positiven Auswirkungen solcher Maßnahmen auf die biologische Vielfalt und den Erhalt der Lebensgrundlagen für die einheimische Bevölkerung aufzeigen und aus den dabei gemachten Erfahrungen Best Practices ableiten und verbreiten. Langfristig soll das Programm einen Beitrag dazu leisten, dass Biodiversity Offsets in Unternehmen, deren Geschäftstätigkeit spürbare Auswirkungen auf die Artenvielfalt hat, zur gängigen Praxis werden.

Um sicherzustellen, dass der Kompensations-Ansatz nicht genutzt wird, um ökologisch fragwürdigen Projekten einen grünen Anstrich zu verpassen, legt BBOP großen Wert auf die Einhaltung der sogenannten Minderungs-Hierarchie. Demnach müssen trotz des Ausgleichs an anderer Stelle zunächst die am Projektstandort anfallenden Schädigungen so weit wie möglich verhindert, minimiert und ausgeglichen werden.

Wie das funktionieren kann, zeigt beispielhaft ein Pilotprojekt in Südafrika, in dem der weltgrößte Platinproduzent Anglo Platinum mit der Naturschutz-NGO „Botanical Society of South Africa" zusammenarbeitet. Ziel ist es, den durch die Erweiterung einer bestehenden Platinmine anfallenden Verlust von rund 2.400 Hektar Savannenlandschaft durch die Einrichtung eines knapp 5.400 Hektar großen Schutzgebiets mit ähnlichen ökologischen Bedingungen zu kompensieren.

Im Sinne der Minderungs-Hierarchie wurde sichergestellt, dass beim Ausbau der Mine ein Sicherheitsabstand von 100 Metern zu zwei durch das Gelände verlaufenden Flüssen eingehalten wird, keine neuen

a person living at the poverty line in South Asia, the value of one dollar earned from nature's services is much greater than for someone who lives in an industrialised country, such as Germany.

The results of the TEEB study are directed especially at those whose daily economic decisions play a role in determining the fate of biodiversity on our planet. We want to show that protecting nature also has a hard economic logic. Based on various examples, TEEB shows the high value – calculated in euros and dollars – of natural "services" and their importance for our economic development. This becomes very apparent when compared with important industrial sectors: Ecosystem services with a value between 4.4 and 5.2 trillion USD are "produced" each year in the 100,000 nature preserves that cover 11 % of the earth's land surface worldwide. That is considerably more than the revenues of the global automobile, steel and IT services sectors combined! Around 40 billion USD per year, that is, only about 1 % of the annual value added, is needed to protect and maintain these preserves. Investing to maintain these natural "services" is good business for society and creates win-win solutions which let us both conserve nature and achieve economic growth on a sustainable production basis.

With the TEEB study, we want to do more than just draw attention to the enormous loss of wealth resulting from dramatically dwindling biological diversity. We also want to present examples of how we can do things better. Some countries are already testing promising concepts that can be copied at the global level, such as "International Payments for Ecosystem Services" (Costa Rica), the trade instrument of "Habitat Banking" (U.S.A.) and programmes for distributing the income from nature sanctuaries (Uganda). To implement these and other political approaches at the global level, economic rethinking is needed.

In this process for a new ecological industrial policy, we have to think about how to reorient our political instruments. New markets have to be created, and we must achieve a comprehensive consideration of the costs and benefits of ecosystem services as well as a fairer distribution of the advantages from biodiversity protection. An economic "tool kit", with which decision makers in politics and business can make the above approaches reality, will be prepared in phase II of TEEB.

A cooperation between TEEB and the parallel-launched Business & Biodiversity Initiative of the German Federal Environment Ministry can be viewed in this context. The part-

Straßen gebaut werden und heilige Stätten der lokalen Bevölkerung unangetastet bleiben. Um die Auswirkungen des Projekts auf weitgehend unberührte Landstriche zu minimieren, wurden sowohl für den Ausbau der Mine als auch für die Einrichtung des neuen Schutzgebietes Areale gewählt, die durch menschliche Einflüsse ökologisch ohnehin bereits belastet waren. Durch die notwendige Umsiedlung der lokalen Bevölkerung sind neben ökologischen auch soziale Kompensationsmaßnahmen erforderlich.
Beides ist eng miteinander verbunden. Den betroffenen Familien werden neue Häuser und Land sowie Zugang zu sauberem Wasser, Sanitäreinrichtungen und dem Straßennetz bereitgestellt. Zudem werden sie aktiv in die ökologischen Ausgleichsmaßnahmen eingebunden. Neben der Wiederansiedlung heimischer Tier- und Pflanzenarten sollen so vor allem die Ursachen einer armutsbedingten Umweltzerstörung beseitigt werden und die lokale Bevölkerung – etwa durch die nachhaltige Nutzung von Wildtierbeständen und wiederaufgeforsteten Arealen zur Gewinnung von Feuerholz – auch wirtschaftlich von den Kompensationsmaßnahmen profitieren können.

In diesem Zusammenhang ist auch eine Kooperation von TEEB und der parallel gestarteten Business & Biodiversity-Initiative des Bundesumweltministeriums zu sehen. Die Partnerunternehmen der Initiative, die sich mit der Unterzeichnung der so genannten „Leadership Declaration" für die Aufnahme von Biodiversitätszielen in ihre Managementsysteme entschieden haben, sind bereits Vorreiter in diesem Prozess.

Die ökonomischen Werkzeuge, die TEEB entwickelt, werden es auch einzelnen Unternehmen ermöglichen, wirtschaftlich fundierte Entscheidungen zu treffen, die der nachhaltigen Nutzung und dem Schutz der Natur ganz selbstverständlich einen festen Platz einräumen. Die Ergebnisse von TEEB zeigen bereits jetzt, dass der Schutz und die nachhaltige Nutzung der biologischen Vielfalt und damit der Erhalt der Dienstleistungen der Ökosysteme für unsere Wirtschaft und Gesellschaft auch wirtschaftlich einen erheblichen Mehrwert darstellen.

Das große Interesse an den Ergebnissen der Studie während der UN-Naturschutzkonferenz und in den folgenden Monaten war sehr ermutigend. Eine Vielzahl von Staaten und Institutionen haben bereits auf prominenter Ebene reges Interesse an einer Zusammenarbeit im weiteren Prozess von TEEB geäußert. Das BMU wird die TEEB-Studie während der deutschen CBD-Präsidentschaft weiter engagiert unterstützen und lädt alle interessierten Parteien ein, bei dieser komplexen und überaus wichtigen Aufgabe aktiv mitzuarbeiten. Unser Ziel ist es, mit gesicherten ökonomischen Argumenten dem Erhalt und der nachhaltigen Nutzung der biologischen Vielfalt zu neuer Dynamik zu verhelfen.

SIGMAR GABRIEL IST BUNDESUMWELTMINISTER.

BBOP – Business & Biodiversity

By Alexander Schulz

How can companies get involved in species protection? One way is to participate in the Business and Biodiversity Offset Program (BBOP). But what are "biodiversity offsets"? The BBOP endeavours to actively involve business in measures to protect biological variety and brings different actors, such as Shell and the WWF, to the same table. The goal is to use biodiversity offsets to ensure that unavoidable losses from infrastructure projects are compensated for at another location so that, ideally, there will be an increase, but in no case a net loss of biodiversity. To achieve this, the around 40 companies, non-governmental organisations (NGOs), government agencies, research institutes and financial institutions that have joined together in the BBOP want to demonstrate, in specific pilot projects, the positive effects of these measures on biological variety and maintenance of native populations' livelihoods and to derive and disseminate best practices from these experiences. In the long term, the program should contribute to making biodiversity offsets common practice in companies whose business activities have noticeable impacts on biodiversity.

To ensure that the compensation approach is not used to put a green face on ecologically questionable projects, BBOP places great value on upholding the so-called reduction hierarchy. This requires that the damage occurring at the project site must first be prevented, minimised and compensated as much as possible regardless of the offset at another location. An example of how this can work is shown by a pilot project in South Africa, in which the world's largest platinum producer, Anglo Platinum, is working together with the environmental NGO "Botanical Society of South Africa".

The goal is to compensate for the loss of around 2,400 hectares of savannah landscape from expansion of an existing platinum mine by setting up an almost 5,400-hectare preserve with similar ecological conditions. In expanding the mine, in accordance with the reduction hierarchy, a safety distance of 100 metres

ner companies of the Initiative, which, through their signatures on the "Leadership Declaration", have decided to include biodiversity goals in their management systems, are already trailblazers in this process.

The economic tools that TEEB develops will also let individual companies make economically sound decisions that include the sustained use and protection of nature. The TEEB results already show that protection and sustained use of biological diversity, and thus maintenance of the services of the ecosystems, can also represent considerable economic value added for our economy and society.

The great attention paid to the results of the study during the UN Biodiversity Conference and in subsequent months was very encouraging. A number of countries and institutions have already expressed strong interest at a prominent level in cooperating in the continued TEEB process. The Federal Ministry for the Environment will continue to promote the TEEB study during the German CBD presidency and invites all interested parties to work actively on this complex and very important task. Our goal is to achieve, through solid economic arguments, a new dynamism for the protection and sustainable use of biological diversity.

Sigmar Gabriel is German Federal Environment Minister.

will be maintained from two rivers flowing through the grounds, no new roads will be built and the local population's sacred sites will remain untouched. To minimise the project's effects on largely untouched areas, land that has been ecologically burdened through human influence will be used both for expansion of the mine and establishment of the new preserve. Social as well as ecological compensation measures are necessary due to the essential relocation of the local population. Both of these are closely connected. The affected families are being given new houses and land as well as access to clean water, sanitary facilities and the road network. Moreover, they are actively included in the ecological compensation measures. Besides resettlement of native animal and plant species, the causes of poverty-related environmental destruction should be eliminated, and the local population can also profit economically from the compensation measures, through sustainable use of wild animal populations as well as firewood from reforested areas, for example.

Sternreport der Artenvielfalt

Nichtstun kommt uns beim Thema Umwelt teurer als Handeln. Das wissen wir eindringlich seit dem Klimareport des ehemaligen Weltbankdirektors Sir Nicolas Stern. Nun soll dieser Nachweis auch für die biologische Vielfalt erbracht werden: Der Ökonom Pavan Sukhdev, Leiter der Abteilung „Globale Märkte“ der Deutschen Bank, wurde mit dem entsprechenden Auftrag der G8+5 Staaten betraut.

Von Dr. Elmer Lenzen

Nicht alles, was nützlich ist, hat einen hohen Wert. Wasser zum Beispiel. Und nicht alles, was einen hohen Wert hat, ist sehr nützlich. Man denke etwa an Diamanten. Dieser bekannte Gedankengang von Adam Smith bringt eines der Dilemmata unserer materialistischen Gesellschaft auf den Punkt: Die Natur gehört zu eben jenen Ressourcen, die wir tagtäglich nutzen, weil es ohne sie gar kein Leben gäbe. Doch erachten wir die Natur und ihre biologische Vielfalt deshalb als wertvoll und besonders schützenswert? Nicht wirklich, wie das Beispiel Wald zeigt: Alleine in den letzten 300 Jahren hat der Mensch rund 40 Prozent aller Wälder weltweit vernichtet. 25 Staaten sind heute komplett entwaldet und entsprechend vertrocknet. 29 weitere stehen kurz davor.

Biologische Vielfalt besaß bisher keinen monetären Wert. Ihr Verlust aber auch ihr Schutz ist in keiner Bilanz ausgewiesen. Volkswirtschaftliches Wachstum und Fortschritt etwa berechnen wir traditionell mit der Veränderung des Bruttosozialproduktes (BSP). Ein BSP sagt unter anderem aus, wie viele Jobs entstehen und wie viel Geld erwirtschaftet wird, aber es sagt nichts über die Qualität von Arbeit, den Bildungsstand oder den Zustand der Natur. Beim Thema Artenschutz soll das jetzt anders werden: Im Umfeld des Gipfels von Heiligendamm 2007 haben die Staats- und Regierungschef der G8+5 Staaten eine entsprechende Studie angekündigt. Als Projektleiter gewannen sie den anerkannten Ökonomen Pavan Sukhdev von der Deutschen Bank, der in Indien bereits zu genau dieser Fragestellung nach

Biodiversity "Stern Report"

dem ökonomischen Wert von Umwelt Erfahrungen gesammelt hat.

Biodiversität als Finanzmarktinstrument?

Analog zur Klimawandels-Studie des Briten Stern soll Sukhdev nun die Debatte um Artenvielfalt mit harten Finanzzahlen untermauern. Was kostet uns der Verlust an Biodiversität und Arten in bestimmten Regionen? Wie hoch sind die Opportunitätskosten? Wie viel würde es dagegen kosten, diese Regionen zu schützen? Aus diesem Zahlenwerk sollen dann zwei Dinge abgeleitet werden, so hoffen Experten: Erstens sollen Politik und Öffentlichkeit zu verbindlichem Umweltschutz bewegt werden. Zweitens wäre es dann auch prinzipiell möglich, zum Thema Biodiversität Finanzmarktprodukte, etwa mittels Themenfonds, zu entwickeln und es ins Risikomanagement einzubauen. Unternehmen, die gezielt Wertschöpfung mit dem Schutz der Artenvielfalt verknüpfen, könnten künftig an der Börse punkten. „Wer das Thema vollkommen ignoriert, geht Risiken ein oder verpasst Chancen. Das kann sich negativ auf die langfristige Geschäftsentwicklung auswirken", so Rolf Häßler von der Nachhaltigkeits-Ratingagentur oekom research.

„Ursprünglich waren Informationen zu den Artenschutzaktivitäten von Unternehmen nur für umweltbewusste Investorengruppen interessant. Mittlerweile

When it comes to the environment, doing nothing is more costly than acting. That has been very clear since publication of the climate report of former World Bank director Sir Nicolas Stern. Now this will be shown for biological diversity as well: The economist Pavan Sukhdev, head of the "Global Markets" department at Deutsche Bank, was assigned this task by the G8+5 countries.

By Dr. Elmer Lenzen

Not everything that is useful is valued highly – water, for example. And not everything that is valued highly is very useful. Diamonds come to mind. This well-know insight of Adam Smith points out one of the dilemmas of our materialistic society: Nature is one of those resources that we use every day, since there would be no life without it. But do we regard nature and its biological variety as valuable and worthy of special protection? Not really, as the experience with forests shows: In the last 300 years alone, people have destroyed around 40 percent of all forests worldwide. Today, 25 countries are completely deforested and accordingly dry. Another 29 are close behind.

In the past, biological variety did not possess a monetary value. Its loss and its protection are not shown on any balance sheet. Traditionally, we measure economic growth and progress by the change in gross national product (GNP). GNP indicates, among other things, how many jobs were created and how much money was earned, but it says nothing about the quality of work, level of education or the condition of the natural environment. That is now supposed to change for species protection: In conjunction with the Heiligendamm 2007 Summit, the heads of state and government of the G8+5 countries announced a study to do this. As project manager, they were able to win the respected economist Pavan Sukhdev of Deutsche Bank, who had already gained experience in India on the economic value of the environment.

Biodiversity, a financial market instrument?

As with the climate change study of the British economist Stern, Sukhdev will now support the biodiversity debate with hard financial numbers. What does the loss of biodiversity and species cost us in specific regions? How high are the opportunity costs? In contrast, how much would it cost to protect these regions? Two things will be derived

macht sich sogar die Finanzinitiative der Vereinten Nationen darüber Gedanken, also ganz konventionelle Investoren", führt Häßler aus. Einen wirksamen Hebel in Sachen Artenschutz könnten Banken zum einen durch die gezielte Auswahl entsprechender Wertpapiere für die Portfolios, zum anderen auch durch die Berücksichtigung umweltrelevanter Kriterien bei der Kreditvergabe und Projektfinanzierung ansetzen. Dass derzeit ein immenser Umdenkungsprozess stattfindet, zeigt eben das Vorhaben der Bundesregierung, die volkswirtschaftlichen Kosten durch den Verlust der biologischen Vielfalt weltweit zu ermitteln.

Valide Zahlen erst 2010

Die Sukhdev-Studie soll 2010 unter dem Titel „The Economics of Ecosystems & Biodiversity (TEEB)" vorgestellt werden. Erste Vorergebnisse gab es aber schon jetzt auf dem Biodiversitätsgipfel von Bonn: Demnach stammen fast die Hälfte aller zugelassenen Medikamente aus Pflanzenmaterial. Zehn der 25 weltweit erfolgreichsten Medikamente werden aus natürlichen Quellen und von wildlebenden Arten, also aus Pilzen, Bakterien, Pflanzen oder Tieren, gewonnen. Mit jeder Art, die ausstirbt, geht möglicherweise die Arznei für eine bedrückende Krankheit verloren. Der Weltmarktwert für pharmazeutische Produkte, die aus der Nutzung natürlicher genetischer Ressourcen stammen, wird mit 75 bis 150 Milliarden Dollar pro Jahr veranschlagt.

Trotz solcher erster harter Umsatzzahlen bleibt die vorrangig größte Herausforderung für Pavan Sukhdev und sein Team, die Natur und ihre Dienstleistungen monetär einzuschätzen. Eine Studie von Constanza aus dem Jahr 1997 geht beispielsweise davon aus, dass man den wirtschaftlichen Wert der Biodiversität etwa doppelt so hoch einschätzen sollte, wie die globale Wertschöpfung eines Jahres – also auf rund 33.000 Mrd. US$. Eine Schätzung, die für kontroverse Diskussionen sorgte, da sie Manche als zu hoch und Andere als viel zu niedrig bezeichnen. Ungeachtet dessen, erlaubt nach Ansicht von Sukhdev eine solche Zahl Rechenbeispiele: Derzeit werden rund 8 bis 10 Milliarden Dollar jährlich in den Umweltschutz investiert. Diese Summe reicht nicht, um die Zerstörung auch nur annähernd zu stoppen. Höhere Investitionen würden dagegen deutlichen Mehrwert schaffen: Sukhdev errechnet, dass schon ein Investment von 45 Mrd. US$ jährlich etwa 5.000 Mrd. US$ an schützenswerter Natur erhalten würde. Dieses Verhältnis von fast 1:100 sei eine exzellente Kosten-Nutzen-Relation im gängigen wirtschaftlichen Denken.

Gewinneffekte im Meeresraum günstiger

Dabei sind die Gewinneffekte auf dem Land ungünstiger als im Meer: Nach Berechungen der UN Umweltbehörde UNEP kostet der Naturschutz pro Hektar zu Lande etwa 1 Cent bis 1.000 Dollar je nach Standort. Der Erlös aus einer nachhaltigen Bewirtschaftung liege dagegen bei 100 bis 5.000 Dollar pro Hektar. Zu Wasser kostet der Naturschutz nur 775 US$ pro Quadratkilometer, so UNEP, und erlaube nachhaltige Erträge von 100.000 bis 600.000 Dollar auf der gleichen Fläche. Beim Bonner Biodiversitätsgipfel im Mai einigte man sich daher gezielt auf Meeresschutzprojekte. Aber auch in den ärmsten der armen Länder ist der Schutz der biologischen Vielfalt mit relativ geringen Kosten und hohem Nutzen verbunden. Gewinner sind dabei auch die Menschen: Die Armen sind nämlich die Hauptleidtragenden der Naturzerstörung und der Klimaveränderungen, da sie sich keine teuren Bewässerungsanlagen oder resistentes Saatgut leisten können.

Aber: Auch rauben lohnt sich...

Wenn Pavan Sukhdev in zwei Jahren seine Studie vorlegt, dann wird er aber auch Antwort auf die entscheidende Frage geben müssen, dass seine Berechnungen zwar nüchtern betrachtet ganz formidabel klingen, die Realität jedoch eine andere ist. Tatsächlich wird das große Geld in den Naturschutzgebieten nicht durch ihren Erhalt oder ihre nachhaltige Nutzung verdient, sondern mit illegaler Zerstörung. Ob durch Holzeinschlag, Jagd und Feuer – Raubbau an der Natur ist das wahre „große Geschäft". Solange diesen Einnahmen hier kein Riegel vorgeschoben wird, wird es für den finanziellen Nutzen von Artenschutz keinen echten Platz geben.

Dr. Elmer Lenzen ist Geschäftsführer der Mediengruppe macondo.

from these numbers, experts hope: First, politicians and the public should be moved to take on binding commitments for environmental protection. Second, in principle it would also be possible to develop financial market products with a focus on biodiversity, such as with theme funds, and build biodiversity into risk management. Companies that intentionally link value creation with biodiversity protection could score points in the stock market. "Those who completely ignore the issue are taking on risks or missing out on opportunities. That can negatively impact long-term business development," says Rolf Haessler of the sustainability rating agency oekom research.

"Originally, information on companies' species protection activities only mattered to environmentally conscious investor groups. Meanwhile, however, even members of the United Nations Finance Initiative, that is, completely conventional investors, are giving thought to this," Haessler explains. Banks could provide an effective lever for species protection by selecting appropriate securities for portfolios and considering environmentally relevant criteria when granting loans and financing projects. That an immense rethinking process is underway is shown by the German government's project to determine the economic costs from the loss of biological variety worldwide.

Valid numbers not until 2010

The Sukhdev study will be presented in 2010 under the title "The Economics of Ecosystems & Biodiversity (TEEB)". But some preliminary results were already made available at the Bonn Biodiversity Summit: According to these results, almost half of all approved medicines come from plant material. Ten of the 25 most successful medicines worldwide are derived from natural sources and wild species, that is fungi, bacteria, plants or animals. With each species that dies out, the medicine for a serious disease may be lost with it. The world market value of pharmaceutical products obtained from natural genetic resources is estimated at 75 to 150 billion dollars per year.

Despite such initial hard revenue numbers, the greatest challenge for Pavan Sukhdev and his team remains the monetary evaluation of nature and its services. A study by Constanza from 1997 assumes, for example, that the economic value of biodiversity can be estimated at around two times the global value added for one year – that is, around 33 trillion USD. This estimate has created controversy, since some think it is too high and others that it is much too low. Regardless, such a number permits some sample calculations, according to Sukhdev: Currently, around 8 to 10 billion USD are invested in environmental protection annually. This is not enough to even come close to stopping the destruction. In contrast, greater investments would create significant added value: Sukhdev calculates that an investment of just 45 billion USD annually would maintain around 5 trillion USD of protection-worthy nature. In current economic thinking, this ratio of almost 1:100 is an excellent cost-benefit ratio.

Gains on sea are significantly higher

The gains on land are less than on sea: According to calculations of the UN environmental agency UNEP, it costs between 1 cent and 1,000 dollars per hectare to protect nature on land, depending on the location. In contrast, the yield from sustained use is between 100 and 5,000 dollars per hectare. Protecting nature on water costs only 775 USD per square kilometre, according to UNEP, and permits sustained yields of 100,000 to 600,000 dollars from the same area. And so participants at the Bonn Biodiversity Summit in May more readily agreed on sea protection projects.

But even in the poorest of poor countries, protection of biological variety has relatively low costs and high benefits. The winners are also the people: The poor are the main sufferers from the destruction of nature and climate changes, since they cannot afford expensive irrigation systems or resistant seed.

But: Plundering also pays...

When Pavan Sukhdev presents his study in two years, he will also have to respond to the important objection that, while his calculations logically seem quite formidable, the reality is different. In reality, the big money in nature preserves is not earned by their maintenance or sustainable use, but through their illegal destruction. Whether through lumbering, hunting or fire – plundering of nature is the real "big business". As long as these revenues are not cut off there will be no real room for financial benefits from species protection.

Dr. Elmer Lenzen is General Manager of the media group macondo.

Unternehmen sind heute in einem Ausmaß transnational tätig, wie es noch vor wenigen Jahrzehnten kaum vorstellbar war. So haben sich die ausländischen Direktinvestitionen im Vergleich zu 1973 verdreiundsechzigfacht. Deutsche Unternehmen haben mehr als 22.000 Auslandsstandorte und beschäftigen dort ca. 4,5 Millionen Arbeitnehmer. In Entwicklungsländern sind sie mit rund 2.800 Töchterunternehmen vertreten. Das bedeutet nicht nur große wirtschaftliche, sondern auch menschenrechtliche Verantwortung.

MENSCHENRECHTE UND UNTERNEHMEN

VON BARBARA LOCHBIHLER

Diese Entwicklung wurde auch dadurch möglich, dass die Bedingungen für die internationale Tätigkeit von Unternehmen durch staatliche und zwischenstaatliche Regeln erweitert und die Rechte der Unternehmen gestärkt wurden. Beispielsweise werden ausländische Direktinvestitionen von Unternehmen durch weltweit über 2.000 Investitionsabkommen geschützt. Allein Deutschland hat mehr als 130 bilaterale Investitionsabkommen abgeschlossen, durch die die Tätigkeit von Unternehmen umfassend geschützt ist. Auch durch die Regeln der Welthandelsorganisation erhalten Unternehmen Zugang zu Märkten und werden im Handel geschützt.

Um ausländische Investitionen anzuziehen, haben viele Staaten ausländischen Unternehmen besondere Bedingungen eingeräumt. Der UN-Sonderberichterstatter für Wirtschaft und Menschenrechte, Prof. John Ruggie, hat unterstrichen, dass es im Zuge der Globalisierung zu bedenklichen Regulierungslücken gekommen ist. Diese Regelungslücken können von Unternehmen ausgenützt werden. Traurige Berühmtheit hat das Beispiel von Bhopal erlangt. Nachdem weltweit größten Chemieunglück im indischen Bhopal 1984 starben über 7.000 Menschen, noch heute leiden Hunderttausende unter den Folgen des Unglücks. Die amerikanische Firma UCC entzog sich aber ihrer Verantwortung, insbesondere den Boden der Chemiefabrik zu dekontaminieren, indem sie ihre indische Tochtergesellschaft UCIL, die die Fabrik zur Zeit des Unglücks betrieben hatte, 1994 verkaufte. Mit dem Verkauf erklärte sie gleichzeitig, dass sie keinerlei Verantwortung für das hoch kontaminierte Grundstück in Bhopal tragen würde. Mit anderen Worten: sie entzog sich ihrer Pflicht, den entstandenen Schaden zu beseitigen, ohne dass der indische Staat darauf Einfluss nehmen konnte.

Regelungslücken schließen

Die international und national bestehenden Regelungslücken stellen Unternehmen, die verantwortungsvoll handeln wollen, vor Schwierigkeiten. Denn sie agieren insbesondere in Staaten des Südens in Strukturen, in denen der Staat seiner menschenrechtlichen Schutzpflicht nur ungenügend nachkommt. Sie können sich dann weder darauf verlassen, dass der Staat die rechtlichen Grundlagen zum Schutz seiner Bewohner gelegt hat, noch, dass er diese in der Praxis durchsetzt. In diesem Kontext

The Human Rights Responsibility of Companies

Companies today are active transnationally to an extent that could hardly have been imagined just a few decades ago. Foreign direct investment, for example, has increased 63 times since 1973. German companies have more than 22,000 foreign locations and employ about 4.5 million employees there. They are represented in developing countries with around 2,800 subsidiaries. That not only means great economic responsibility, but human-rights responsibility as well.

By Barbara Lochbihler

This development was also made possible by the improvement of conditions for companies' international activity through national and international rules and the strengthening of companies' rights. For example, companies' foreign direct investments are protected by over 2,000 investment agreements worldwide. Germany alone has made more than 130 bilateral investment agreements that broadly protect companies' activities. The rules of the World Trade Organization also give companies access to markets and protect their commercial activities.

Many countries have offered special conditions to foreign companies to attract investment. The UN Special Representative on Business and Human Rights, Prof. John Ruggie, has emphasised that worrisome gaps in regulation have accompanied globalisation. Companies can take advantage of these regulatory gaps. The example of Bhopal has achieved a sad notoriety. Over 7,000 people died in the world's biggest chemical

ist es für Unternehmen eine besondere Herausforderung, ihrer menschenrechtlichen Verantwortung nachzukommen.

Dass Unternehmen eine menschenrechtliche Verantwortung haben, ist heute allgemein anerkannt. Ein großer Fortschritt! Noch vor einigen Jahren wurde häufig bestritten, dass auch Unternehmen eine Verantwortung für die Menschenrechte hätten. Dabei unterstrich bereits vor sechzig Jahren die Allgemeine Erklärung der Menschenrechte in ihrer Präambel, dass alle „Organe der Gesellschaft", und dazu kann man gerade große Unternehmen zählen, eine Verantwortung für die Menschenrechte haben!

Im Mai 2008 legte John Ruggie dem UN-Menschenrechtsrat seinen Abschlussbericht vor, in dem er hervorhob, dass Staaten eine Schutzpflicht haben und

Die dort inhaftierten Menschen wurden fortdauernd ohne richterliche Anordnung festgehalten, viele von ihnen in Isolationshaft. The people imprisoned there were held continuously without judicial order, many of them in solitary confinement.

Unternehmen die Verantwortung tragen, die Menschenrechte der Menschen zu achten, die durch ihre Tätigkeit betroffen sind. Dieses Verständnis wurde im Grundsatz von allen Staaten, den Unternehmen und der Zivilgesellschaft begrüßt.

Folter in Guantanamo

Konsens ist mittlerweile, dass zur menschenrechtlichen Verantwortung gehört, dass Unternehmen eine besondere Sorgfaltspflicht haben, menschenrechtliche Risiken zu erkennen und Strategien zu entwickeln. Diese Sorgfaltspflicht bezieht sich auf alle Menschenrechte und nicht nur einzelne, wie z.B. Arbeitnehmerrechte. Nach wie vor gehen einige Unternehmen davon aus, dass ihr Geschäftsbereich nur einige Menschenrechte berühren könnte, nicht aber alle. Das ist ein Trugschluss. Das zeigt das folgende Beispiel, in dem sich die Rahmenbedingungen in einem laufenden Geschäft so verändern, dass eine zuvor menschenrechtlich neutrale Tätigkeit problematisch werden kann.

Die hundertprozentige amerikanische Tochterfirma eines norwegischen Unternehmens hat seit 1993 im amerikanischen Militärstützpunkt in Guantanamo elektrische Kabel und Wasserleitungen verlegt und gewartet. Soweit, so unproblematisch. Seit dem Jahr 2001 hat es dies auch im dann eingerichteten Gefangenenlager getan, das die USA nach den Anschlägen am 11. September für angebliche Terroristen oder „feindliche Kombattanten" – eine Kategorie, die die USA extra für diese Gruppe definierte – eingerichtet hatte. Die dort inhaftierten Menschen wurden fortdauernd ohne richterliche Anordnung festgehalten, viele von ihnen in Isolationshaft. Sie hatten keinen Zugang zu Gerichten. Einige wurden gefoltert. Das norwegische Unternehmen war hier seit 2001 mit der Verletzung des Folterverbots, dem Recht auf ein faires Verfahren und einer Vielzahl von anderen Rechten konfrontiert. Bis 2001 war seine Tätigkeit aus menschen-

accident in Bhopal, India, in 1984, and even today, hundreds of thousands are suffering from the disaster's consequences. But the American company UCC evaded its responsibilities, in particular for decontaminating the soil around the chemical plant, by selling, in 1994, its Indian subsidiary UCIL, which had operated the plant at the time of the accident. With the sale, it declared that it would not bear any responsibility for the heavily contaminated property in Bhopal. In other words: It evaded its duty to repair the damage, and the Indian government could do nothing about it.

Closing regulatory gaps

The existing national and international regulatory gaps cause problems for companies that want to act responsibly. Especially in the countries of the South, companies are acting within structures where the state inadequately meets its duty to protect human rights. They cannot rely on the state to provide the legal foundations to protect citizens nor enforce them in practice. Within this context, it is a significant challenge for companies to meet their human rights responsibilities.

It is commonly recognised today that companies have a human rights responsibility. That is great progress! Even a few years ago, it was often denied that companies also have a responsibility for human rights. Sixty years ago, the Universal Declaration of Human Rights emphasised in its preamble that every "organ of society" – and that certainly includes major corporations – has a responsibility for human rights!

In May 2008, John Ruggie presented his final report to the UN Human Rights Commission, in which he emphasised that countries have a duty to protect and companies a responsibility to respect the human rights of people affected by their actions. This understanding was welcomed in principle by all countries, companies and civil-society groups.

Torture in Guantanamo

Meanwhile, the consensus is that companies' human-rights responsibilities include a special duty of care to recognise and develop strategies for human rights risks. This duty applies to all human rights, not just specific ones, such as employee rights. Some companies still assume their businesses could have an impact only on some human rights, but not all. That is a fallacy. The following example shows how the conditions in an ongoing business can change so that an activity that was previously neutral with regard to human rights can become problematic.

The wholly owned American subsidiary of a Norwegian company has installed and maintained electric cable and water lines at the American military base in Guantanamo since 1993. So far, no problem. Since 2001, it has also done this in the prison camp set up by the U.S.A. after the attacks of September 11 for alleged terrorists or "enemy combatants" – a category that the U.S.A. defined especially for this group. The people imprisoned there were held continuously without judicial order, many of them in solitary confinement. They had no access to courts. Some were tortured. Since 2001, the Norwegian company was confronted here with violations of the prohibition on torture, the right to a fair trail and a number of other rights. Until 2001, its activity was unproblematic from a human rights perspective, but thereafter its Guantanamo operations meant that it assisted the American authorities in maintaining the infrastructure for the illegal prison camps. Despite this, the company had not established a structure to recognise this change and react to it. It had no guidelines for how to act, and there was no monitoring of how these guidelines should be implemented in practice. That was the reason why the Norwegian National Contact Point for the OECD Guidelines criticised the Norwegian company.

This example alone shows that companies must assume that their activities can have an impact on all human rights. Every company active in a globalised world must subject each of its activities to a human rights risk analysis. This analysis makes it possible to identify the influence of its business activity on the human rights of the people affected by it. Building on this, a company is then obligated to develop appropriate strategies to ensure that its actions do not cause or assist human rights violations.

rechtlicher Sicht unproblematisch, danach aber bedeutete seine Tätigkeit in Guantanamo, dass es die amerikanischen Behörden dabei unterstützte, die Infrastruktur für die rechtswidrigen Gefangenenlager aufrechtzuerhalten. Dennoch hatte das Unternehmen keine Struktur etabliert, um diese Veränderung zu erkennen und darauf zu reagieren. Es hatte keine Leitsätze, wie es sich verhalten sollte, und es existierte kein Monitoring dieser Leitsätze, wie sie in der Praxis umgesetzt werden sollten. Das war der Grund, warum die norwegische nationale Kontaktstelle für die OECD-Leitsätze das norwegische Unternehmen kritisiert hat.

Die international und national bestehenden Regelungslücken stellen Unternehmen, die verantwortungsvoll handeln wollen, vor Schwierigkeiten. The existing national and international regulatory gaps cause problems for companies that want to act responsibly.

Bereits dieses Beispiel zeigt, dass Unternehmen davon ausgehen müssen, dass ihre Tätigkeit Auswirkung auf alle Menschenrechte haben kann. Jedes Unternehmen, das in einer globalen Welt tätig ist, muss jede seiner Aktivitäten einer menschenrechtlichen Risikoanalyse unterziehen. Diese Analyse erlaubt es, den Einfluss seiner Geschäftstätigkeit auf die Menschenrechte der dadurch betroffenen Personen zu identifizieren. Darauf aufbauend ist ein Unternehmen dann gehalten, angemessene Strategien zu entwickeln, wie sichergestellt werden kann, dass das unternehmerische Handeln nicht zu Menschenrechtsverletzungen führt oder diese fördert.

Ruggie-Empfehlungen

Das Instrument der Risikoanalyse ist für Unternehmen nicht neu. Schon heute werden bei der Planung eines neuen Projekts umfassend bestimmte Umstände und Einflüsse analysiert. So werden zum Beispiel mögliche finanzielle und rechtliche Risiken untersucht, die mit einem bestimmten Projekt verbunden sind. Neu ist dagegen die Analyse menschenrechtlicher Risiken. Deswegen gibt es noch kein standardisiertes Verfahren, wie dies zum Beispiel im Umweltbereich existiert und zum Teil gesetzlich vorgeschrieben ist.

John Ruggie ist in seinem diesjährigen Bericht an den UN-Menschenrechtsrat näher auf die Menschenrechtsrisikoanalyse eingegangen. Er hat unterstrichen, dass Unternehmen in jeder Analyse sowohl die bürgerlichen und politischen Rechte, wie z. B. die Meinungsfreiheit, als auch die wirtschaftlichen, sozialen und kulturellen Rechte, wie z. B. das Recht auf Gesundheit, im Auge haben müssen. Diese Rechte sind heute in vielen internationalen Verträgen kodifiziert und mit zahlreichen Instrumenten näher erläutert und präzisiert worden. Darauf sollten Unternehmen zurückgreifen. John Ruggie hat in seinem Bericht folgendes Verfahren vorgeschlagen, das in jedem Fall der Menschenrechtsrisikoanalyse zu beachten ist:

1. Die geplante Unternehmenstätigkeit sollte in ihrer ganzen Verlaufszeit beschrieben werden.
2. Der Rechtsrahmen, dem diese Tätigkeit unterliegt, sollte umfassend zusammengestellt werden. Dabei sollte untersucht werden, welchen menschenrechtlichen Verpflichtungen der Staat unterliegt, d. h. welche Konvention er ratifiziert bzw. nicht ratifiziert hat.

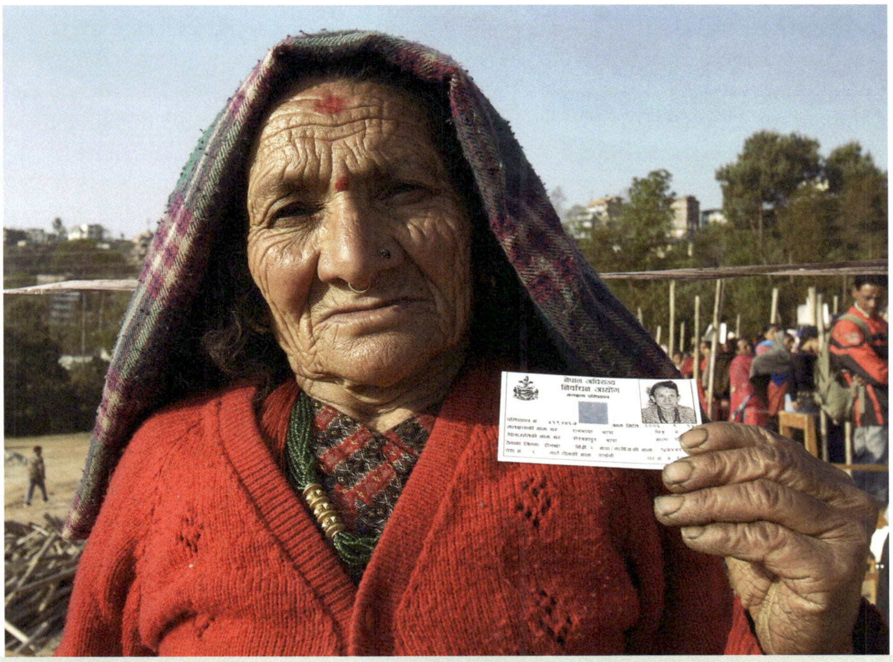

Ruggie recommendations

The instrument of risk analysis is not new for companies. Even today, specific circumstances and influences are analysed in detail when planning a new project. For example, possible financial and legal risks connected with a specific project are examined. What is new, in contrast, is the analysis of human rights risks. And so there is still no standardised process, such as exists and is sometimes legally required for environmental impact.

John Ruggie, in his report this year to the UN Human Rights Commission, discusses human rights risk analysis in more detail. He emphasised that in each analysis companies must look at both civil and political rights, such as freedom of expression, and economic, social and cultural rights, such as the right to health. Today, these rights have been codified in many international contracts and explained and specified with numerous instruments. Companies should make use of these. John Ruggie recommended in his report the following procedure to be followed in every human rights analysis:

1. The planned company activity should be described over its entire course.
2. The legal framework this activity is subject to should be comprehensively described. The country's human rights commitments should be examined, that is, which conventions it has and has not ratified.
3. The human rights situation at the business activity's location should be analysed exactly.
4. In a next step, the company should examine what would change through the planned business activity, that is, what influence the activity could have on human rights. The analysis should be directed at individual rights, in particular the rights that are especially sensitive in the country involved. If, for example, a specific group suffers discrimination in the country, special attention should be paid to this.
5. Strategies and recommendations should be developed to deal with the identified risks. These can be measures that the company alone can carry out, or also measures that it should perform together with other actors, such as the government, the local population or other companies.
6. The developed measures and strategies should be integrated into a management plan and regularly checked based on indicators.

Censorship in China

The importance of such analyses are shown by the example of Internet companies in China. Chinese authorities demanded that the Internet company Yahoo release the user data of a human rights activist. With this data, the activist was sentenced to several years in prison for writing an e-mail to a U.S. human rights organisation in which he discussed cen-

3. Die menschenrechtliche Situation am Ort der Geschäftstätigkeit sollte genau analysiert werden.
4. In einem nächsten Schritt sollte untersucht werden, was sich durch die geplante Geschäftstätigkeit ändern würde, etwa welchen Einfluss die Tätigkeit auf die Menschenrechte haben könnte. Dabei sollte sich die Analyse an einzelnen Rechten ausrichten, insbesondere an den Rechten, die in dem betroffenen Land besonders sensibel sind. Wenn z. B. in dem Land eine besondere Gruppe diskriminiert wird, dann sollte darauf ein besonderes Augenmerk gelegt werden.
5. Es sollten Strategien und Empfehlungen entwickelt werden, um mit den identifizierten Risiken umgehen zu können. Dabei kann es sich um Maßnahmen handeln, die nur vom Unternehmen allein ausgeführt werden können, aber auch um Maßnahmen, die mit anderen Akteuren, wie z. B. der Regierung, der örtlichen Bevölkerung oder anderen Unternehmen, durchgeführt werden sollen.
6. Die so entwickelten Maßnahmen und Strategien sollten in einen Managementplan aufgenommen und regelmäßig anhand von Indikatoren überprüft werden.

Zensur in China

Wie wichtig solche Analysen sind, zeigt das Beispiel von Internetfirmen in China. Die Internetfirma Yahoo wurde von den chinesischen Behörden aufgefordert, die Benutzerdaten eines Menschenrechtsaktivisten herauszugeben. Dieser wurde auch mithilfe dieser Daten zu einer mehrjährigen Haftstrafe verurteilt, weil er eine E-Mail, die sich mit der Zensur in China befasste, an eine US-amerikanische Menschenrechtsorganisation geschrieben hatte. Er wurde verurteilt, weil er seine Meinung frei geäußert hat. Die Firma Yahoo hatte zum Zeitpunkt der Anfrage der chinesischen Behörden keine Strategie entwickelt, um mit solchen Anfragen umzugehen. Auch deswegen ging Yahoo zu Unrecht davon aus, dass es verpflichtet sei, die Benutzerdaten an die chinesischen Behörden herauszugeben. Zu Unrecht deswegen, weil keine Rechtspflicht von Yahoo bestand, die Benutzerdaten preis zu geben. Eine Menschenrechtsrisikoanalyse vor Beginn der Geschäftstätigkeit in China hätte sehr schnell gezeigt, wie es um die Meinungsfreiheit in China bestellt ist. Yahoo hätte dann entsprechende Strategien entwickeln können.

Menschenrechtliche Risikoanalysen stellen hohe Anforderungen an Unternehmen. Doch auch wenn es noch keine standardisierten Verfahren gibt, so sind Unternehmen heute nicht mehr auf sich allein gestellt, wenn sie eine Analyse durchführen wollen. In den letzten Jahren sind immer mehr Hilfsmittel entwickelt worden. Zu nennen sind insbesondere zwei: Das Dänische Institut für Menschenrechte hat zum Beispiel eine interaktive Webseite, das Human Rights Impact Assessment Tool, entwickelt. Dieses gibt den Unternehmen die Gelegenheit, mithilfe einer Vielzahl von Fragen menschenrechtliche Risiken einzuschätzen. Darüber hinaus bietet das Dänische Institut für Menschenrechte auch individuelle Beratungen für Unternehmen an, wie mit den identifizierten Risiken umzugehen ist.

Auch der Global Compact hat gemeinsam mit dem Internationalen Business Leaders Forum und der International Finance Cooperation, dem privaten Arm der Weltbank, im letzten Jahr eine Hilfestellung zur menschenrechtlichen Risikoanalyse entwickelt. In dem „Guide to Human Rights Impact Assessment" werden acht Schritte vorgeschlagen, um menschenrechtliche Risiken zu erkennen und zu bewerten und angemessene Antworten auf die Risiken zu implementieren.

Die Rolle des Global Compact

Das Netzwerk des Global Compact kann eine geeignete Plattform bieten, um sich über die Erfahrungen mit diesen Instrumenten auszutauschen und auch um gelungene Antworten auf menschenrechtliche Risiken mit anderen Unternehmen zu teilen. Sinnvoll wäre es, dass das Deutsche Netzwerk des Global Compact auch kleine und mittelständische Unternehmen dabei unterstützt, menschenrechtliche Risiken zu identifizieren und Lösungswege zu entwickeln.

Wenn alle teilnehmenden Firmen des Deutschen Netzwerks des Global Compact ab 2009 menschenrechtliche Risikoanalysen durchführen würden, dann wäre bereits ein wichtiger Schritt getan, um die Erwartungen zu erfüllen, die der Global Compact mit seinen ersten beiden Prinzipien an die Unternehmen stellt.

Barbara Lochbihler ist Generalsekretär von Amnesty International, Sektion Deutschland.

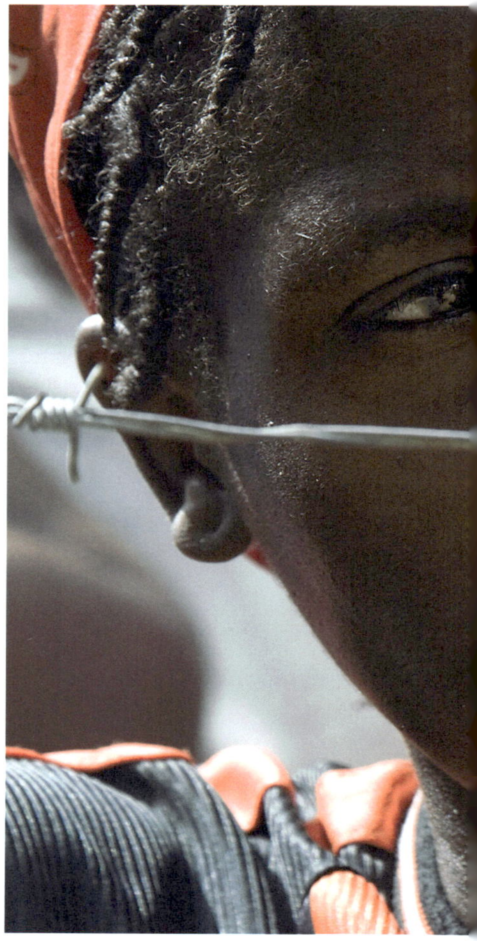

sorship in China. He was sentenced for freely expressing his opinion. At the time of the Chinese authorities' inquiry, Yahoo had not developed a strategy to deal with such requests. Because of this, Yahoo wrongfully assumed it was obligated to provide the user data to the Chinese authorities – wrongfully, because there was no legal obligation for Yahoo to reveal the user data. A human rights risk analysis before starting its business activity in China would have shown very quickly what the situation was for freedom of expression in China. Yahoo could then have prepared appropriate strategies.

Human rights risk analyses place high demands on companies. But even if there are no standardised procedures, companies that want to perform such analyses are today no longer on their own. In recent years, more and more tools have been developed. Two, in particular, are worth mentioning. The Danish Institute for Human Rights has developed an interactive Website, the Human Rights Impact Assessment Tool. This gives companies the possibility to use a number of questions to estimate human rights risks. In addition, the Danish Institute for Human Rights also offers companies individual consultations on how to deal with the identified risks.

Also, last year the Global Compact developed a tool for human rights risk analysis, together with the International Business Leaders Forum and the International Finance Cooperation, the private arm of the World Bank. The "Guide to Human Rights Impact Assessment" recommends eight steps to recognise and assess human rights risks and implement appropriate responses to the risks.

The role of the Global Compact

The Global Compact network can offer an appropriate platform for sharing experience with these instruments as well as successful responses to human rights risks with other companies. It would also make sense for the German Network of the Global Compact to support small and medium-sized companies in identifying human rights risks and developing solutions.

If all participating companies of the German Network of the Global Compact would perform human rights risk analyses starting in 2009, this would be an important step toward fulfilling the expectations that the Global Compact places on companies with its first two principles.

Wenn alle Firmen des Deutschen Netzwerks menschenrechtliche Risikoanalysen durchführen würden, dann wäre ein wichtiger Schritt getan.
If all companies of the German Network would perform human rights risk analyses, this would be an important step.

BARBARA LOCHBIHLER IS SECRETARY GENERAL OF THE GERMAN SECTION OF AMNESTY INTERNATIONAL.

STANDPUNKT
VIEWPOINT

Angemessene Ernährung ist ein Menschenrecht

Von Elisabeth Strohscheidt und Nicole Piepenbrink

Weltweit hungern laut Ernährungs- und Landwirtschaftsorganisation der Vereinten Nationen FAO derzeit 923 Millionen Menschen. Das Menschenrecht auf Nahrung, garantiert in Artikel 11 des Internationalen Pakts über wirtschaftliche, soziale und kulturelle Rechte, wird somit bei jedem siebten Menschen täglich verletzt – Tendenz steigend. Allein innerhalb der letzten 3 Jahre wuchs die Zahl der Hungernden um 75 Millionen Menschen. Eine der Ursachen hierfür liegt in rapide steigenden Lebensmittelpreisen für Grundnahrungsmittel wie Reis, Mais und Weizen begründet. Allein innerhalb des Jahres 2007 stiegen die Weltmarktpreise für Nahrungsmittel um ganze 52 Prozent, was im Frühjahr 2008 Tausende Menschen in Asien, Afrika und Lateinamerika zu Hungerrevolten auf die Straße trieb.

Schon leichte Preissteigerungen sind für Menschen in Entwicklungsländern existenzbedrohend, da sie im Schnitt 50 - 80 Prozent ihres Einkommens für Nahrungsmittel ausgeben. Ökonomischen Berechnungen zufolge erhöht sich mit jedem Prozent Preissteigerung für Grundnahrungsmittel die Zahl der Hungernden um 16 Millionen Menschen. Im Jahr 2025 könnten somit 1,2 Milliarden Menschen weltweit chronisch hungern. Eine Halbierung der Zahl der hungernden Menschen bis zum Jahr 2015, wie es die UN-Millenniumsziele vorsehen, rückt angesichts dieser Entwicklung in weite Ferne.

Die Gründe für den Preisanstieg sind vielfältig und komplex. Inzwischen unbestritten ist der Einfluss der Agrospritproduktion auf die steigenden Lebensmittelpreise, denn durch die Nutzung landwirtschaftlicher Produkte zur Erzeugung von Agrokraftstoffen wird das weltweite Nahrungsmittelangebot verknappt. Laut IWF ist die verstärkte Nachfrage nach Agrosprit für ein Drittel der Preissteigerungen verantwortlich, eine Studie der Weltbank kommt gar zu Ergebnissen von 75 Prozent.

Auch der gestiegene Ölpreis zieht erhöhte Nahrungsmittelpreise nach sich, denn mit ihm steigen nicht nur Transportkosten sondern z.B. auch der Preis für Mineraldünger. Dieser hat sich seit 2005 verdoppelt. Die Bevölkerung der armen, Erdöl exportierenden Länder profitiert in der Regel jedoch nicht von den gestiegenen Erdölpreisen. Während die großen Erdölkonzerne in den letzten Jahren Rekordgewinne eingefahren haben und viele Millionen Erdöldollar in den Taschen korrupter Eliten und Machthaber verschwunden sind, ist z.B. die Bevölkerung Nigerias, des größten Erdölexporteurs des westafrikanischen Golf von Guinea, seit Beginn der Erdölförderung in den 1950er

Adequate Nutrition is a Human Right

By Elisabeth Strohscheidt and Nicole Piepenbrink

According to the United Nations Food and Agriculture Organization, 923 million people worldwide are currently going hungry. And so for every seventh person, the human right to nutrition, guaranteed in Article 11 of the International Covenant on Economic, Social and Cultural Rights, is being violated – tendency increasing. The number of starving people rose by 75 million in just the last 3 years. One of the causes is rapidly rising prices for basic food staples, such as rice, maize and wheat. In 2007 alone, world market prices for food rose a full 52 percent, which in the spring of 2008 drove thousands of people onto the streets in hunger revolts in Asia, Africa and Latin America.

Even small price increases threaten the lives of people in developing countries, since they spend an average of 50 - 80 percent of their income on food. Economic calculations show that, with each percentage price increase for staple foods, the number of those starving rises by 16 million people. And so 1.2 billion people worldwide could be chronically hungry in 2025. Given this development, the hope of cutting the number of starving people in half by the year 2015, as expressed in the UN Millennium Goals, is becoming ever more remote.

The reasons for the price increase are varied and complex. Now uncontested is the influence of agrofuel production on rising food prices, since the use of agricultural products to produce agrofuels is making the supply of food scarcer worldwide. According to the IMF, the increased demand for agrofuels is responsible for one third of the price increase; a study by the World Bank even pegs it at 75 percent.

The higher price of oil also draws food prices along with it, since it not only raises transportation costs but the price for mineral fertiliser as well, which has doubled since 2005. But the populations of poor oil-exporting countries normally do not profit from higher oil prices. For example, while major oil corporations recorded record profits in the last few years and many millions of oil dollars disappeared into the pockets of corrupt elites and rulers, the population of Nigeria, the largest oil exporter of the West African Gulf of Guinea, has grown poorer rather than richer since the start of oil production in the 1950s. Today, 60 - 70 percent of the population are living below the poverty line.

Not just the price of oil, the production of oil also has direct and indirect effects on the human right to food and health. Rivers, lakes and fields are contaminated by leaking oil and can no longer be used or built on. Heat and dust result in respiratory diseases and, despite restrictive court rulings, oil corporations active in the regions continue to burn off gas.

But the solution to these problems cannot be to grow agrofuels, since this causes additional human rights violations beyond the shortage of food discussed above. In southeast Sumatra, for example, the right to health is violated in favour of palm oil cultivation for diesel fuel production. As a result of the clearing by fire of peat-swamp forests that this cultivation entails, one third of the children living there suffer from severe respiratory diseases. On sugar cane plantations in Brazil, 3,000 people were freed from slave labour by the local labour ministry last year.

Moreover, in South America and Asia, the massive expansion of agrofuel plants is creating conflict over the use of land and water and often results in displacement of small farmers and indigenous peoples. But access to productive resources, such as land and water, is an integral part of the human right to nutrition and a key factor in giving the 923 million starving people the possibility to feed themselves.

Simultaneously, agrofuel production is promoting the cultivation of genetically altered plants. In 2007, genetically altered agrofuel plants were grown on 11.2 million hectares worldwide. In Paraguay, for example, 80 percent of the soy grown is genetically altered; in Argentina, it is already 99.9 percent. Since genetically altered plants are grown primarily in large monocultures, they

Jahren ärmer statt reicher geworden. 60 - 70 Prozent der Bevölkerung leben dort heute unterhalb der Armutsgrenze.

Doch nicht nur der Erdölpreis sondern auch die Erdölförderung hat direkte und indirekte Auswirkungen auf das Menschenrecht auf Nahrung und Gesundheit. Flüsse, Seen und Felder sind durch auslaufendes Öl verseucht und können nicht mehr genutzt bzw. bebaut werden. Hitze und Staub führen zu Atemwegserkrankungen und trotz restriktiver Gerichtsurteile fackeln die in der Region tätigen Erdölkonzerne weiterhin Gas ab.

Die Lösung der Probleme kann jedoch nicht im Anbau von Agrotreibstoffen liegen, denn neben der oben genannten Verknappung von Nahrungsmitteln bringt er weitere Menschenrechtsverletzungen mit sich. So wird im Südosten Sumatras z.B. das Recht auf Gesundheit zu Gunsten des Ölpalmenanbaus zur Dieselherstellung verletzt. Als Folge der dafür notwendigen Brandrodungen von Torfregenwäldern leidet ein Drittel aller dort lebenden Kinder unter schweren Atemwegserkrankungen. Auf Zuckerrohrplantagen Brasiliens wurden letztes Jahr 3.000 Menschen durch das örtliche Arbeitsministerium aus der Sklavenarbeit befreit. Zudem mündet in Südamerika und Asien die massive Ausbreitung von Agrospritpflanzen in Nutzungskonflikten um Land und Wasser und führt häufig zur Vertreibung von Kleinbauern und Indigenen. Der Zugang zu produktiven Ressourcen wie Land und Wasser ist jedoch Bestandteil des Menschenrechts auf Nahrung und ein Schlüsselfaktor dafür, dass den 923 Millionen hungernden Menschen die Möglichkeit gegeben wird, sich selbst zu ernähren.

Gleichzeitig wird durch die Agrotreibstoffproduktion auch dem Anbau gentechnisch veränderter Pflanzen Vorschub geleistet. Schon 2007 wurden weltweit auf 11,2 Millionen Hektar gentechnisch veränderte Agrotreibstoffpflanzen angebaut. In Paraguay beispielsweise sind 80 Prozent des angebauten Sojas gentechnisch verändert; in Argentinien sind es bereits 99,9 Prozent. Da der Anbau gentechnisch veränderter Pflanzen vor allem in großen Monokulturen erfolgt, ist er insbesondere für Großunternehmen profitabel. Kleinbauern hingegen geraten durch patentiertes Saatgut zunehmend in Abhängigkeit und Schulden.

Dies hat erstmals im April 2008 auch der UN Ausschuss für die wirtschaftlichen, sozialen und kulturellen Rechte bestätigt und in diesem Fall die indische Regierung aufgefordert, dringende Maßnahmen zum Schutz der Bauern zu ergreifen. Aufgrund extensiver Nutzung von Agrotechnik in Indien haben sich dort in den letzen 10 Jahren rund 200.000 Bauern das Leben genommen, weil sie nach dem Einsatz von Gentechnik keine Chance mehr sahen, dem zunehmendem Hunger und den Schulden zu entkommen. Der Ausschuss äußerte sich besonders besorgt darüber, „dass die extreme Armut unter den Kleinbauern, verursacht durch den Mangel an Land, Zugang zu Krediten und adäquaten Infrastrukturen, durch die Einführung von genetisch verändertem Saatgut durch multinationale Konzerne und die daraus resultierende Preiseskalation bei Saatgut, Dünger und Pestiziden [...] verschlimmert wird." Der Ausschuss fordert die indische Regierung u.a. auf, dringende Maßnahmen gegen die Armut und die Nahrungsmittelunsicherheit zu ergreifen, darunter auch die, staatliche Unterstützung für vermehrungsfähiges Saatgut bereitzustellen, um die Abhängigkeit der Farmer von multinationalen Konzernen zu beseitigen.

Es ist unbestritten, dass die Regierungen die Hauptverantwortung für den Schutz und die Erfüllung aller Menschenrechte, einschließlich des Rechts auf Nahrung und Gesundheit, tragen. Aber sie sind nicht die alleinigen Verantwortlichen, wie die o.g. Problemfelder zeigen. Davon geht u.a. auch der Global Compact aus, der in seinen ersten beiden Prinzipien die Unternehmen auffordert, die Menschenrechte zu respektieren und sicher zu stellen, an ihrer Verletzung nicht beteiligt zu sein.

Im konkreten Kontext der Nahrungsmittelkrise verlangt die Umsetzung dieser beiden Prinzipien, dass direkt und indirekt betroffene Konzerne in ihrer Unternehmenspolitik und Praxis die sozialen und ökologischen Risiken ihres Handelns für die Umsetzung des Rechts auf Nahrung konkret analysieren und bewerten. Das kann über eine strikte Beachtung des „do no harm"-Prinzips und des „due diligence"-Ansatzes geschehen, wie John Ruggie ihn in seinem Abschlussbericht an den UN-Menschenrechtsrat vom April 2008 vorstellt. Ein gutes Mittel, um zu verhindern, sich einer Menschenrechtsverletzung mitschuldig zu machen, ist eine solide und transparente Menschenrechtsverträglichkeitsprüfung im Vorfeld unternehmerischer Entscheidungen. Einige nationale Menschenrechtskommissionen und Nichtregierungsorganisationen sowie der Global Compact selbst, bieten hier bei Bedarf Unterstützung oder Kooperation an.

Elisabeth Strohscheidt und Nicole Piepenbrink arbeiten für das katholische Hilfswerk Misereor.

are especially profitable for large companies. Small farmers, in contrast, are falling increasingly into dependency and debt due to patented seed.

This was also confirmed for the first time in April 2008 by the UN Committee on Economic, Social and Cultural Rights, which in this case called on the Indian government to take urgent measures to protect the farmers. Due to the extensive use of agro-genetic engineering, around 200,000 farmers have taken their lives in India over the last 10 years, since they no longer saw a chance to escape increasing hunger and debt due to the use of genetic engineering. The Committee expressed special concern "that the extreme poverty among small-hold farmers caused by the lack of land, access to credit and adequate rural infrastructures, has been exacerbated by the introduction of genetically modified seeds by multinational corporations and the ensuing escalation of prices of seeds, fertilisers and pesticides ..." The Committee calls on the Indian government to take urgent measures against poverty and food insecurity, including government support for reproduction-capable seed to eliminate the dependence of farmers on multinational corporations.

It is not controversial to say that governments bear primary responsibility for the protection and fulfilment of all human rights, including the right to nutrition and health. But they are not the only ones responsible, as the above problems show. This is assumed by Global Compact, among others, which in its first two principles calls on companies to respect human rights and ensure they do not participate in violating these rights.

In the specific context of the food crisis, implementation of these two principles requires that the corporations involved directly and indirectly make it their corporate policy and practice to concretely analyse and evaluate their actions' social and ecological risks for fulfilment of the right to food. This can also occur through strict observation of the "do no harm" principle and the "due diligence" approach that John Ruggie presents in his final report to the UN Human Rights Council in April 2008. A good means to avoid being an accomplice in human rights violations is to undergo a sound and transparent human rights compatibility examination when taking business decisions. Some national human rights commissions and non-governmental organisations as well as the Global Compact itself offer support or cooperation here as needed.

Elisabeth Strohscheidt and Nicole Piepenbrink work for the Catholic Bishop's organisation Misereor.

STANDPUNKT
VIEWPOINT

VON DR. CHRISTINE M. MERKEL

Der erste Schrei eines Neugeborenen, sein „Ja" zum Leben, klingt weltweit ähnlich. Dies ist annähernd noch der Fall, wenn sich ein Säugling mit den ersten „ma-ma" Lauten zu Wort meldet. Je stärker sich der Lebenskreis des Kindes vergrößert, desto mehr erlernt es Variationen von Mutter- und Vatersprache. Die Alltagssprache der unmittelbaren Umgebung mit ihrem Klang, ihrem Rhythmus und ihren Gesten ist der Stoff, aus dem persönliche und gemeinschaftliche Identität entsteht. Sprachformen stehen in Wechselwirkung mit Lebensweisen und in der Auseinandersetzung mit der Umwelt. Sie verbinden Menschen, Ideen und Welten.

Sprachen waren historisch nie statisch, sondern haben im interkulturellen Austausch immer Elemente anderer Sprachen aufgenommen, besonders im Wortschatz. Die deutsche Sprache ist dafür ein lebendiges Beispiel, mit ihren Übernahmen aus dem Lateinischen, dem Griechischen, Französischen, Englischen, Hebräischen, dem Italienischen und weiteren Sprachen, die für den wirtschaftlichen, wissenschaftlichen und kulturellen Kontakt wichtig waren.

Die menschliche Sprachvielfalt ist stark ausdifferenziert: Ca. 7.000 gesprochene Sprachen gibt es nach Angaben der Sprachwissenschaft und der UNESCO derzeit weltweit. 5.000 davon sind Sprachen indigener Gemeinschaften, die in über 70 Ländern auf allen sechs Kontinenten leben. Die Hälfte dieser 7.000 Sprachen wird von jeweils ca. 10.000 Menschen gesprochen – also in der Größenordnung einer Kleinstadt, und ein Viertel von ca. 1.000 Menschen, also in Dorfgröße. Im Schulunterricht und im Cyberspace werden ca. 1.500 Sprachen genutzt, die meisten davon jedoch nur sporadisch. Tausende Sprachen, in denen sich ihre Nutzer täglich ausdrücken, kommen also im Bildungswesen, in den Medien, im Verlagswesen und im öffentlichen Leben so gut wie nicht vor.

Diese starken Diskrepanzen wurden von den Vereinten Nationen mit dem Internationalen Jahr der Sprachen 2008 als Thema nachhaltiger Entwicklung aufgegriffen: Sprache verkörpert Wissen und Kultur. Ziele des Internationalen Jahres sind dementsprechend die Erhaltung und Entwicklung sprachlicher Vielfalt, die Pflege indigener und gefährdeter Sprachen, die aktive Entwicklung von Mehrsprachigkeit als Mittel für Dialog und Integration und die Erforschung der Zusammenhänge zwischen Sprachvielfalt und wirtschaftlicher Entwicklung sowie zwischen Sprachfähigkeit und Kreativität. „Nur wenn Mehrsprachigkeit voll anerkannt wird, können diese vielfältigen Sprachen ihren Platz in der globalisierten Welt finden", so UNESCO-Generaldirektor Matsuura.

Politik, Wissenschaft, Zivilgesellschaft und Wirtschaft setzen sich mit dem Kulturgut Sprache und mit Strategien der Mehrsprachigkeit in den letzten Jahren aus unterschiedlichen Gründen verstärkt

Language as Staple

Sprache als

BY DR. CHRISTINE M. MERKEL

The first cry of a newborn, its "Yes" to life, sounds the same throughout the world. This is still largely true when an infant says its first word, "ma-ma". But as the child's circle of life expands, it learns variations of its mother's and father's tongue. The everyday language of the child's immediate environment, with its sound, rhythm and gestures, is the material from which its personal and community identity is created. Language forms and ways of life have a reciprocal influence on each other and on how the child deals with the environment. They connect people, ideas and worlds.

Historically, languages have never been static but have always taken on elements of other languages, especially vocabulary, in an intercultural exchange. The German language is a living example for this, with its borrowings from Latin, Greek, French, English, Hebrew, Italian and other languages that were important for economic, scientific and cultural contact.

Human language diversity is greatly differentiated: According to linguistics scholars and UNESCO, there are currently about 7,000 spoken languages worldwide. Of these, 5,000 are languages of indigenous communities, which live in over 70 countries on all six continents. Half of these 7,000 languages are spoken by about 10,000 people each – roughly the number living in a small city – and a quarter by about 1,000 people, the size of a village. Around 1,500 languages are used in school instruction and cyberspace, but most of these only sporadically. And so thousands of languages, in which users express themselves daily, are essentially never used in education, the media, publishing and public life.

These great discrepancies were taken up by the United Nations as an issue of sustainable development when it named 2008 the International Year of Languages. Language incorporates knowledge and culture. Accordingly, the goals of the International Year of Languages are the preservation and development of language diversity, maintenance of indigenous and endangered languages, active development of multilingualism as a medium for dialogue and integration and exploration of the connections between language

auseinander. Drei Aspekte sind dabei vorrangig:

- Das Ziel der Integration und sozialen Kohäsion mehrsprachiger demokratischer Gesellschaften, einschließlich der Verwirklichung kultureller Rechte von Personen, die Minderheiten angehören;
- die Beobachtung von beschleunigtem Sprachensterben, vor allem bei kleinen ethnischen Gruppen in Australien, Lateinamerika und einigen Regionen Asiens;
- die Beobachtung von beschleunigtem Sprachwandel, sowohl durch die umfassenden Migrationsbewegungen des 20. und 21. Jahrhunderts als auch durch die weltweite Bedeutung der englischen Sprache als Lingua Franca im Zeitalter der Globalisierung.

Bereits seit 2005 legt die EU deutliches Gewicht auf Strategien der Mehrsprachigkeit: Ziel ist, dass jede Person in ihrer Muttersprache sowie zwei weiteren Sprachen kommunizieren kann. 2008 waren Fragen der Mehrsprachigkeit erstmalig Gegenstand einer EU-Ministerkonferenz und umfassender Konsultationen zum interkulturellen Dialog sowie zur Rolle von Sprachen im Wirtschaftsleben. Das Leben der Europäer ist internationaler und mehrsprachiger geworden und wird in dieser Hinsicht der Lebenssituation von Indern und Afrikanern ähnlicher. Das klare Fazit: „Mehrsprachigkeit – eine lohnende Herausforderung für EU-Europa" (Amin Maalouf) mit seinen 500 Millionen Bürgern, 27 Mitgliedsstaaten, 3 Alphabeten, 23 offiziellen EU-Sprachen, davon mehreren Weltsprachen, und weiteren 60 Regionalsprachen sowie den Sprachen der Menschen von 175 Nationalitäten, die inzwischen in den Grenzen der EU leben.

Dr. Christine M. Merkel ist Leiterin des Referats für Kultur und Kommunikation (Memory of the World), Deutsche UNESCO-Kommission e.V., Bonn.

Grundnahrungsmittel

diversity and economic development as well as between language ability and creativity. "Only when multilingualism is fully recognised can these many languages find their place in our globalised world," says UNESCO Director-General Matsuura.

For various reasons, politicians, scholars, and representatives of civil society and business have been dealing increasingly with the cultural asset of language and strategies of multilingualism in the last few years. Three aspects are paramount here:

- *the goal of integration and social cohesion of multilingual, democratic societies, including realisation of the cultural rights of persons belonging to minorities;*
- *the observed acceleration of language extinction, especially among small ethnic groups in Australia, Latin America and some regions of Asia;*
- *the observed acceleration of language change, due to both the widespread migration movements of the 20th and 21st century and the worldwide importance of English as the lingua franca in the age of globalisation.*

As early as 2005, the EU began placing significant weight on strategies of multilingualism: The goal is for every person to be able to communicate in his or her mother tongue and in two additional languages. In 2008, issues of multilingualism for the first time became the subject of an EU ministers' conference and of extensive consultations on intercultural dialogue and the role of languages in economic life. The lives of Europeans have become more international and multilingual, in this respect increasingly resembling the lives of Indians and Africans. The clear conclusion: "Multilingualism – a rewarding challenge for EU-Europe" (Amin Maalouf) with its 500 million citizens, 27 member states, 3 alphabets, 23 official EU languages – several of which are world languages – and an additional 60 regional languages and the languages of people from 175 nationalities who now live within the borders of the EU.

Dr. Christine M. Merkel is Head of the Division for Culture and Communication (Memory of the World), German Commission for UNESCO in Bonn.

NACHHALTIGER KONSUM

Das Thema nachhaltiger Konsum, auch bezeichnet als strategischer oder ethischer Konsum, gewinnt zunehmend an Bedeutung in der Gesellschaft, in Unternehmen (nachhaltige Produkte und Dienstleistungen als Geschäftsfeld), in der Politik (nachhaltiger Konsum als Politikfeld) sowie in den Medien. Nachhaltiger Konsum wird getrieben durch neue Märkte und ein verändertes Konsumentenverhalten.

Von Stephan Schaller,
Dr. Nadine Pratt
und Michael Kuhndt

Kann Konsum nachhaltig sein? Inzwischen ist die Erkenntnis weit verbreitet, dass Konsum, der auf typischen linearen Produktlebenszyklen beruht, langfristig nur funktioniert, wenn auf dem Weg vom Ressourcenabbau bis zu Konsum und Entsorgung der Bedarf an Energie und Ressourcen keine Überbeanspruchung der natürlichen Grundlagen zur Folge hat. Herausforderungen wie der Klimawandel zeigen, dass westliche Lebensstile („overconsumption") nicht Vorbild für Entwicklungs- und Schwellenländer sein können, ohne die natürlichen Lebensgrundlagen dauerhaft zu gefährden. Ein Konsumverzicht ist in Ländern, in denen es häufig an der Befriedigung grundlegender Bedürfnisse mangelt („underconsumption"), jedoch keine Option.

Konzepte des nachhaltigen Konsums versuchen den globalen Herausforderungen durch einen stärkeren Fokus auf die Nutzenphase und eine Entkopplung von Konsum und Ressourcenverbrauch zu begegnen. Nachhaltiger Konsum heißt dabei nicht notwendigerweise weniger Konsum, sondern vielmehr effizienter, ressourcensparender bzw. andersartiger Konsum, der z.T. auf anderen Konsummustern und Wertvorstellungen beruht. Im Ergebnis leistet nachhaltiger Konsum einen Beitrag zur Steigerung der Lebensqualität, die nicht zwangsläufig an das individuelle Konsumniveau gebunden ist.

Aus Sicht der Unternehmen ist die Herausforderung „nachhaltiger Konsum" keineswegs begrenzt auf die Schnittstelle zum Konsumenten, sondern stellt vielmehr eine Herausforderung dar, die sich durch den gesamten Produktlebenszyklus zieht und somit gleichermaßen die Bereiche Produktdesign, Materialbeschaffung, Produktion, Transport & Logistik, Marketing & Kommunikation, Handel, Kundenservice in der Gebrauchsphase wie auch Entsorgung/Recycling umfasst.

Instrumente für nachhaltigen Konsum

Wie können Unternehmen zu nachhaltigem Konsum beitragen? Die Instrumente, mit denen Unternehmen zu nachhaltigem Konsum beitragen können, sind vielfältig. Als ein zentrales Instrument werden bisher vor allem Kommunikations- und Marketingkonzepte verwendet. Der UN Global Compact Policy Dialog „Sustainable Consumption: Marketing & Communications"

– was ist es und wem nützt es?

(Paris, 5.-6. April 2004) hat diesen wichtigen Aspekt ausführlich behandelt. Dies ist jedoch nur ein Teilbereich aus einer Fülle von Möglichkeiten, die Unternehmen zur Verfügung stehen.

Neben der Einhaltung von Standards und der Nutzung von Anreizsystemen, stehen Unternehmen von Produktdesign, über den Einsatz neuer Materialen und Technologien, sowie über Labeling und Choice-Editing bis hin zu neuen Geschäftsmodellen (z.B. Product Service Systems) eine Bandbreite von Instrumenten zur Verfügung, um nachhaltigen Konsum zu fördern. Hilfreich ist es, aus der Fülle der Instrumente eine „Roadmap" für nachhaltigen Konsum zu entwickeln, die neben der kurz- bis mittelfristigen Optimierung bestehender und Entwicklung neuer Produkte und Dienstleistungen auch die radikale Ausrichtung des Geschäftsmodells auf nachhaltigen Konsum beinhaltet. Gerade in der Brainstorming-Phase der Roadmap-Entwicklung kann die Beteiligung relevanter Stakeholder wertvollen zusätzlichen Input liefern.

Anknüpfungspunkte identifizieren

Zu Anfang empfiehlt es sich, Effizienzpotenziale zu heben und somit Produkte zum Konsum anbieten zu können, die einen geringeren Ressourcenverbrauch aufweisen. Effizienzmaßnahmen sind oftmals gut im Unternehmen kommunizierbar und umsetzbar, da sie Kosten senken und die Produktivität erhöhen. Je nach Produkt und Branche ergeben sich unterschiedliche Anknüpfungspunkte.

Im Handel kann es beispielsweise sinnvoll sein, den Bedarf an möglichst sozial und umweltgerecht hergestellten Produkten zu identifizieren und ihm durch schrittweise Anpassungen im Sortiment zu entsprechen. Ähnliches gilt bei der Weiterverarbeitung von Vorprodukten. Richtet ein Unternehmen den Blick über das eigene Unternehmen hinaus, um vermeidbare Belastungen lebenszyklusweit zu senken, hilft dies (Image-)Risiken, etwa durch Rückrufaktionen gesundheitsschädlicher Produkte, zu reduzieren und eröffnet bei konsequentem Vorgehen gleichzeitig neue Vermarktungsmöglichkeiten. So hat sich Henkel Pionierarbeit zur Etablierung eines Book & Claim-Systems für nachhaltiges Palmkernöl geleistet und als erstes Unternehmen weltweit solche Palmkernöl-Zertifikate für die besonders umweltfreundliche Produktlinie Terra Activ gekauft.

Anbieter von Produkten mit relevantem nutzenabhängigem Umwelteinfluss können in der Konsumentenkommunikation die Möglichkeiten effizienter Nutzung hervorheben, wie es die Aktion „Clever

Aktuelle politische Entwicklungen

Auf dem Weltgipfel für Nachhaltige Entwicklung in Johannesburg (2002) verpflichteten sich die teilnehmenden Staaten, nachhaltiges Konsumieren und Produzieren voranzutreiben. Hierzu wurde 2003 der Marrakesch Prozess der Vereinten Nationen vereinbart, bei dem sich Länder weltweit zur Entwicklung eines 10-Jahres-Rahmenplans für nachhaltiges Konsumieren und Produzieren verpflichteten. Der Austausch erfolgt innerhalb einer Region (Europa, Latein Amerika, Afrika und Asien-Pazifik) in Form von Roundtables und Regionen-übergreifend in sieben Task Forces. Nachhaltiger Konsum wird dabei z.B. in den Task Forces zu nachhaltigen Lebensstilen und zu nachhaltigen Produkten sowie im Business Forum unter Leitung des World Business Council for Sustainable Development (WBCSD) bearbeitet.
Im Juli 2008 legte die Europäische Kommission einen EU Aktions-Plan zu nachhaltigem Konsumieren und Produzieren sowie zu nachhaltiger Industriepolitik vor, der auf intelligenteres Konsumieren (Smarter Consumption) als ein Aktionsfeld fokussiert. Vorgeschlagene Maßnahmen enthalten die Möglichkeiten zur Revision der EU Öko-Label Verordnung, eine verbesserte, onlinebasierte Konsumenteninformation insbesondere für junge Konsumenten. Für Handelsunternehmen sieht der Aktionsplan die Gründung eines Handelsforums vor, das auf freiwilliger Basis zu einer nachhaltigeren Gestaltung der Wertschöpfungsketten und zu besserer Konsumentenaufklärung beitragen soll. Zu einem Vorbild und Anreiz für nachhaltigen Konsum soll zudem die öffentliche Hand durch nachhaltige Beschaffungsmodalitäten werden (Green Public Procurement).
Hierzulande findet der „Dialogprozess Konsum“ zwischen Staat, Unternehmen und Zivilgesellschaft statt. Durch Fachdialoge und -konferenzen sollen innovative Initiativen, Produkte und Dienstleistungen im Handlungsfeld „Nachhaltigkeit in Produktion und Konsum“ identifiziert, diskutiert und einer breiten Öffentlichkeit zugänglich gemacht werden.

fahren – Sprit sparen“ von Volkswagen und dem Naturschutzbund Deutschland e.V. (NABU) tut. Die kostenfreien Spritspartrainings, die von VW-Händlern in Kooperation mit Regionalverbänden des NABU durchgeführt werden, zeigen Fahrzeugnutzern auf, wie durch Änderungen im Fahrverhalten durchschnittlich 13 Prozent Kraftstoff eingespart werden kann.

Der Ressourcenverbrauch von Produkten kann auch durch die Verlängerung der Nutzungsdauer verringert werden. Wichtige Einflussfaktoren hierfür sind neben einer hohen Produktqualität maßgeblich auch After-Sales Services wie lange Garantiezeiträume, die Verfügbarkeit erschwinglicher Ersatzteile, bis hin zu Auf- und Umrüstmöglichkeiten, um Produkte veränderten Nutzungsanforderungen anpassen zu können. Weitere Möglichkeiten sind Produktstrategien, die z.B. durch einen hohen technischen Reifegrad und umfangreiche Tests (auch in Bezug auf Ästhetik und Design!) einen hohen Werterhalt befördern sowie Tausch- bzw. Handelsplattformen für gebrauchte Produkte.

Roadmap für Nachhaltigen Konsum

Während eine Roadmap für nachhaltigen Konsum kurzfristig zumeist auf die Optimierung bestehender Produkte/ Produktgruppen und Dienstleistungen abzielt, können die zuvor genannten Strategien mittelfristig auch als handlungsleitend für die Entwicklung neuer Produkt- und Dienstleistungsinnovationen genutzt werden. Ein Projektbeispiel des Gesamtverbands der Aluminiumindustrie e.V. (GDA) zeigt, wie derartige Innovationsprozesse bereits bei Vorprodukten, wie dem Werkstoff Aluminium, angestoßen werden können. Mit dem sozialpartnerschaftlichen Branchendialog zur Ressourceneffizienz von Aluminiumprodukten – einem Gemeinschaftsprojekt des Bundesministeriums für Umwelt, der IG Metall und der GDA – werden vor allem Mitarbeiter in ihrer Doppelrolle als Produzent und Konsument angesprochen. Ziel ist es, sie über die Bedeutung ihres Verhaltens in Produktion und Konsum für Möglichkeiten zur Steigerung der Ressourceneffizienz zu sensibilisieren und entsprechende Innovationen zu fördern. Hierbei wird auch diskutiert, welche Optionen Konsumenten angeboten werden können, um nachhaltiger zu konsumieren.

Ein weitreichender nächster Schritt kann die Umwandlung von Produkten in Dienstleistungen sein. Solche „Produkt-Dienstleistungen“ (Product Service Systems) verkaufen Bedürfnisbefriedigung (z.B. Wärme, Mobilität, Rechenleistung) statt hierfür vorgesehene Produkte (z.B. Heizungsanlagen, Autos, Computer). Auf diese Weise können innovative Hersteller von der Qualität, Langlebigkeit und Aufrüstbarkeit ihrer Produkte direkt profitieren, da sie sich lange an Kunden vermieten oder verleasen lassen. Ressourcenströme können in der Verantwortung der Unternehmen verringert werden, und Kunden erhalten ihrerseits Investitionssicherheit und sind von Wartungs- und Reparaturarbeiten und -kosten befreit.

Gesellschaftlicher Wandel notwendig

Allen unternehmerischen Optimierungen zum Trotz ist ein konsequent nachhaltiger Konsum in vielen Lebensbereichen auf einen gleichzeitigen Wandel gesellschaftlicher Lebensstile und Wertvorstellungen angewiesen. So hat das Ausmaß der Flugreisen bereits heute ein kritisches Maß erreicht, welches durch aufstrebende Konsumentenschichten in den BRIC-Staaten in kommenden Jahren jedoch noch weiter zunehmen wird. Hier werden alternative

Sustainable consumption – what is it and who benefits from it?

The issue of sustainable consumption, also called strategic or ethical consumption, is gaining importance in society, among companies (sustainable products and services as a business field), in politics (sustainable consumption as a political field) and the media. Sustainable consumption is being driven by new markets and changed consumer behaviour.

By Stephan Schaller, Dr. Nadine Pratt and Michael Kuhndt

Can consumption be sustainable? It is now widely recognised that consumption based on typical linear product life cycles can only work in the long run if the requirements for energy and resources along the path from resource procurement to consumption and disposal do not overtax nature's foundations. Challenges such as climate change show that Western lifestyles ("overconsumption") cannot serve as a model for developing and threshold countries without permanently endangering the natural underpinnings for life. But reducing consumption is not an option in countries where fundamental needs are often unmet ("underconsumption").

Concepts of sustainable consumption attempt to meet the global challenges with a stronger focus on the usage phase and a decoupling of consumption from resource use. Sustainable consumption does not necessarily mean less consumption, but more efficient, resource-saving consumption, in part based on other consumption patterns and values. As a result, sustainable consumption contributes to an improved quality of life, which does not inevitably depend on the individual consumption level.

From a company's viewpoint, the challenge of "sustainable consumption" is clearly not restricted to the customer interface; rather, it is a challenge that runs through the entire product life cycle and so also encompasses product design, materials procurement, production, transportation and logistics, marketing and communication, retail, customer service in the usage phase as well as disposal/recycling.

Instruments for sustainable consumption

How can companies contribute to sustainable consumption? There are a variety of instruments available to them for contributing to sustainable consumption. Communication and marketing concepts, in particular, have been used as central instruments. The UN Global Compact Policy Dialog "Sustainable Consumption: Marketing & Communications" (Paris, France, 5-6 April 2004) covered this important aspect in detail. But this is only a portion of the many means companies have available.

Besides compliance with standards and the use of incentive systems, companies have many ways to promote sustainable consumption, from product design to use of new materials and technologies, from labelling and choice-editing to new business models (e.g. product service systems). Using this variety of instruments, it is helpful for companies to develop a "roadmap" for sustainable consumption that, besides the short-to-medium-term optimisation of existing products and services and development of new ones,

Urlaubskonzepte benötigt, die z.B. auf längere und erholsame (und dafür seltenere) Fernaufenthalte setzen. Ein derart tiefgreifender Wandel kann nicht von einzelnen Unternehmen herbeigeführt werden. Hier gilt es Partnerschaften mit Politik, Unternehmen und gesellschaftlichen Gruppen einzugehen, um auf unterschiedlichen Ebenen (rechtlich, institutionell, wirtschaftlich, gesellschaftlich) den Wandel voranzutreiben.

Mit dem Themenfeld „nachhaltiger Konsum" begeben sich Unternehmen auf einen Lern- und Entwicklungspfad, der langfristig vorgezeichneten Rahmenbedingungen folgt: einem wachsenden Konsumentenbewusstsein, steigenden rechtlichen Anforderungen in Bezug auf Produktverantwortung und Klimaschutz sowie Schwankungen in der Ressourcenverfügbarkeit. Vorreitern eröffnen sich Chancen für neue (Nischen-)Märkte im Bereich der Nachhaltigkeit.

STEPHAN SCHALLER, DR. NADINE PRATT UND MICHAEL KUHNDT ARBEITEN FÜR DAS UNEP/WUPPERTAL INSTITUTE COLLABORATING CENTRE ON SUSTAINABLE CONSUMPTION AND PRODUCTION (CSCP).

includes the radical orientation of the business model on sustainable consumption. Bringing in relevant stakeholders can provide valuable input, especially in the brainstorming phase of roadmap development.

Identifying starting points

As a start, companies should improve efficiency and so offer consumption products that use fewer resources. Efficiency measures are often easy to communicate in the company, since they reduce costs and increase productivity. Different starting points may result, depending on the product and industry.

In retail, for example, it can make sense to identify the demand for products that are produced in ways that are as socially and environmentally responsible as possible and meet this demand through step-by-step adjustments to the assortment offered. The same applies for processing of upstream products. Looking beyond one's own company to eliminate avoidable problems helps reduce image risks, such as come from recalls of products posing health hazards, while simultaneously opening new marketing opportunities if the company acts consistently. Henkel, for example, pioneered a book & claim system for sustainably produced palm kernel oil and was the first company in the world to purchase palm kernel oil certificates, which it used for its environmentally friendly product line Terra Activ.

Suppliers of products with significant use-dependent environmental influence can emphasise the possibilities of efficient use in their consumer communications, as Volkswagen and the German Nature and Biodiversity Conservation Union (NABU) do in their "Drive smart – save gas" programme. This free fuel-saving training offered by VW dealers in cooperation with NABU regional associations shows drivers how they can achieve 13-percent fuel savings on average by changing their driving behaviour.

Products' resource consumption can also be reduced by extending their useful lives. Besides high product quality, important influencing factors include after-sales service, such as long warranty periods, availability of affordable replacement parts, as well as the possibility to upgrade and retrofit products to meet changed use requirements. Other options include product strategies that foster high value retention, achieved through a high degree of technical maturity and comprehensive testing (also aesthetics and design!), as well as exchange and trading platforms for used products.

Roadmap for sustainable consumption

While a roadmap for sustainable consumption in the short run usu-

ally focuses on optimising existing products/product groups and services, the above strategies can be used in the medium term to guide development of new product and service innovations. A project example of the German aluminium industry association (GDA) shows how such innovation processes can be initiated even for upstream products, such as aluminium. The industry dialogue between the social partners on the resource efficiency of aluminium products – a joint project of the German Federal Ministry for the Environment, IG Metall labour union and the GDA – addresses employees in their dual role as producers and consumers. The goal is to sensitise them about the importance of their production and consumption actions to increase resource efficiency and promote corresponding innovations. The dialogue also discusses options that can be offered to consumers to consume more sustainably.

A far-reaching next step can be conversion of products into services. Such "product-services" (product-service systems) sell need fulfilment (e.g., heat, mobility, computing power) directly rather than the products designed to do this (e.g. heating systems, automobiles, computers). In this way, innovative manufacturers can profit directly from the quality, longevity and upgradability of their products, since they can rent or lease them to customers for a long time. Companies have greater scope to reduce resource streams, while customers gain investment security and are freed from the costs of maintenance and repairs.

Social change needed

Despite all the optimisation that business can do, consistently sustainable consumption in many areas of life will require a simultaneous change in social lifestyles and values. Air travel has already reached a critical mass today, and it will increase even further in coming years as more consumers in the BRIC countries begin to fly. Alternative holiday concepts are needed, such as longer and more relaxing (and thus less frequent) stays abroad. Such a dramatic change cannot be achieved by individual companies. This will require partnerships between politics, companies and social groups to push change forward at various levels (legal, institutional, economic, social).

With the theme "sustainable consumption", companies are embarking on a learning and development path that will accompany these overall conditions in the long run: a growing consumer awareness, more stringent legal requirements for product responsibility and climate protection and fluctuations in the availability of resources. Trailblazing companies are opening up opportunities for themselves in new (niche) markets in the sustainability arena.

STEPHAN SCHALLER, DR. NADINE PRATT AND MICHAEL KUHNDT WORK FOR THE UNEP/WUPPERTAL INSTITUTE COLLABORATING CENTRE ON SUSTAINABLE CONSUMPTION AND PRODUCTION (CSCP).

Current Political Developments

Participating countries at the World Summit for Sustainable Development in Johannesburg (2002) promised to promote sustainable consumption and production. Moving further, countries worldwide agreed on the United Nations Marrakech Process in 2003, in which they promised to develop a 10-year framework plan for sustainable consumption and production. Discussion takes place within regions (Europe, Latin America, Africa and Asia-Pacific) in the form of roundtables and across regions in seven task forces. Sustainable consumption is being dealt with in the task forces on sustainable lifestyles and sustainable products, for example, as well as in the Business Forum under the direction of the World Business Council for Sustainable Development (WBCSD).

In July 2008, the European Commission presented an EU action plan on sustainable consumption and production and on sustainable industrial policy, which focuses on "smarter consumption" as an action field. Recommended measures include possibilities for revising the EU Eco-Label Ordinance as well as an improved, online-based consumer information programme especially for young consumers. For merchandising companies, the action plan envisages the founding of a commercial forum that, on a voluntary basis, will contribute to a more sustainable design of value chains and better consumer education. Moreover, public authorities should use sustainable procurement modalities (Green Public Procurement) to set an example and provide incentives for sustainable consumption.

In Germany, the "consumption dialogue process" is taking place between the state, companies and civil society. Innovative initiatives, products and services in the action field of "sustainability in production and consumption" will be identified, discussed and made accessible to a broad public through professional dialogues and conferences.

DGCN-Workshops zu nachhaltigem Konsum

In vier Workshops diskutierten 2008 die Mitglieder und Akteure des Deutschen Global Compact Netzwerks (DGCN) über Chancen und Herausforderungen nachhaltigen Konsums. Konzipiert und moderiert wurden die Workshops vom UNEP/Wuppertal Institute Collaborating Centre on Sustainable Consumption and Production (CSCP). Unterstützt wurden die Workshops vom Gesamtverband der Aluminiumindustrie (GDA), der Gesellschaft für technische Zusammenarbeit (GTZ) Gmbh, Henkel AG & Co. KGaA und Volkswagen AG. Weitere Impulsvorträge kamen u.a. von der Verbraucher Initiative, RWE, Alcan, Starbucks Deutschland, der Otto Group und dem Bundesministerium für wirtschaftliche Zusammenarbeit und Entwicklung (BMZ).

Scoping-Workshop: Nachhaltiger Konsum – Themen, Trends und Hot Spots

Nachdem der Fokus lange auf der Optimierung von Produktionsprozessen lag, werden zunehmend die Zuliefererketten auf der einen und die Konsumphase auf der anderen Seite als Potenziale für ökologische und soziale Optimierung erkannt. Der Workshop beleuchtete Trends in Wirtschaft und Politik (siehe Politikbox) und das Spektrum von Instrumenten zur Nutzung und Förderung dieses Ansatzes. In Vorträgen und Diskussionen wurden die vielfältigen Herausforderungen vor allem in der Konsumentenkommunikation und -information deutlich.

1. Workshop: Der Beitrag einzelner Unternehmensbereiche zu nachhaltigem Konsum

Nachhaltiger Konsum ist nicht nur ein relevantes Thema für den Marketingbereich. Vielmehr gilt es, das Thema unternehmensintern strategisch zu verankern und über die gesamte Wertschöpfungskette anzuwenden. Dies erfordert eine enorme Kommunikationsleistung, die inhaltlich auf die Chancen eines nachhaltigen Konsums abstellen sollte. In der Konsumentenkommunikation zeigt sich, dass Umweltfreundlichkeit nur ein Unterscheidungsfaktor unter vielen ist. Zunächst müssen Produktqualität und -leistung sowie der Preis stimmen.

2. Workshop: Nachhaltiger Konsum entlang globaler Wertschöpfungsketten und in neuen Märkten

Die Beschaffung möglichst „nachhaltiger" (Vor-) Produkte von Lieferanten aus Schwellen- und Entwicklungsländern für LOHAS-Konsumenten (Lifestyles Of Health And Sustainability) aus nördlichen Ländern stellt Unternehmen vor die Frage, wie globale Wertschöpfungsketten organisiert und kontrolliert werden können, insbesondere in Anbetracht der Fragmentierung über zahlreiche Sublieferanten hinweg. Reine Kontrollinstrumente greifen hier zu kurz. Sie werden zunehmend ergänzt durch Know-how-Vermittlung, Standards, Lern- und Best-Practice-Plattformen und Dialogsysteme.

3. Workshop: Partnerschaften für nachhaltigen Konsum

Die erfolgreiche Implementierung von Instrumenten für Nachhaltigen Konsum erfordert häufig ein Bündel von Maßnahmen, die sich zudem über die eigenen Unternehmensgrenzen hinaus auch auf vor- und nachgelagerte Prozesse und Phasen erstrecken können. Partner mit ähnlichem Anliegen, ergänzendem Know-how, Zugang zu benötigten Ressourcen und Netzwerken sowie hoher Glaubwürdigkeit können hier ein wesentlicher Erfolgsfaktor sein. Der Workshop diskutierte Partnerschaften für Standards und Prinzipien, Konsumentenkommunikation und -information, nachhaltige Zulieferketten, Innovation sowie Partnerschaften für soziales Engagement und neue Märkte.

Zu der Workshopreihe wird es eine Publikation „Partnerships for Sustainable Consumption" geben, die auf den Ergebnissen der Workshops des DGCN aufbaut und anhand von Unternehmensbeispielen Anbahnungsprozesse, Errungenschaften und Barrieren sowie Erfolgsfaktoren für Partnerschaften im Themenfeld „nachhaltiger Konsum" diskutiert (geplantes Erscheinungsdatum: März 2009).

DGCN Workshops on Sustainable Consumption

The members and actors of the German Global Compact Network (DGCN) discussed opportunities and challenges of sustainable consumption in four workshops in 2008. The workshops were planned and moderated by the UNEP/Wuppertal Institute Collaborating Centre on Sustainable Consumption and Production (CSCP) and supported by the GDA Gesamtverband der Aluminiumindustrie (German aluminium industry association), Deutsche Gesellschaft für Technische Zusammenarbeit (GTZ) GmbH (German agency for technical cooperation), Henkel AG & Co. KGaA and Volkswagen AG. Other important presentations were made by the German Consumer Initiative, RWE, Alcan, Starbucks Germany, the Otto Group and the German Federal Ministry for Economic Cooperation and Development (BMZ).

Scoping-Workshop: Sustainable consumption – issues, trends and hot spots

While the focus has long been on optimising production processes, attention is increasingly being paid to supply chains and the consumption phase as offering potential for ecological and social optimisation. The workshop illuminated trends in business and politics (see politics box) and the spectrum of instruments for employing and promoting this approach. The diverse challenges, especially in consumer communication and information, became apparent in the presentations and discussions.

1st Workshop: The contribution of individual company areas to sustainable consumption

Sustainable consumption is not just a relevant issue for marketing. Rather, the topic must be strategically anchored within the company and applied across the entire value chain. This requires enormous communication efforts, which should focus on the opportunities offered by sustainable consumption. In consumer communication, it becomes obvious that environmental responsibility is only one differentiating factor among many. Product quality and performance as well as the price must first be right.

2nd Workshop: Sustainable consumption along global value chains and in new markets

Procurement of components and products that are as "sustainable" as possible from suppliers in threshold and developing countries for LOHAS consumers (Lifestyles Of Health And Sustainability) from northern countries raises the question for companies of how to organise and control global value chains, especially in view of fragmentation over numerous subcontractors. Pure control instruments are inadequate here. They are increasingly being supplemented with provision of know-how, standards, learning and best-practice platforms and dialogue systems.

3rd Workshop: Partnerships for sustainable consumption

Successful implementation of instruments for sustainable consumption frequently requires a bundle of measures that can also stretch across company boundaries to upstream and downstream processes and phases. Partners with similar concerns, complementary know-how, access to required resources and networks as well as high credibility can be a significant success factor here. The workshop discussed partnerships for standards and principles, consumer communication and information, sustainable supplier chains as well as innovation and partnerships for social involvement and new markets.

A publication on the workshop series entitled "Partnerships for Sustainable Consumption" will build on the results of the DGCN workshops and, using company examples, discuss initiation processes, accomplishments and barriers as well as success factors for partnerships in the context of "sustainable consumption" (planned publication date: March 2009).

Blick zurück nach vorn

Mit dem nachhaltigen Warenkorb und unternehmerischer Verantwortung zum nachhaltigen Wirtschaften

Von Marlehn Thieme

Wenn nachhaltige Entwicklung mehr sein soll als eine Formel, muss die wirtschaftliche, soziale und ökologische Verantwortung stärker als bisher Grundlage des Handelns von möglichst vielen sein. Dies gilt für Regierungen, Unternehmen und zivilgesellschaftliche Einrichtungen in ihren jeweiligen Aufgabenfeldern. Es geschieht allzu leicht, dass dabei die Menschen aus dem Blick geraten. Um Menschen verstärkt in die Nachhaltige Entwicklung einzubeziehen, bearbeitet der Rat für Nachhaltige Entwicklung das Arbeitsfeld „Nachhaltiges Wirtschaften und Konsumieren" in einer Arbeitsgruppe, die nachhaltigen Konsum und unternehmerische Verantwortung (Corporate Social Responsibility, CSR) nicht mehr isoliert voneinander betrachtet, sondern beides als zwei Seiten der gleichen Medaille.

Der Rat für Nachhaltige Entwicklung hat mit seinem „Nachhaltigen Warenkorb" Kaufhemmnisse von Produkten mit gängigen Siegeln durch mehr Transparenz verringert. Der Rat hat für einen Großteil der 750 Produkte und Dienstleistungen des Warenkorbs des Statistischen Bundesamtes nachhaltigere Waren oder auch Verhaltensalternativen für die Konsumbereiche Lebensmittel und Ernährung, Haushalt, Textilien, Mobilität, Tourismus sowie Finanzdienstleistungen aufgezeigt.

Mit dem Projekt verfolgte der Rat das Ziel, den Begriff der Nachhaltigkeit praktisch umsetzbar zu machen. Trotz der praktischen Einkaufshilfe bleibt es jedoch dabei: Nachhaltiger Konsum erfordert immer noch mehr Eigeninitiative und mehr Informationen für die Konsumenten in der Entscheidungssituation. Immer noch sind nachhaltige Produkte trotz deutlich gestiegener Absatzzahlen keine Selbstläufer.

Nachhaltige Entwicklung verlangt die Veränderung von Politik, Wirtschaft und Konsumstilen. Die Diskussion über Lebens- und Konsumstile fehlt aber bis heute, obwohl die großen Herausforderungen Klima, Energie und demografischer Wandel keinen Aufschub erlauben.

Jedem und jeder Einzelnen Orientierung im nachhaltigen Wirtschaften zu geben, ist der Ansatz unseres völlig überarbeiteten Entwurfs des „Nachhaltigen Warenkorbs". Er ist der Auftakt eines Dialoges, der die aktuelle Diskussion darum befördern und unterstützen soll. Bürgerinnen und Bürger, Unternehmen, Nichtregierungsorganisationen, Verbände und Politik laden wir ein, den Warenkorb auszuprobieren und uns Ihre Erfahrungen, Anregungen und Kritik zurückzumelden. Machen Sie mit!

Denn Nachhaltiger Konsum ist heute schon möglich. Es ist wichtig, dass der Staat wie auch Unternehmen mit gutem Beispiel vorangehen und Dienstleistungen und Beschaffung an Nachhaltigkeitskriterien orientieren. Wie das beispielhaft funktionieren kann, hat der Nachhaltige Warenkorb durchdekliniert.

Eine Verpflichtung der öffentlichen Hand auf die Prinzipien der Nachhaltigkeit macht Sinn, weil es der Nachhaltigkeitspolitik Glaubwürdigkeit verleiht. Nachhaltigkeit kann außerdem eine Wachstumsstrategie für den Wirtschaftsraum Deutschland sein, da sie

- Anreize zur Innovation und Ressourcenschonung gibt,
- das Qualitätsimage von Unternehmen in Deutschland unterstreicht,
- zu einer besseren Risikokultur der Unternehmen führt,
- die Akzeptanz und Reputation der Unternehmen steigert,
- und damit nicht zuletzt die Arbeits- und Lebensbedingungen verbessert.

Corporate Social Responsibility wird daher ein zentraler strategischer Wettbewerbsfaktor für die Wirtschaft sein, der nicht nur Chance zur Minderung von Geschäftsrisiken und zu Reputationssteigerung ist, sondern vor allem Stimulus für Produkt- und Prozessinnovationen. Durch Partnerschaften, die in Stakeholderprozessen keimen, kann die Basis für Innovationen gelegt werden, die neue regionale und globale Märkte eröffnen. Eine wichtige Unterstützung bieten lernende Netzwerke wie der Global Compact.

Nur nachhaltiges Wirtschaften wird eine verlässlichere Lebensgrundlage und gesicherteren Wohlstand für mehr Menschen ermöglichen, und dabei geht es letztlich um die Frage, was unser Beitrag zu einer nachhaltigen Wirtschaftsweise weltweit sein wird.

Marlehn Thieme ist Mitglied des Rats für Nachhaltige Entwicklung, Mitglied des Rates der Evangelischen Kirche in Deutschland und Director der Deutsche Bank AG.

A Look Backward and Forward

Sustainable economic management with the sustainable market basket and corporate responsibility

By Marlehn Thieme

If sustainable development is to be more than just a phrase, as many people as possible must, more than before, make economic, social and ecological responsibility the basis for their actions. This is true for governments, companies and civil-society organisations in their special areas of responsibility. It is all too easy for them to lose the focus on people. The Rat für Nachhaltige Entwicklung (Council for Sustainable Development) is trying to prevent this and ensure that people are increasingly involved in sustainable development. Accordingly, it has assigned a work group to tackle "sustainable economic activity and consumption" in a way that sees sustainable consumption and corporate social responsibility (CSR) not in isolation from each other but as two sides of the same coin.

With the greater transparency provided by its "Sustainable Market Basket", the Rat für Nachhaltige Entwicklung has reduced buyers' resistance to products with recognised logos. In the consumer areas of food and nutrition, household items, textiles, mobility, tourism and financial services, the Council has identified more sustainable products and/or behaviour alternatives for the bulk of the 750 products and services of the German Federal Statistical Office's market basket. With this project, the Council's goal is to make the sustainability concept practical. Yet despite the practical buying advice, the fact remains: Sustainable consumption still requires consumers to take more personal initiative and obtain more information in decision situations. While their sales numbers have increased markedly, sustainable products are still not big sellers.

Sustainable development demands changes in politics, business and consumption styles. But a discussion about lifestyles and consumption styles is still not taking place even today, although the great challenges of climate, energy and demographic change permit no further procrastination.

Our completely revised draft of the "Sustainable Market Basket" endeavours to provide each and every individual with guidance on sustainable economic management. It marks the start of a dialogue to promote and support ongoing discussion of this issue. We invite citizens, companies, non-governmental organisations, associations and policymakers to try out the Market Basket and report back their experience, suggestions and criticism. Please participate!

Sustainable consumption is possible even today. It is important that the state, as well as companies, set a good example and apply sustainability criteria when selecting goods and offering services. The Sustainable Market Basket shows exactly how to do this.

It makes sense for the public sector to commit to sustainability principles, since this gives credibility to sustainability policy. Sustainability can also be a growth strategy for the German economy, since it:

- *gives incentives for innovation and resource conservation,*
- *underscores the quality image of German companies,*
- *promotes a better risk culture in companies,*
- *improves companies' acceptance and reputation,*
- *and, last but not least, improves working and living conditions.*

Corporate social responsibility will therefore become a central, strategic competition factor for the economy. It is not just an opportunity to reduce business risks and improve reputations; most of all, it provides a stimulus for product and process innovations. The partnerships that germinate within stakeholder processes can lay the basis for innovations that open up new regional and global markets. Learning networks like the Global Compact provide important assistance here.

Only sustainable economic activity will permit a more reliable livelihood and assured prosperity for more people. The question ultimately is: What will be our contribution to a sustainable economy worldwide?

Marlehn Thieme is member of the Rat für Nachhaltige Entwicklung (Council for Sustainable Development), member of the Rat der Evangelischen Kirche in Deutschland (Council of the Evangelical Church in Germany) and director of Deutsche Bank AG.

IN DER EGO-FALLE

Ein typisches Merkmal ehrgeiziger, erfolgreicher Führungskräfte ist übersteigertes Selbstvertrauen. Erfolg steigert das Selbstvertrauen. Aber steigert Selbstvertrauen auch den Erfolg? Für die Selbstüberschätzung ihrer Spitzenmanager haben einige Unternehmen einen hohen Preis bezahlt.

Von Paul Strebel und Anne-Valérie Ohlsson

Die größten Desaster der gegenwärtigen Kreditkrise bei Banken wie Citigroup, UBS, Merrill Lynch und Lehman Brothers lassen sich auf eine folgendermaßen geprägte Unternehmensstruktur zurückführen: eine dominante Persönlichkeit an der Spitze, ein gefügiges Team von Managern und Vorstände mit einem eklatanten Mangel an finanztechnischer Kompetenz. Offenbar gibt es mehr als einen Schuldigen: Aufsichtsbehörden und Rating-Agenturen, die ihren Job nicht ordentlich gemacht haben, Risikomanager, die die rote Flagge nicht hoch genug hielten, die US-Notenbank, die die Party mit Geld versorgte, und die Jasager, die mehrheitlich die entscheidenden Führungspositionen innehatten.

Allerdings ist dies mitnichten der erste Kollaps, den die Bankenbranche erlebt. Erst im Juli 2002 hieß es im Economic Letter der Federal Reserve Bank von San Francisco: „Die jüngste Welle finanzieller Krisen in aufstrebenden Märkten, in Mexiko 1994-1995, in Asien 1997-1998, in Russland 1998 und in Argentinien 2001, forderte einen hohen Tribut im Hinblick auf Produktion und Wohlstand und bedrohte bisweilen sogar die Stabilität der Finanzmärkte weltweit. In der Folge richteten viele Entscheidungsträger und Wirtschaftsfachleute ihr Augenmerk darauf, welche Lehren aus diesen Erfahrungen zu ziehen sind – insbesondere darauf, wie Krisen besser verhindert werden können und wie sie, einmal eingetreten, zu bewältigen sind."

Und trotzdem – fünf Jahre später ging wieder alles schief.

Selbstüberschätzung und Erfolg

Jack Welch sagte einmal: „Verdammt, in diesem Spiel hat jeder ein Ego. Man muss Selbstvertrauen haben, um Chancen zu ergreifen." Ein paar Jahre später gestand er: „Bei dem Geschäft mit Kidder Peabody ist mir eindeutig meine Überheblichkeit in die Quere gekommen. Ich hatte gute Berater, Walter Wriston und andere Manager, die mir sagten: ‚Jack, mach's nicht.' Aber ich markierte den starken Mann und war ohnehin gerade in Fahrt. Die Quittung dafür habe ich bekommen."

Ehrgeizige, erfolgreiche Mitarbeiter erreichen Positionen, in denen sie vielen Versuchungen ausgesetzt sind und die Macht haben, ihrem Verlangen nachzugeben. Sie können virtuose Rechtfertigungen konstruieren, um andere – und sich selbst – davon zu überzeugen, dass sie das Richtige tun. Mit großem Geschick bringen sie ihr Gegenüber dazu, ihren Wünschen zuzustimmen, auch wenn ihre Argumente nichts mit der Wirklichkeit zu tun haben. Tatsächlich haben Untersuchungen gezeigt, dass ehrgeizige, erfolgreiche Menschen eine höhere Meinung von sich selbst haben als ihre Beobachter. All dies macht sie anfällig für Überheblichkeit: Sie unterschätzen Herausforderungen und überschätzen die eigenen Fähigkeiten.

In unserer Untersuchung beobachteten wir jeweils 15 Jahre lang die geschickten und ungeschickten Aktionen von Firmen. Dabei zeigte sich, dass Führungspersönlichkeiten am ehesten außer Kontrolle geraten, wenn Unternehmen mit größeren Aktionen alles auf eine Karte setzen. Für größere Aktionen sind eine gehörige

„Ich kritisiere das Selbstverständnis der Finanzmärkte. Leider haben sie sich freiwilligen Regelungen zu lange widersetzt, unterstützt von den Regierungen in Großbritannien und den USA. Das war zunächst bedauerlich, hat sich in der Zwischenzeit aber geändert. Wir brauchen neben nationalen Regeln auch mehr internationale Vereinbarungen gegen unverantwortliche Finanzspekulationen."

Dr. Angela Merkel, Bundeskanzlerin

„Einige der hellsten und klügsten Köpfe Amerikas haben ihr Talent einzig dazu genutzt, um Standards und Regulierungen zu umgehen, die die Effizienz der Wirtschaft und die Sicherheit des Bankensystems erhöhen sollten. Unglücklicherweise waren sie dabei sehr erfolgreich. Die Rechnung haben jetzt wir – Hauseigentümer, Arbeiter, Investoren und Steuerzahler – zu begleichen."

Joseph Stiglitz, Wirtschafts-Nobelpreisträger 2001

Portion Führungsstreben und Selbstvertrauen nötig – damit tun sich jedoch auch von Überheblichkeit genährte Ego-Fallen auf.

Fünf größere Aktionen und Ego-Fallen

Es gibt fünf klassische Arten größerer Aktionen – strategische Änderungen, bei denen umfangreiche Ressourcen für ein neues Ziel eingesetzt werden. Sie sind in der folgenden Grafik (S. 52) dargestellt, jede Aktion an einer anderen Stelle der Leistungskurve des Unternehmens. Die gezeigte Abfolge der größeren Aktionen ist willkürlich. In welcher Reihenfolge sie sich als vorteilhaft erweisen, hängt von den Bedingungen inner- und außerhalb des Unternehmens ab. Zu jeder größeren Aktion gehört jedoch eine Ego-Falle, die vernunftgesteuerte Entscheidungen vielfach erschwert.

Bei der Suche nach einer neuen Geschäftsidee geht es darum, ein gänzlich neues Geschäftsmodell als Ersatz für ein vorhandenes zu gestalten, das ausläuft, oder neue Technologie- oder Marktchancen zu nutzen. Auf der Suche nach einer neuen Geschäftsidee denken viele, sie können jedes Unternehmen leiten – alles, was sie brauchen, ist eine wirklich gute Gelegenheit. Sie tappen in die Falle opportunistischer Überheblichkeit: Wir sind fähig, jede Gelegenheit zu ergreifen, jedes Unternehmen zu führen.

Bei der Wachstumsstrategie geht es darum, ein erfolgreiches Geschäftsmodell auszuweiten und die Ressourcen auszubauen, die nötig sind, um das Nutzenversprechen an neue Absatzmärkte anzupassen und auf der Wachstumswelle zu schwimmen. Viele, die sich auf Wachstum konzentrieren, überschätzen ihre Marktkenntnisse und meinen zu wissen, was der Markt will. Sie tappen in die Falle der Übertragung von sich auf andere: Wir wissen, was der Kunde braucht.

Bei der Rückkehr zur alten Form geht es darum, Kosten zu senken, indem die Effizienz der Wertschöpfungskette gesteigert wird, und das Nutzenversprechen zu erhöhen, und zwar durch die Art, wie es erzeugt und eingelöst wird. Viele, die die alte Form wiedererlangen wollen, schätzen ihre Leistungen besser ein, als sie sind, und leugnen, dass irgendetwas ernsthaft falsch ist. Sie tappen in die Falle narzistischer Verleugnung: Wir sind die Besten, mit dem Unternehmen ist alles in Ordnung.

Bei der Wiedererlangung von Wachstum geht es darum, die Erträge zu steigern, indem das Nutzenversprechen neu formuliert wird, und/oder neue Geschäftslinien hinzuzufügen, um klar definierte Wachstumsmärkte zu bedienen. Viele, die das Nutzenversprechen neu formulieren, um neuerliches Wachstum zu generieren, glauben, sie können erfolgreiche Mitbewerber auf deren Gebiet nachahmen und schlagen. Sie tappen in die Falle der Nachahmerstrategie: Wir können die Mitbewerber schlagen, egal, was sie machen.

Bei der Wiederherstellung der Rentabilität geht es darum, verlustreiche Aktivitäten wieder in die Gewinnzone zu bringen, indem das Geschäftsmodell auf das einträgliche Kerngeschäft des Unternehmens refokussiert wird. Viele, die die Rentabilität wiederherstellen wollen, glauben, sie können eine schmerzhafte Umstrukturierung vermeiden, indem sie aus dem Problem herauswachsen. Sie tappen in die Falle der Einsatzerhöhung: Niederlagen gestehen wir niemals ein, für uns geht es ausschließlich vorwärts.

Wie man Ego-Fallen umgeht

Es ist sinnlos, mehr Selbstdisziplin zu fordern, und Führungskräfte dazu zu ermahnen, sich Tatsachen zu öffnen, die nicht ihrer vorgefassten Meinung entsprechen, oder ihnen Zeit im Terminkalender einzuräumen, damit sie sehen, hören und verstehen können, was vor sich geht. Das Adrenalin und die Energie, die nötig sind, um große Aktionen voranzutreiben, machen es nahezu unmöglich, die damit verbundenen Risiken in Ruhe abzuwägen. Was notwendig ist, sind mehr gezielte gegenseitige Kontrollen.

THE EGO-TRAP

Over-confidence is a common trait in successful ambitious leaders. Success breeds confidence. But does confidence breed success? Some companies have paid a high price for the self-esteem of their top people.

By Paul Strebel und Anne-Valérie Ohlsson

The major disasters in the recent and ongoing credit meltdown, at banks like Citigroup, UBS, Merrill Lynch and Lehman Brothers, can be traced back to the firm controlled by a dominant personality, a docile top team and boards with a glaring lack of financial expertise. Obviously, the blame can be shared: with regulators and rating agencies that didn't do their job properly, risk managers who didn't raise the red flag high enough, the Federal Reserve that threw money at the party, and the yes-men that made up a majority of those boards.

But this is hardly the first time that the banking industry has had a melt down. As recently as July 2002, the Economic Letter the Federal Reserve Bank of San Francisco said: "The recent wave of financial crises in emerging markets – Mexico in 1994-1995, Asia in 1997-1998, Russia in 1998, and Argentina in 2001 – has exacted a considerable toll in terms of lost output and welfare and at times even posed a threat to the stability of world financial markets. As a result, many policymakers and economists have focused on the lessons to be learned from these experiences – lessons both in how better to prevent crises in the first place and in how to manage crises once they occur."

Yet, five years later it all went wrong again.

Over-Confidence and Success

Jack Welch once said: "Oh hell, everyone in this game has ego. You have to have self-confidence to seize the opportunities." A few years later, he was to confide, "My hubris clearly got in the way in the Kidder Peabody deal. I got wise advice from Walter Wriston and other directors, who said, 'Jack, don't do this.' But I was bully enough and on a run to do it. And I got whacked right in the head."

Successful, ambitious people achieve positions in which they encounter many temptations and enjoy the power to indulge their urges. They can construct masterful rationalizations to persuade others – and themselves – that what they're doing is right. They are clever enough to talk others into acceding to their wishes, even when what they are saying is disconnected from reality. Indeed, research shows that successful, ambitious people have higher opinions of themselves than do observers of them. All of this makes them prone to hubris – that is, underestimating the challenges and overestimating their abilities.

What we have found in our observation of the smart and stupid moves made by companies over 15 years, is that leadership egos are most likely to get out of control when companies make big moves, the ones that will make or break them. Making big moves requires concentrated doses of leadership ambition and self-confidence, which open up ego-traps created by hubris.

Five Big Moves and Ego-traps

There are five classic types of big move – strategic shifts involving a large commitment of resources to a new goal. These are depicted below (p. 52), each corresponding to a different position on the corporate performance curve. The sequence of moves

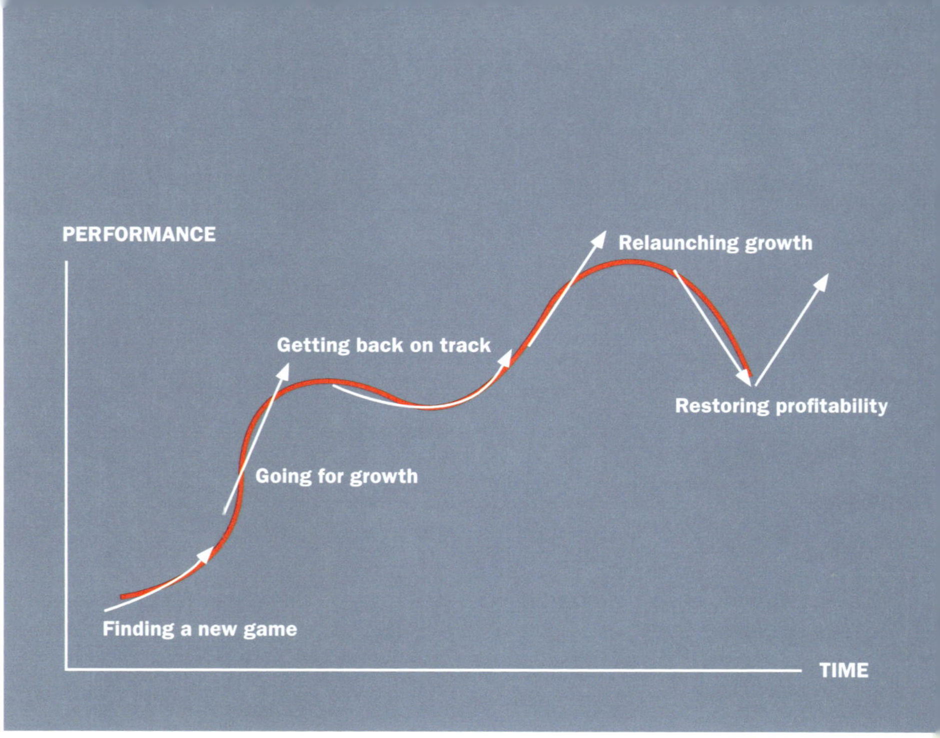

Die harte Schule des Lebens

Die wirkungsvollste Quelle für Selbstdisziplin ist die schmerzhafte Erinnerung an frühere Misserfolge. Risikokapitalgeber im Silicon Valley pflegen zu sagen, dass der sicherste Führungstipp ein Unternehmer ist, der bereits zweimal gescheitert ist. Bei seiner Rückkehr zu Apple war Steve Jobs durch die Erfahrungen, die er draußen gemacht hatte, geläutert. Er war viel realistischer und wandte sich den Märkten zu, die es schon gab, anstatt neue schaffen zu wollen. Im Gegensatz dazu sind Banker-Laufbahnen so kurz, dass offenbar jede neue Generation von Managern erst lernen muss, dass man Geld nicht an Leute verleiht, die es nicht zurückzahlen können. Einer der Gründe dafür, dass die Credit Suisse der Subprime-Krise viel besser ausweichen konnte als UBS, war der Umstand, dass die Führungsetage frischere Erinnerungen an Ausschweifungen in den Bereichen Investment und Kreditvergabe hatte.

Mächtige Sparringspartner mit roten Flaggen

Das wirksamste Mittel gegen Ego-Fallen sind Sparringspartner mit der personellen und institutionellen Macht, größere Einfluss und erheblicher Erfahrung im Finanzdienstleistungssektor. Jede größere Aktion verlangt zur Ergänzung einflussreicher, kompetenter Führungsgremien eine andere Art von Sparringspartner:

- Die Unternehmerschaft profitiert von der Meinung des Risikokapitalgebers: Er kann dafür sorgen, dass Sie ein überzeugendes neues Geschäftsmodell haben und nicht davon ausgehen, dass Führungskompetenz branchenspezifische Fähigkeiten aussticht.

> „Mit dem Ende des Finanzkapitalismus geht eine Epoche zu Ende: Der Markt, der immer recht hat, das ist vorbei! Man muss das ganze weltweite Finanz- und Währungssystem von Grund auf neu aufbauen, wie das nach dem Zweiten Weltkrieg in Bretton-Woods gemacht wurde."
>
> **Nicolas Sarkozy, Präsident von Frankreich**

Aktionen, deren strategische Logik keinen Sinn ergibt, zu verhindern. Die Bank, die die Subprime-Krise am erfolgreichsten umschiffte, hatte eine Führungsspitze mit

- Bei der Markteinführung stellt die Meinung des Kunden sicher, dass Sie etwas schaffen, was für ihn wertvoll ist. Versetzen Sie sich in Ihren neuen Kunden hinein und schauen Sie sich an, wie Ihr Nutzenversprechen durch seine Brille aussieht.
- Bei der Neuaufstellung ist die Perspektive des Mitbewerbers entscheidend: Sie garantiert, dass Sie nicht versuchen, ihn auf seinem Gebiet zu schlagen. Versetzen Sie sich in Ihre wichtigsten Mitbewerber hinein, um zu sehen, wie die Konkurrenz auf Ihr neues Nutzenversprechen reagiert.
- Bei der Neuausrichtung sind die Ansichten der Angestellten mit Kundenkontakt unverzichtbar, denn sie wissen, was zu ändern ist, und ihr Engagement macht es erst möglich. Schauen Sie sich an, ob ihre Kritik widerspiegelt, wo das Unternehmen auf seiner Bahn ist.
- Bei der Umstrukturierung sind die Meinungen unabhängiger Wirtschaftsprüfer und von Finanzanalysten gefragt, denn deren Einschätzung basiert auf dem Verständnis der Kernelemente von Unverwechselbarkeit. Statt den Einsatz zu erhöhen, sollten Sie sich fragen, ob Sie es verantworten können, für das gesamte Unternehmen auf eine unsichere Wachstumsaktion zu setzen.

Peter Brabeck, ehemaliger CEO von Nestlé, formulierte es so: „Wenn ich einen Jasager in meinem Team habe, habe ich einen zu viel. Ich werfe ihn raus." Aber es ist nicht nur eine Frage der Kontrolle durch Sparringspartner; es geht auch um die Notwendigkeit, den richtigen Leuten im richtigen Moment zuzuhören. Den Rat Ihrer Techniker bei der Markteinführung eines

> "I criticise how financial markets see themselves. Unfortunately, they've resisted voluntary rules for too long, supported by the governments in the United Kingdom and the USA. At first that was unfortunate, but now it has changed. Besides national rules, we also need more international agreements to combat irresponsible financial speculation."
>
> **Dr. Angela Merkel, German Federal Chancellor**

shown is arbitrary. Big moves can be advantageous in any order depending on conditions inside and outside the company. However, for each of the big moves, a related ego-trap often gets in the way of rational decision-making.

Finding a new game is about creating an entirely new business model to replace an existing business that is dying, or taking advantage of a new technological or market opportunity. Those trying to find a new game often think they can run any business – all they need to find is a great opportunity. They fall into the trap of opportunistic hubris – we can seize any opportunity, run any business.

Going for growth is about rolling out a business model that works, developing the resources needed to adapt the value proposition to new markets and riding the growth wave. Those going for growth often overestimate their understanding of the market and believe they know what the market wants. They fall into the trap of inside-out projection – we know what customers need.

Getting back into shape is about reducing costs by increasing the efficiency of the value chain of activities and enhancing the value proposition through the way it is produced and delivered. Those trying to get back into shape often believe they are doing better than they are, in a state of denial that anything is seriously wrong. They fall into the trap of narcissistic denial – we're the best, there's nothing wrong with the business.

Re-launching growth is about increasing revenues by re-designing the value proposition and/or adding new lines of business to serve well-defined growing markets. Those trying to re-design the value proposition to re-launch growth, often believe they can emulate and beat successful competitors at their own game. They fall into the trap of me-too imitation – we can beat the competition no matter what they do.

Restoring profitability is about turning around loss-making activities by re-focusing the business model on the core money-making parts of the business. Those trying to restore profitability often believe they can avoid the pain of restructuring by growing their way out of the problem. They fall into the trap of raising the stakes – we never admit defeat, we always move forward.

Avoiding the ego-traps

Calling for greater self-discipline, exhorting executives to be open to facts that don't fit their preconceptions, or opening up time in their agendas to see, hear and understand what's going on, is futile. The adrenalin and energy needed to drive big moves make it almost impossible to calmly weigh the risks involved. More pointed checks and balances are required.

The school of hard knocks

The most effective source of self-discipline is the painful memory of a previous failure. In Silicon Valley, venture capitalists like to say that the safest managerial bet is an entrepreneur with two previous failures. When he came back to Apple, Steve Jobs had been chastened by his experience outside and was much more realistic, not trying to create new markets, but addressing those that already existed. By contrast, in the banking industry, careers are so short that each new generation of managers seems to have to learn that you can't lend money to people who can't pay it back. One of the reasons Credit Suisse did much better than UBS in avoiding the sub-prime disaster was that those at the top had more recent memories of previous investment and lending excesses.

Powerful sparring partners

The most effective antidote to the ego-traps is sparring partners with sufficient personal and institutional power to block big moves that don't add up in terms of their strategic logic. The banks that did best in avoiding the sub-prime crisis had boards of directors with clout and significant experience in financial services. To complement powerful boards with expertise, each of the big moves calls for different types of sparring partners:

- *For entrepreneurship, venture capital-type opinion can be useful to ensure that you have a compelling new business model and you don't assume that managerial expertise trumps industry-specific capabilities.*
- *For roll-out, the customers' views are essential to ensure that you create value for them. Put yourself in the shoes of your new customers to see what your value proposi-*

> "Some of America's best and brightest were devoting their talents to getting around standards and regulations designed to ensure the efficiency of the economy and the safety of the banking system. Unfortunately, they were far too successful, and we are all – homeowners, workers, investors, taxpayers – paying the price."
>
> **Joseph Stiglitz, 2001 Nobel Laureate in Economics**

neuen Produkts einzuholen, ist sinnvoll; sie um Rat zu fragen, wenn eine Umstrukturierung ansteht, ist vielleicht weniger hilfreich.

Zusammenfassend lässt sich sagen: Ohne mächtige Sparringspartner, die die rote Flagge hissen und die Führungsriege bei ihren großen Aktionen bremsen können, geht es nicht. Und durch die aktuelle Kreditkrise ist einmal mehr deutlich geworden: Für die CEO der Banken waren einflussreiche Vorstandsmitglieder mit Fachkompetenz in Sachen Finanzdienstleistungen die wichtigsten Sparringspartner.

Ausführliche Beispiele und Analysen der fünf Arten von großen Aktionen und der strategischen Mittel gegen die Ego-Fallen finden Sie in dem neuen Buch der Autoren „Smart Big Moves: The story behind strategic breakthroughs", erschienen im Juni 2008.

Paul Strebel ist Professor der Sandoz-Familienstiftung im Bereich Strategic Change-Management. Co-Autorin ist Anne-Valérie Ohlsson, wissenschaftliche Mitarbeiterin am International Institute for Management Development (IMD).

tion looks like from their point of view.

- *For re-positioning, the competitors' perspective is essential, to ensure that you don't try to beat them at their own game. Step into the shoes of your top competitors to see how they will respond to your new value proposition.*
- *For re-alignment, frontline employees' opinions are essential because they know what needs to be fixed and their commitment will be necessary to make it happen. See whether or not their critique reflects where the business is on its trajectory.*
- *For restructuring, independent auditor and financial analyst opinions are useful because their valuations depend on understanding the core elements of distinctiveness. To avoid raising the stakes, ask whether or not you could defend betting the whole company on an unproven growth move.*

Peter Brabeck, the former CEO of Nestlé put it this way: "If I have a yes-man on my team, I have one too many. I will fire him." But, it's not only about being checked by sparring partners; it's also about having to listen to the right people at the right time. Listening to your engineers when you roll out a new product is a good thing, listening to them when you need to restructure, may not be as helpful.

In summary, powerful sparring partners that can raise the red flag and challenge the top team on their big moves are essential. As the current credit meltdown has highlighted this once again: for the bank CEOs, powerful board members with financial services expertise were the essential sparring partners.

Detailed examples and analysis of the five types of big move and the strategic antidotes to the ego-traps can be found in the authors' new book "Smart Big Moves: The story behind strategic breakthroughs" published in June 2008.

Paul Strebel is Sandoz Family Foundation Professor and Strategic Change Management. Co-Author is IMD-Research Associate Anne-Valérie Ohlsson.

> "The end of finance capitalism marks the end of an era: The market is always right – that's over now! We have to rebuild the entire global financial and currency system from the ground up, as was done in Bretton Woods after the Second World War."
>
> **Nicolas Sarkozy, President of France**

Zurück zum „Rheinischen Kapitalismus“?

Angesichts der anhaltenden Bankenkrise reagieren die europäischen Staaten mit drastischen Maßnahmen. London nimmt einige Banken teilweise unter Kuratel, die französische Regierung droht mit der kompletten Verstaatlichung angeschlagener Banken. Die Bundesregierung hält solche Schritte zwar vorerst nicht für erforderlich. Doch auch sie will Manager und Banken stärker an die Kandare nehmen. Erleben wir eine Renaissance von Wirtschaftsmodellen, die seit Beginn der Globalisierung als überholt galten? Wir sprachen darüber mit dem Wirtschaftshistoriker Werner Abelshauser.

An den Börsen herrscht nackte Panik – die Kurse befinden sich im rapiden Fall. Ist diese Krise vergleichbar mit anderen Wirtschaftskrisen – etwa der von 1929/31?

Werner Abelshauser: Es gibt viele Unterschiede – aber die großen Krisen haben alle gemeinsam, dass das Vertrauen in das Bankensystem und in die Wirtschaft verloren gegangen ist. Es bedarf jetzt Maßnahmen, die nur noch vom Staat kommen können. Nur der Staat ist als Organ des Souveräns in der Lage, diesen Notstand zu beherrschen. Im Gegensatz zu heute waren 1931 die Bankvorstände nicht „Schuld“ an der Katastrophe, weil sie etwa gegen Regeln verstoßen hätten. Vielmehr gerieten sie durch konjunkturelle Einbrüche unter Druck. Das ist der Unterschied. Der Staat musste 1931 die Aktienmehrheit an mehreren Großbanken übernehmen, um sie funktionsfähig zu halten und das Vertrauen der Bürger zurückzugewinnen. Insofern gibt es schon Parallelen.

Deutschland, Frankreich und Großbritannien verfolgen im Umgang mit strauchelnden Banken sehr unterschiedliche Wege zwischen Finanzhilfen, Teilverstaatlichung und der Androhung von kompletter Verstaatlichung. Welcher Weg ist richtig?

Der Staat muss so reagieren, wie es in dem jeweils herrschenden sozialen System der Produktion angemessen ist. Er muss sich nach den Bedingungen richten, die in dem jeweiligen Land das Bankensystem regeln. In Großbritannien wird sich außer einer Garantie oder einer staatlichen Übernahme nicht viel ändern, weil dort die Ideologie des „Laisser-faire“ vorherrscht – keine Staatseingriffe, Vertrauen in den Markt und ähnliches. Auch bei einer Verstaatlichung würde man die Banken weiter selbst entscheiden lassen. In Frankreich schlägt die Stunde der sogenannten „ENArchen“. Also der Absolventen der staatlichen Elite-Hochschule für Administration. Sie genießen das absolute Vertrauen der Regierung und der Öffentlichkeit. Der Staat wird es dort traditionell selbst regeln, wie es seit der Revolution von 1789 üblich ist.

In Deutschland würde der Staat im Fall einer Verstaatlichung wohl den Aufsichtsrat besetzen und dessen formal großen Rechte nutzen. Er würde so die Bankvorstände zwingen, die Regeln einzuhalten, die in Deutschland herrschen sollen. Man wird die Bankvorstände dieses Mal nicht ungeschoren davonkommen lassen können, weil sie ja im Wesentlichen verantwortlich sind für die Kalamitäten. Sie haben nach Regeln gespielt, die nicht zu dem deutschen sozialen System der Produktion passen.

In der deutschen Tradition gibt es auch das Gemeinwirtschaftsmodell. Wäre das auch ein Instrument?

Dieses Modell ist in der deutschen Wirtschaftsgeschichte immer wieder angewendet worden, zum Beispiel nach dem Ersten Weltkrieg. In diesem Modell wird der Aufsichtsrat nicht einfach durch Beamte der Finanzbehörden ersetzt. Vielmehr werden die Aufsichtsräte nach einem gesellschaftlich repräsentativen Modell besetzt. Einerseits wären private Anleger repräsentiert und, wie schon jetzt, die Arbeitnehmer, andererseits der Staat und die Öffentlichkeit, die Verbraucher.

Was wäre der Vorteil? Würden diese Banken mit mehr Augenmaß agieren?

Das Handeln sollte natürlich weiter profitorientiert sein. Aber die Regeln, innerhalb derer dieser Profit erwirtschaftet wird, wären besser durchzusetzen. Das Bankensystem könnte sich nicht, wie im vergangenen Jahrzehnt geschehen, verselbständigen. Die Mentalität, eine Rendite von 25 Prozent plus X anzustreben, gäbe es dann nicht mehr. Es würden nicht mehr Methoden angewendet, die möglicherweise im amerikanischen System sinnvoll waren, aber nicht im deutschen. Unser System ist auf Langfristigkeit und Nachhaltigkeit angelegt, weil es hier um Qualitätsproduktion geht, die eine langfristige Unternehmensperspektive verlangt.

Sind die landesspezifischen Traditionen wichtiger, als man angenommen hat?

Es gibt in den wichtigen europäischen Ländern und in den USA sehr unterschiedliche Denk- und Handelsweisen, die die Wirtschaft bestimmen. In Deutschland ist es nicht der Staat wie in Frankreich und nicht das Individuum oder der einzelne Unternehmer wie in England. In Deutschland ist das schon immer eine sehr viel stärker kooperativ ausgerichtete Zusammenarbeit der Unternehmen, der Verbände und der Gewerkschaften gewesen. Das hat zuletzt nicht mehr so gut funktioniert, und das ist auch ein Grund dafür, warum jetzt diese Probleme da sind. Und das wird nicht beim Finanzsystem aufhören. Es geht um die Regeln des Kapitalmarkts, die wegen ihrer sehr kurzfristigen Taktung für das deutsche System nicht brauchbar sind. Es geht ebenso um das Ausbildungssystem. Wir haben jetzt erlebt, dass das Ausbildungssystem nicht mehr funktioniert – zum Nachteil der deutschen Wirtschaft. Die Unternehmen bilden nicht mehr genügend Menschen aus im Glauben, man könne sich nach amerikanischem Muster die qualifizierten Mitarbeiter vom Markt holen. Das funktioniert aber nicht. Diese Liste könnte man fortsetzen. Wir müssen grundsätzlich zurückkommen zu den Regeln, die unser deutsches Produktionsmodell braucht.

Erkennen Sie dazu die Bereitschaft?

Die Bereitschaft wächst. Es war bislang aber sehr umstritten. Es gab einen Kulturkampf zwischen dem Standardkapitalismus, der siegreich den Globus beherrscht, und dem „Rheinischen Kapitalismus", also dem Organisationsmodell, das von Skandinavien bis Norditalien, von der Seine bis an die Oder praktiziert wird. Die sich jetzt abzeichnende Katastrophe ist ein Grund dafür, dass in diesem Kulturkampf das europäische Modell wieder stärker wird.

Das Gespräch führte Eckart Aretz.

Prof. Dr. Werner Abelshauser leitet an der Universität Bielefeld den Lehrstuhl für Wirtschaftsgeschichte und hat zahlreiche Bücher zum Wandel der deutschen Industrie und Wirtschaft verfasst. Sein Buch „Deutsche Wirtschaftsgeschichte seit 1945" gilt als Standardwerk.

Back to "Rhine Capitalism"?

European countries are taking drastic measures in response to the ongoing banking crisis. London is putting some banks under supervision; the French government is threatening stricken banks with complete nationalisation. The German government still does not feel compelled to take such steps. But it, too, wants to rein in managers and banks more strongly. Are we experiencing a Renaissance of economic models considered outdated since the start of globalisation? We talked about this with the economic historian Werner Abelshauser.

Pure panic reigns in the stock market – prices are falling rapidly. Is this crisis comparable to other economic crises – like that of 1929/31?

Werner Abelshauser: There are many differences, but the big crises all have this in common – trust was lost in the banking system and the economy. The need now is for measures that can come only from the state. As the agent of the people, the state alone is able to handle this emergency. In contrast to today, in 1931 bank managers were not to "blame" for the disaster by violating the rules. Rather, they were squeezed by the economic collapse. That is the difference. In 1931, the state had to take majority shares in several major banks to keep them running and win back the trust of the people. Here, of course, there are parallels.

Germany, France and the United Kingdom are pursuing very different paths in dealing with foundering banks, ranging from financial help to partial nationalisation and even the threat of complete nationalisation. Which path is correct?

The state must react appropriately for the social system of production prevailing in it. It must adapt to the conditions that govern the banking system in its country. Beyond a guarantee or government takeover, not much will change in the United Kingdom, since the ideology of "laissez faire" is dominant there – no state intervention, faith in the market, and the like. Even with nationalisation, the banks would still be allowed to make their own decisions. In France, the time has come for the "ENArchs", the graduates of the state-run elite university of administration. They

enjoy the absolute trust of the government and public. In keeping with tradition, the state will take care of the problem itself, as it has normally done since the Revolution of 1789.

In Germany, the state would probably take over the supervisory board in case of a nationalisation and take advantage of the board's formally substantial rights. It would thus force bank managers to follow the rules that are supposed to prevail in Germany. Bank managers cannot be let off the hook this time, since they are the ones who bear primary responsibility for the calamity. They played according to rules that do not fit the German social system of production.

The German tradition also has the social economic model. Would this also be an appropriate instrument?

This model has been used again and again in German economic history, such as after the First World War. In this model, the supervisory board is not simply replaced by officers of the financial authorities. Rather, supervisory boards are filled according to a socially representative model. Private investors would be represented and, as is now the case, employees, but also the state, the public and consumers.

What would be the advantage? Would these banks act with better judgment?

Actions should, of course, still be profit-oriented. But the rules by which this profit is earned could be enforced better. The banking system could no longer just go its own way, as happened in the past decade. The mentality of striving for a return of 25 percent plus X would no longer exist. Methods that might make sense in the American system, but not in the German, would no longer be used. Our system is based on a long-term orientation and sustainability, since the goal is quality production, which demands a long-term company perspective.

Are country-specific traditions more important than we assumed?

The ways of thinking and acting that guide the economy are very different in the major European countries and the USA. In Germany, it is not the state, as in France, and not the individual or individual businessperson, as in England, that runs the economy. There has always been a much more cooperatively oriented partnership between companies, associations and labour unions in Germany. This no longer worked very well in recent years, which is also a reason why we have these problems. And this will not stop with the financial system. At issue are the rules of the capital market, which are not usable in the German system due to their very short-term time frame. The same holds for the vocational training system. We have now seen that the vocational training system no longer works – to the detriment of the German economy. Believing they could get qualified employees from the market, as in the American model, companies no longer train enough people. But that doesn't work. We could continue the list. Basically, we must return to the rules that our German production model needs.

Do you see a readiness to do this?

The readiness is growing. But it has been very controversial until now. There has been a culture clash between standard capitalism, which has conquered the world, and "Rhine capitalism", the organisation model practised from Scandinavia to Northern Italy, from the Seine to the Oder River. The developing disaster is one reason why the European model will regain strength in this culture clash.

Eckart Aretz led the discussion.

Prof. Dr. Werner Abelshauser holds the chair for economic history at the University of Bielefeld and has written numerous books on the changes in German industry and business. His book "Deutsche Wirtschaftsgeschichte seit 1945" (German Economic History Since 1945) is considered definitive.

10 Prinzipien
Principles

Im Mittelpunkt der Global Compact-Initiative stehen zehn Prinzipien zu Menschenrechten, Arbeitsnormen, Umweltschutz und Korruptionsbekämpfung. Der Global Compact ruft weltweit Unternehmen dazu auf, sich zu diesen Prinzipien öffentlich zu bekennen und aktiv für ihre Umsetzung einzusetzen.

At the core of the Global Compact initative are 10 principles for human rights, labour standards, the environment and eliminating corruption. The Global Compact calls upon globally active companies to recognise these principles and to take steps to put them into effect.

Menschenrechte

Prinzip 1: Unterstützung und Respektierung der internationalen Menschenrechte im eigenen Einflussbereich.

Prinzip 2: Sicherstellung, dass sich das eigene Unternehmen nicht an Menschenrechtsverletzungen beteiligt.

Human rights

Principle 1: To support and respect internationally proclaimed human rights.

Principle 2: To ensure that they are not complicit in human rights abuses.

Arbeitsnormen

Prinzip 3: Wahrung der Vereinigungsfreiheit und wirksame Anerkennung des Rechts zu Kollektivverhandlungen.

Prinzip 4: Abschaffung jeder Art von Zwangsarbeit.

Prinzip 5: Abschaffung der Kinderarbeit.

Prinzip 6: Beseitigung von Diskriminierung bei Anstellung und Beschäftigung.

Labour standards

Principle 3: To uphold freedom of association and recognise effectively the right to collective bargaining.

Principle 4: To eliminate all forms of forced and compulsory labour.

Principle 5: To effectively abolish child labour.

Principle 6: To eliminate discrimination in respect of employment and occupation.

Umweltschutz

Prinzip 7: Unterstützung eines vorsorgenden Ansatzes im Umgang mit Umweltproblemen.

Prinzip 8: Ergreifung von Schritten zur Förderung einer größeren Verantwortung gegenüber der Umwelt.

Prinzip 9: Hinwirkung auf die Entwicklung und Verbreitung umweltfreundlicher Technologien.

Environment

Principle 7: To support a precautionary approach to environmental challenges.

Principle 8: To undertake initiatives to promote greater environmental responsibility.

Principle 9: To encourage the development and diffusion of environmentally friendly technologies.

Korruptionsbekämpfung

Prinzip 10: Unternehmen sollen gegen alle Arten der Korruption eintreten, einschließlich Erpressung und Bestechung.

Anti-corruption

Principle 10: To work against corruption in all its forms, including extortion and bribery.

BEST PRACTICE

Für die redaktionellen Beiträge der Rubrik „Insight" sind ausschließlich die Unternehmen und ihre Autoren selbst verantwortlich.

Solely responsible for the editorial contributions under the heading "Insight" are the companies and their authors themselves.

Klimaschutz durch effizientere Nutzung von Energie

Klimaschutz ist ein Thema, das alle angeht. ABB stellt sich dieser Herausforderung seit langem: 90 Prozent der ABB-Produkte helfen, den Ausstoß von Kohlendioxid zu reduzieren. Mehr als 115.000 ABB-Mitarbeiter weltweit, davon etwa 11.000 in Deutschland, arbeiten täglich an der Verbesserung der Produkte und Dienstleistungen – für höhere Wirkungsgrade und den effizienteren Einsatz von Energie. Denn nur so kann der Ausstoß des Treibhausgases Kohlendioxid reduziert werden.

Von Alexander Sonneck

Das ABB-Portfolio ist breit gefächert: Es reicht von Motoren und Antrieben, Industrierobotern und Prozessleitsystemen über Gebäude- und Klimatechnik bis hin zu Systemen und Komponenten für Hoch-, Mittel- und Niederspannungsanlagen. Damit finden ABB-Produkte und -Systeme überwiegend in der Industrie, der Energieerzeugung, der Stromübertragung und -verteilung, aber auch im Schiffs- und Bahnverkehr sowie im Wohn- und Zweckbau Anwendung. Nahezu das gesamte Portfolio aus der Energie- und Automationstechnik hilft, Kohlendioxid zu reduzieren und leistet so einen Beitrag zum Klimaschutz.

Die Reihe der Beispiele, mit denen ABB zum Klimaschutz beiträgt, ist ebenso vielfältig wie lang. So liefert ABB Deutschland inzwischen etwa zehn Prozent der Roboter an die Solarindustrie und ist damit bundesweit Marktführer in der Solarbranche. In der Zementindustrie, die weltweit für etwa fünf Prozent des gesamten CO_2-Ausstoßes verantwortlich ist, spart eine intelligente Prozesssteuerung bereits heute 4,5 Millionen Tonnen CO_2 pro Jahr. Auch für das eigene Heim oder Gebäude bietet ABB energieeffiziente Produkte und Lösungen: Ob Dimmer, Bewegungsmelder oder intelligente Fenstergriffe – Immobiliennutzer können aus einer Fülle an Produktideen wählen, mit denen Energie gespart werden kann. Mit intelligenter Gebäudesystemtechnik von ABB lässt sich der Energieverbrauch bis zu 60 Prozent senken.

ABB ist weltweit der größte Lieferant von elektrotechnischen Produkten und Dienstleistungen für Windenergieanlagen. Diese wurden bisher hauptsächlich

Protecting the world's climate by using energy efficiently

Climate protection is a topic that concerns us all. ABB has a long history of addressing this challenge: ninety percent of ABB's products help reduce CO_2 emissions. Every day, more than 120,000 ABB employees around the world, about 11,000 of whom work in Germany, strive to improve the company's products and services – to make them and energy use more efficient. It's the only way to cut emissions of the greenhouse gas, CO_2.

BY ALEXANDER SONNECK

ABB has a wide-ranging portfolio that covers everything from motors and drives, industrial robots and process control systems, through to building automation and air-conditioning systems and high-, medium and low-voltage systems components. ABB products and systems are primarily used in industry, power generation, power transmission and distribution, but also for marine and railway applications, as well as residential and purpose-built structures. Almost the entire portfolio of power and automation products and systems helps cut CO_2 emissions, thereby contributing to climate protection.

The list of examples of ABB's contributions to climate protection is as diverse as it is long. For example, ABB in Germany delivers about ten percent of its robots to the solar industry, making it the market leader in the German solar sector. In the cement industry, which is responsible for about five percent of the world's total CO_2 emissions, an intelligent process control system is currently already able to reduce CO_2 emissions by 4.5 million tonnes of CO_2 annually. ABB also offers energy efficient products and solutions for residential and commercial use. Whether it be dimmers, motion sensors or intelligent window handles, property owners can choose from an abundance of product ideas that can save energy. Energy consumption can be cut by up to sixty percent using an intelligent building automation system from ABB.

ABB is the world's largest supplier of electrics and services for wind power systems. Until now, the wind turbines were mainly land-based. However, in the near future, the focus will be on building offshore wind farms. Ensuring precise interaction of components and meeting the challenges of the high seas demands compact, reliable and compatible products. ABB offers generators, converters, switchgears and transformers, as well as medium- and low-voltage products, for all types and rating classes of wind power systems. ABB also supplies the infrastructure for an environmentally friendly method of feeding the power generated by the wind turbines into the grid. Here we are talking about a self-commutated high-voltage DC transmission system (HVDC) that makes it possible to use lightweight, environmentally sound polymer cables. Compared to an AC link, this technology reduces transmission losses by twenty-five percent using oil-free cables and compact converter stations.

Another example: Innovative ABB power systems products strengthen the grid, as well as ensuring that the transmission lines are not overloaded and that power flow is intelligently managed. Decades of experience automating power stations is applied to help minimize CO_2 emissions; for example, by optimizing combustion.

Achieving climate protection targets while at the same time maintaining a secure energy supply will only be possible with a balanced energy mix. ABB's goal is to contribute to this effort by developing new products and enhancing its existing portfolio.

an Land installiert. In den kommenden Jahren steht jedoch der Bau von Offshore-Windparks im Fokus. Durch die Anforderungen auf hoher See werden kompakte, zuverlässige und aufeinander abgestimmte Produkte benötigt, um ein perfektes Zusammenspiel der Komponenten zu gewährleisten. ABB bietet für alle Konzepte und Leistungsklassen von Windenergieanlagen Generatoren, Frequenzumrichter, Schaltanlagen und Transformatoren sowie Mittel- und Niederspannungsprodukte. Ebenso liefert ABB die Infrastruktur für die umweltfreundliche Einspeisung des durch Windkraft erzeugten Stroms in die Netze. Es handelt sich dabei um eine selbstgeführte Hochspannungs-Gleichstrom-Übertragung (HGÜ), die den Einsatz von leichten, umweltfreundlichen Polymerkabeln ermöglicht. Im Vergleich zu einer Wechselstromanbindung werden mit dieser Technik mit ölfreien Kabeln und kompakten Umrichterstationen die Übertragungsverluste um 25 Prozent reduziert.

Innovative Energietechnik-Produkte von ABB stärken beispielsweise die Netze und sorgen dafür, dass die Leitungen nicht überlastet werden und der Stromfluss intelligent geregelt werden kann. Jahrzehntelange Erfahrung in der Automatisierung von Kraftwerken hilft, den CO_2-Ausstoß – zum Beispiel durch eine optimierte Verbrennung – zu minimieren. Die Klimaziele zu erreichen und gleichzeitig eine sichere Energieversorgung zu garantieren, ist nur durch einen ausgewogenen Energiemix möglich. ABB hat es sich zum Ziel gesetzt, durch die Neu- und Weiterentwicklung der Produkte einen Anteil dafür zu leisten.

ABB

Unternehmerische Verantwortung und ethische Werte bleiben blasse Theorie, wenn man sie nicht lebt. Die „Andersmacher" zeigen, wie die gelebte Praxis aussehen kann. Ob Fotografin oder Tourismus-Managerin, Vorstand oder Logistik-Experte, Geschäftsführerin oder CSR-Verantwortliche – die „Andersmacher" in diesem Buch eint über die Unterschiedlichkeit der Branchen, in denen sie tätig sind, hinweg die Freude daran, Verantwortung nicht als lästige Pflicht, sondern als inspirierende Lebensaufgabe zu begreifen.

Die Andersmacher

Unternehmerische Verantwortung jenseits der Business Class – Ein neuer Blick auf Nachhaltigkeit und CSR

ARCANDOR
COMMITTED TO CREATING VALUE

VON DR. ALEXANDRA HILDEBRANDT

Im Mittelpunkt des Buches stehen viele Fragen, denn erst das Wissenwollen bringt Diskussionen in Gang: Wie kann das Thema Corporate Social Responsibility so vermittelt werden, dass es nicht als Modeerscheinung wahrgenommen und in einem Unternehmen wirklich gelebt wird? Müssen wir unternehmerisches Tun an diesem Begriff festmachen, oder gibt es nicht „nachhaltigere" traditionellere Bezeichnungen, die tiefer gehen? Wie erreicht ein Unternehmen seine Stakeholder, also alle Anspruchsgruppen, die ein bestimmtes Interesse an ihm haben, im Kopf und im Herzen? Wie können Unternehmensthemen unspektakulär, unaufdringlich und überzeugend vermittelt werden? Wie können Menschen lernen, in Kontexten zu denken und den eigenen Tunnelblick zu überwinden? Was bedeutet kulturelle Vielfalt für einen Konzern? Warum sollte Diversity in Unternehmen eine Rolle spielen? Weshalb müssen wir in unserer modernen Lebens- und Arbeitswirklichkeit mehrere Rollen gleichzeitig ausüben, Multi-Identitäten erlernen und entwickeln? Wie müssen Unternehmensstrukturen beschaffen sein, damit gesellschaftspolitisches Engagement fruchtbar gemacht werden kann?

Seit Juli 2007 vereint die Arcandor AG als Finanzholding drei starke Geschäftsfelder unter einem Dach: Touristik, Homeshopping und stationärer Einzelhandel. Die Holding bündelt drei eigenständige operative Bereiche: den Touristikkonzern Thomas Cook Group plc, die Versandhandelsgruppe Primondo GmbH und die Karstadt Warenhaus GmbH.

ARCANDOR leitet sich ab von „Arc" (in verschiedenen Sprachen „Bogen"). Das aus dem Lateinischen abgeleitete „candor" unterstreicht den Anspruch, Mehrwert zu schaffen. Unter anderem bedeutet es „glänzend"; in der Silbe „dor" ist das französische „Gold" enthalten. Dieses Sinnbild für Wertsteigerung ist auch im Claim der Arcandor AG enthalten: „Committed to creating value" – „verpflichtet, Wert zu schaffen". Der Leitsatz soll auch die

Verpflichtung des Managements und der Mitarbeiter gegenüber den Kunden ausdrücken: Qualität und bestmöglichen Service. Wer Werte berücksichtigt, wird selbst wertvoll. Das englische Wort für „Wert" („value") kommt vom lateinischen Wort „valere", das stark sein und gesund sein bedeutet. Werte geben also innere Stärke, und wer auf sie baut, lebt auf gutem Grund. Wertbezogene Haltungen sind auch das Verbindende aller an diesem Buch Beteiligten. Sie wissen, dass das Leben immer neu gefunden werden muss, dass es nie ohne Opfer, nie ohne Fehler und Misserfolge geht, und dass es Sinn macht, sich mit dem Grenzenlosen in der Begrenzung zu beschäftigen. Erst dann erfährt man, was es hinter dem eigenen Horizont zu entdecken gibt. Weil sie eine Vorstellung davon haben, was sie wollen, erhalten sie auch etwas. Und weil sie dankbar annehmen, was ihnen das Leben bietet, finden sie auch Glück und innere Erfüllung.

Mit Vorgaben und Regeln allein kommt die Wirtschaft nicht weiter. Sie braucht Menschen, die wissen, was sie wollen, und bereit sind, anzupacken. Ein Buch mit Vorbildern für alle, die Corporate Social Responsibility und nachhaltiges Wirtschaften ernst nehmen und nach Wegen suchen, das Prinzip Verantwortung im Unternehmen zu etablieren.

ALEXANDRA HILDEBRANDT / JÖRG HOWE (HRSG.): DIE ANDERSMACHER. UNTERNEHMERISCHE VERANTWORTUNG JENSEITS DER BUSINESS CLASS, 274 SEITEN, HARDCOVER, € (D) 24,80, J.KAMPHAUSEN, BIELEFELD, BUSINESS-REIHE „INSPIRE!", ISBN 978-3-89901-159-3

The "Andersmacher"

Corporate social responsibility beyond business class – A new look at sustainability and CSR

Corporate social responsibility and ethical values remain empty theory if they are not lived. The "Andersmacher" (literally "those who do things differently") demonstrate how such values can be lived in practice. Photographer or tourism manager, executive board member or logistics expert, CEO or CSR officer – despite the wide variety of industries in which they operate, the "Andersmacher" in this book all have one thing in common, namely an enjoyment in seeing responsibility not as a burden and mere duty, but as an inspirational life's work.

BY DR. ALEXANDRA HILDEBRANDT

This book addresses a large number of questions, because only a desire to know can trigger discussion: how can the subject of corporate social responsibility be communicated in such a way that it is not perceived as just a passing trend, so that it can be actively lived in a company? Do we have to associate corporate actions with this term or are there perhaps more "sustainable", more traditional descriptions that go deeper? How can a company reach its stakeholders – all the groups that have an interest in the company – in both their heads and hearts? How can company topics be communicated non-sensationally, unobtrusively and convincingly? How can people learn to think in context and see beyond their own tunnel vision? What does cultural diversity mean for a corporate group? Why should diversity play a role in a company? Why do we have to perform several roles simultaneously in our personal and professional life today, acquire and develop multiple identities? How can we create corporate structures that make socio-political commitment worthwhile?

Since July 2007, financial holding company Arcandor AG has housed three strong fields of business under one roof: tourism, home shopping and store trading. The holding encompasses three independent operative divisions: tourism group Thomas Cook Group plc, mail order group Primondo GmbH, and the department store chain Karstadt Warenhaus GmbH.

The name ARCANDOR contains the word "arc". It is also derived from "candor" which is Latin in origin and emphasizes the desire to add value. Among other things, it means "brilliant"; the syllable "dor" contains the French word for "gold". This allusion to increased value is also reflected in Arcandor AG's claim: "Committed to creating value". This principle also expresses management's and employees' obligation to provide customers with high quality and the best possible service. Someone who takes account of values is themselves of value. The word value comes from the Latin word "valere" which means to be strong and healthy. Values thus create inner strength and anyone building on them will have a way of life based on a good foundation. A value-based attitude is also the connecting feature for all those involved in this book. They know that life constantly has to be rediscovered, that this is not possible without sacrifice, mistakes and failures, and that it makes sense to consider the infinite within the finite. Only then can we find what is waiting to be discovered beyond our own horizons. Because they have an idea of what they want, they also receive something. And because they gratefully receive what life offers them, they find happiness and inner fulfillment.

Business will not be promoted by rules and instructions alone. Rather, business needs people who know what they want and are prepared to take the reins. This is a book featuring role models for all those who take corporate social responsibility and sustainable business seriously and who want to find ways of establishing the principle of responsibility in the company.

ALEXANDRA HILDEBRANDT / JOERG HOWE (PUBLISHERS): DIE ANDERSMACHER. UNTERNEHMERISCHE VERANTWORTUNG JENSEITS DER BUSINESS CLASS, 274 PAGES, HARDCOVER, € (D) 24.80, J.KAMPHAUSEN, BIELEFELD, BUSINESS SERIES "INSPIRE!", ISBN 978-3-89901-159-3

Umweltfreundliche Technologien verbreiten

Armacell begreift sein Engagement für den Global Compact ganzheitlich, mit punktuellen Schwerpunkten. Wir dürfen Sie heute über unseren ersten Fortschrittsbericht informieren, über spezifische erfolgreiche Unterstützungsmaßnahmen im Bereich der arbeitsbezogenen Menschenrechte sowie über breitere Aktivitäten zur Förderung nachhaltigen Wirtschaftens. Daneben gibt es natürlich für uns einen weiteren, im Unternehmenszweck liegenden Wirkungshebel: den Umweltschutz (Prinzipien 7-9). Mit Einsatz unserer qualitätsgeprüften technischen Dämmstoffe (z.B. Armaflex, Tubolit) wird immer auch ein Beitrag zur Energieeinsparung geleistet.

VON DR. ULRICH LEHMANN UND SUSAN HEUER

Unsere unmittelbaren Global Compact Aktivitäten stellen derzeit die Einhaltung international geltender Arbeitsnormen in den Mittelpunkt, konzentrieren sich also auf die Prinzipien 4 und 5. Armacell hat hier begonnen, mittels eines „Schneeballsystems" gleichzeitig in 12 Ländern auf vier Kontinenten alle Zulieferer in die Umsetzung einzubinden. Bereits mehr als 70 % unserer Lieferanten haben uns schriftlich die Übereinstimmung ihres unternehmerischen Handelns mit den Prinzipien 4 und 5 bestätigt (Abschaffung jeder Art von Zwangs- und Kinderarbeit) – ein sehr erfreulicher Multiplikatoreffekt! Wir sind froh über den gelungenen Start und werden bei diesen mehr als 500 Zulieferern zukünftig „Compliance Monitoring" betreiben und für die Einhaltung aller Global Compact Prinzipien werben.

Zurück zum Umweltschutz und zum Prinzip 9 des Global Compact – Verbreitung umweltfreundlicher Technologien: Armacell hat dafür innovative Produkte eingeführt, die Sonnen- und Windenergie besser nutzen und so fossile, begrenzt verfügbare Energieträger wie Öl, Gas und Kohle ersetzen helfen.

Sonnenstrahlung als für uns größte natürliche Energiequelle wird mit Armaflex DuoSolar effizienter zur Erwärmung von Wasser mittels thermischer Solaranlagen genutzt. Sonnenkollektoren auf dem Dach werden dafür unter möglichst geringen Energieverlusten durch gedämmte Rohrsysteme mit Wärmespeichern im Keller verbunden. Hier reduziert das vorisolierte Rohrsystem Armaflex DuoSolar den Energieverlust auf ein Minimum und optimiert dadurch die gesamte Energieausbeute. Zur Information: Mit der Solarthermie können 50 bis 60 % des jährlichen Energiebedarfs für Trinkwassererwärmung eingespart werden. Zudem hilft dieses vorisolierte Produkt, Einbauaufwand zu verringern, Installationskosten zu senken und somit die Anzahl der Installationen zu erhöhen!

Auch bei den weltweit stark im Ausbau befindlichen Windkraftanlagen ist Armacell vorne mit dabei, und zwar mit einem hochinnovativen PET-Kernschaum. Denn für die großen Rotoren dieser Anlagen werden immer stabilere, jedoch möglichst leichte Materialien benötigt. ArmaFORM PET erhöht nach Einbau in die großen, weithin sichtbaren Rotorblätter zudem die Windenergie-Ausbeute. Der PET-Schaum wird dafür in „Sandwich"-Konstruktionen eingebaut: innen das Kernmaterial, außen eine Beschichtung – so entsteht ein recyclefähiger Kern, der leichter, nicht verrottbar, druckfest und hitzebeständig sowie in großen Mengen verfügbar ist. Durch die Recyclefähigkeit des PET-Schaums wird bei einer späteren Entsorgung der Rotorblätter zusätzlicher Müll vermieden.

Armacell wird auch in Zukunft im Rahmen des Global Compact jede Chance nutzen, um ganzheitlich dessen Prinzipien zu verbreiten: im normalen geschäftlichen Handeln und auch durch fokussierte Aktionen zu ausgewählten Prinzipien.

www.armacell.com/UNGlobalCompact

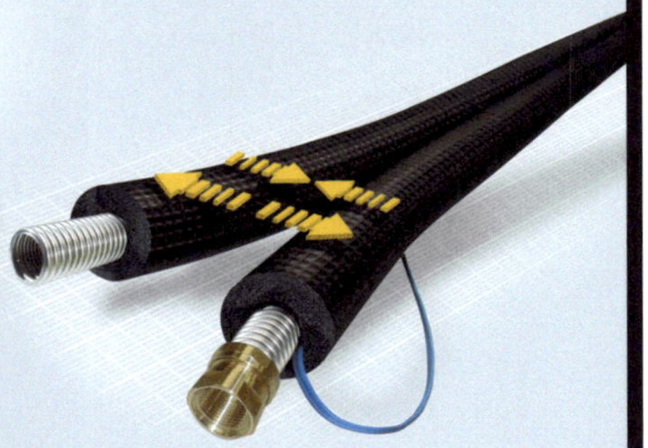

Propagating environmentally sound technologies

Armacell is pleased to inform you about our first Global Compact Progress Report, which documents our integral commitment to the UN Global Compact and its encompassing principles.

BY DR. ULRICH LEHMANN AND SUSAN HEUER

Since joining the Global Compact our immediate focus has been on principles 4 and 5 regarding work-related human rights, and the Progress Report provides a record of results. Briefly summarized: Armacell has begun to simultaneously involve its entire worldwide set of suppliers in putting these principles into practice by means of a "pyramid system". More than 70 % of our suppliers have already confirmed in writing that their economic activities comply with Global Compact principles of abolishing every kind of forced and child labour – a striking multiplier effect! We are very pleased with this successful launch and in the future we will monitor ongoing compliance of these 500+ suppliers with forced and child labour standards, whilst canvassing them to adhere to all principles of the Global Compact.

However, we also pursue other activities that promote sustainable economic growth and environmental protection (principles 7-9). Applying our quality-tested technical insulation materials (e.g. Armaflex, Tubolit) always contributes to energy saving, but Armacell has in addition launched innovative products which increase usage and efficiency of solar and wind energy and thus help replace limited fossil fuels such as oil, gas and coal.

Armaflex DuoSolar enables solar irradiation, our greatest natural source of energy, to be used to heat water more efficiently by means of solar thermal systems. For example, in the case of residential homes, a solar collector placed on the roof is connected to a heat storage tank in the basement, thus keeping energy losses as low as possible. Our pre-insulated pipe system Armaflex DuoSolar helps optimize total energy yield. This is no small matter: a solar thermal system can save up to 50 to 60 % of the energy required for heating water (incl. heating appliances). Besides, this pre-insulated product helps make the installation process easier, lowers installation cost, and thus increases the total number of solar thermal systems installations.

Another more recent Armacell focus is on wind energy. Large numbers of wind turbines are currently being installed throughout the world and Armacell is at the forefront with a highly innovative PET core foam. For the large rotors of such wind turbines, stronger yet lighter materials are in demand. We meet this challenge with ArmaFORM PET installed in sandwich constructions: our core material on the inside and a laminate on the outside – a recyclable core is formed which is light, pressure and heat resistant, does not decay and is also available in large quantities. When the time comes to dispose of these rotor blades, additional waste is avoided because the PET foam can be recycled. Last but not least, when installed in these huge, highly visible rotor blades ArmaFORM PET increases wind power yield.

In the future as it does today, Armacell shall not miss out on opportunities for propagating the principles of the Global Compact using a holistic approach, i.e. in its normal business activities and via specific efforts and "campaigns".

www.armacell.com/UNGlobalCompact

Kampf gegen Malaria und Polio

In Nordnigeria verteilt der Rotary Club die Interceptor®-Malarianetze der BASF zusammen mit einer Impfung gegen Polio.

Von Elise Kissling

Eine Gruppe von Frauen und Kleinkindern in Nordnigeria sitzt im örtlichen Krankenhaus. Eine Hebamme erklärt ihnen der Umgang mit Moskitonetzen, die mit Insektiziden behandelt worden sind. „Wenn Sie möchten, können Sie auch Ihre Ehemänner unter den Netzen schlafen lassen", sagt die Hebamme. Gelächter bricht aus – die Hebamme hat den Nerv getroffen. Denn allzu oft bringen die Ehemänner die Netze über ihren eigenen Betten an und lassen ihre Frauen und Kinder ungeschützt schlafen. Schwangere Frauen und kleine Kinder sterben am häufigsten an Malaria. Die Hebamme betont diesen Punkt zunächst auf Hausa und dann noch einmal auf Englisch für die Frauen aus anderen Teilen des Landes. „Mit diesen Netzen können Sie sich selbst und Ihre Kinder schützen", erklärt sie. „Schlafen Sie darunter!"

Nach der Vorführung erhalten die Frauen ein anhaltend insektizidwirksames Interceptor-Netz von BASF, und die Kinder bekommen eine Polioimpfung. „Diese Kombination wird neue Maßstäbe setzen", erklärt Dr. Kola Owoka, ein nigerianischer Gynäkologe. Er ist Leiter eines Projekts des Rotary Clubs, das sich der Gesundheit von Schwangeren und Säuglingen widmet. In Nordnigeria haben sich religiöse Führer den Programmen zur Polioimmunisierung widersetzt, weil sie glauben, dass das Impfserum Aids und Unfruchtbarkeit verursache. Doch für die nützlichen Netze nehmen die Religionsführer die Polioimpfungen in Kauf. Daher hat ein Rotarier und pensionierter BASF-Manager Kontakt zum Global-Health-Team der BASF aufgenommen und um eine Netzspende gebeten. „Wir wollten sehen, ob sich die Idee in die Praxis umsetzen lässt und freuen uns, dass BASF bereit war, mehrere Tausend Netze für dieses Pilotprojekt zur Verfügung zu stellen", erklärt Owoka.

Interceptor ist ein mit dem Insektizid Fendozin beschichtetes Moskitonetz, das über mehrere Jahre wirksam gegen Stechmücken bleibt. Es erfüllt die Anforderungen der Weltgesundheitsorganisation (WHO) an ein lang anhaltendes insektizidwirksames Netz. Diese Netze stellen aus Sicht der WHO das effizienteste Mittel zur

BASF
The Chemical Company

Vorbeugung von Malariainfektionen dar. Weltweit sterben jährlich weit über eine Millionen Menschen an Malaria. Auslöser der Malaria sind winzige Einzeller, Plasmodien genannt, die durch Stechmücken der Gattung Anopheles übertragen werden. 90 Prozent der Fälle konzentrieren sich in Afrika.

Da die Herausforderung nicht in der Spende, sondern in der Verteilung der Netze besteht, ist der Erfolgsfaktor des Projektes die Partnerschaft mit dem Rotary-Netzwerk und den Mitarbeitern, Hebammen und Ärzten in Nigeria. Sie stellen sicher, dass die Netze tatsächlich bei denen ankommen, die sie brauchen und dass die Menschen verstehen, wie sie zu verwenden sind.

Der weltweite Bedarf an Netzen dürfte in den kommenden Jahren bei 50 - 60 Millionen Stück jährlich liegen. Wichtigste Abnehmer der Interceptor-Netze sind internationale Hilfsorganisationen, nationale Gesundheitsministerien und nichtstaatliche Organisationen. BASF hat das globale Thema „Gesundheit und Ernährung" als eine der zentralen gesellschaftlichen Herausforderungen identifiziert und leistet mit innovativen Produkten einen Beitrag zu deren Bewältigung. Neben dem Projekt in Nigeria engagiert sich BASF mit Partnern wie USAID oder dem Roten Kreuz auch in anderen Ländern der Welt zur weltweiten Bekämpfung von Malaria und anderen Infektionskrankheiten.

www.basfpublichealth.com

Combating Malaria and Polio

Distribution of BASF's Interceptor® mosquito nets in Northern Nigeria through the Rotary Club combined with polio immunization program.

By Elise Kissling

A group of women in Northern Nigeria – babies and toddlers in tow – are sitting in a one-room building adjacent to the local hospital learning about long-lasting insecticide treated mosquito nets. "If you want to, you can let your husbands sleep under the nets too," the midwife tells the women. Laughter erupts in the room, but the midwife has hit a nerve. All too often, husbands and fathers put the scarce nets over their own beds and leave their wives and children unprotected. In reality, it is pregnant women and small children who are most likely to die from the disease. The midwife drives the point home in Hausa, the native language and then again in English for women from other parts of the country. "These nets give you the power to protect yourselves and your children," she says. "Sleep under them."

After the demonstration, the women receive a BASF long-lasting insecticide treated Interceptor net and the children get a polio vaccine. "This combination will set a new benchmark," says Dr. Kola Owoka, gynecologist and head of the local Rotary program for maternal health. In Northern Nigeria, traditional religious leaders have fiercely opposed polio immunisation programs. There is a deep-seated belief that the clear liquid drops are laced with agents causing aids and sterility. But insecticide-treated nets are so valuable that when given in connection with a polio vaccine, even traditional leaders soften. That's why a Rotarian and retired BASF manager contacted BASF's Global Health team and asked for a net donation. "We wanted to see if the idea would work in practice," explains Dr. Kola. "We're happy that BASF was willing to provide several thousand nets for this pilot project."

The company's latest contribution is Interceptor, a mosquito net coated with the insecticide Fendona. The net remains effective against mosquitoes for several years. It thus meets the World Health Organization (WHO) requirements for a "Long lasting insecticide impregnated net". According to the WHO, the protection provided by these nets against the mainly night-active vector mosquitoes is the most effective means of preventing malaria infections. Each year, malaria is responsible for over one million deaths. Children under the age of five and pregnant women are particularly at risk for malaria. Over 90 percent of deaths caused by malaria occur in Africa.

However, not only the donation of nets is posing a challenge; their distribution is also a hurdle. The factor of success is therefore the BASF partnership with the Rotary network and the field officers, trained midwives and doctors in hospitals and villages throughout the region. Their outreach network is now proving to be invaluable when it comes to delivering nets and administrating polio vaccines.

Total demand for nets over the coming years could lie around 50 to 60 million pieces annually. Major buyers include international aid organizations, national health ministries and non-governmental organizations.

BASF has clearly identified global health as one of the global key challenges. It works with the international community to provide the products necessary to reduce the incidence of diseases like malaria, dengue fever or guinea worm disease. Together with partners like USAID, The MENTOR Initiative or the Red Cross, BASF is engaged in fighting against malaria and other diseases around the world.

www.basfpublichealth.com

BAYER

Globale Herausforderungen und Lösungsansätze der Landwirtschaft

Bayer-Forscher bei der Untersuchung von Reis
Bayer scientists investigate rice plants

Bevölkerungswachstum und zunehmender Wohlstand in Regionen mit starkem Wirtschaftswachstum lassen den weltweiten Bedarf an Agrarprodukten steigen. Die Anstrengungen zur Treibhausgasminderung verstärken gleichzeitig den Einsatz nachwachsender Rohstoffe zur Energiegewinnung. Die verfügbare Agrarfläche ist jedoch begrenzt und zunehmender Zersiedlung und Bodendegradation ausgesetzt. Darüber hinaus gefährdet ein klimabedingter Wassermangel die Landwirtschaft vor allem auf der südlichen Hemisphäre. Aus dieser vielschichtigen Konstellation erwachsen für die Landwirtschaft strukturelle und technologische Herausforderungen.

Von Prof. Dr. Friedrich Berschauer

Nur eine effiziente Nutzung von Ressourcen wie Boden, Wasser, Nährstoffe und Energie kann auf begrenzter Fläche hochwertige landwirtschaftliche Erträge sichern und bedarfsgerecht steigern. Ein ganzheitlicher, auf Nachhaltigkeit ausgerichteter Ansatz muss z.B. Fruchtfolgen, Bewässerung, innovative Pflanzenschutzlösungen und Saatgut gleichermaßen berücksichtigen. Bayer CropScience, die Pflanzenschutz-Sparte von Bayer, verfolgt das Ziel, mit ihren Saatgut- und Pflanzenschutzprodukten die steigende Nachfrage an Agrarprodukten auf ressourcenschonende Weise zu befriedigen. So gewährleisten zum Beispiel unsere modernen Raps- und Reislinien ein um 20 bis 30 Prozent höheres Ertragspotenzial. Wasser ist die wertvollste natürliche Ressource. Der Anbau von Reis ist sehr wasserintensiv. Vorgekeimte Samen in Kombination mit Herbiziden senken den Wasserverbrauch signifikant.

Innovationen sind entscheidend

Der wissenschaftliche Fortschritt hat bisher maßgeblich dazu beigetragen, dass die Agrarerträge immer wieder beträchtlich gesteigert werden konnten. Aber in jüngster Zeit spiegeln die rückläufigen Wachstumsraten des weltweiten landwirtschaftlichen Forschungsbudgets die hohe Bedeutung von Innovationen nicht wider. Es ist dringend erforderlich, wieder verstärkt in wissenschaftliche Innovationsforschung zu investieren. Wir brauchen eine „zweite grüne Revolution" zur weiteren Potenzialsteigerung unserer Kulturpflanzen. Nur so können wir dem wachsenden Bedarf der Weltbevölkerung an Agrarprodukten gerecht werden.

Bayer CropScience hat einen der größten Forschungsetats der Branche und wird auch künftig an neuen Wirkstoffen zum Schutz der Pflanzen sowie der Verbesserung ihrer Gesundheit und ihrer Eigenschaften forschen. Mit Hilfe der Biotechnologie machen wir Pflanzen tolerant gegenüber Stressfaktoren wie Hitze, Trockenheit, Kälte oder Bodenversalzung. Zudem engagieren wir uns auch auf dem Gebiet der Biokraftstoffe der zweiten Generation wie dem Öl der Jatropha-Pflanze. Selbst ungenießbar, wächst Jatropha auch auf minderwertigen Böden und konkurriert somit nicht mit der Nahrungsmittelproduktion.

Bedarfsgerechte Versorgung braucht Rahmenbedingungen

Aus heutiger Sicht werden die Weltmarktpreise für nahezu alle Agrarerzeugnisse in den nächsten zehn Jahren über dem Niveau der vergangenen Dekade liegen. Die Preisausschläge in 2008 waren die Folge einer gestiegenen Nachfrage, höherer Produktions- und Transportkosten, geschrumpfter Lagerbestände, wetterbedingter Ernteausfälle sowie von Spekulationsgeschäften und Handelsrestriktionen. Auch sind die Infrastrukturen in einigen Weltregionen für die Landwirtschaft unzureichend. Um Angebot und Bedarf an Agrarprodukten aufeinander abzustimmen, müssen ein liberaler Welthandel und Infrastrukturen verantwortungsvoll gestaltet werden. Deshalb unterstützt Bayer CropScience Partnerschaften in der Lebensmittelkette, vom Landwirt über den Verarbeiter bis hin zum Verbraucher. Beispiele sind das brasilianische Flavor-Guarantee-Programm oder Partnerschaften in Indien, die beide jeweils dem Ziel dienen, Nahrungsmittel anzubieten, die hochwertig, kostengünstig und in ihrer Erzeugung rückverfolgbar sind. So nützt effiziente Landwirtschaft dem Einzelnen, der Gesellschaft und der Umwelt.

Science For A Better Life

Global challenges and solutions for agriculture

Population growth and rising prosperity in regions with strong economic growth are increasing the global demand for agricultural produce. At the same time, efforts to reduce greenhouse gas emissions are intensifying the use of renewable raw materials to generate energy. The amount of arable land available is however limited and subject to increasing urban sprawl and soil degradation. In addition, a climate-related lack of water is endangering agriculture, in particular in the southern hemisphere. This multi-faceted challenge has resulted in both structural and technological challenges for agriculture.

BY PROFESSOR FRIEDRICH BERSCHAUER

Only efficient use of resources such as soil, water, nutrients and energy can safeguard high-quality agricultural yields from a limited amount of land and increase them as required. A holistic approach aimed at sustainability must take factors such as crop rotation, irrigation, innovative crop protection solutions and seeds equally into account. Bayer CropScience, the crop protection subgroup of Bayer, is dedicated to seed and crop protection products that can satisfy the rising demand for agricultural produce with minimal wastage of resources. For example, our modern canola and rice product lines have the potential to produce 20 to 30 percent higher yields.

Water is the most precious natural resource. Rice growing is very water-intensive. Pregerminated seeds in combination with herbicides significantly reduce water consumption.

Innovations are crucial

Scientific progress has made a crucial contribution to ensuring that agricultural yields have increased substantially time and time again. In recent years, however, the growth rates in the global agricultural research budget have declined, despite the great significance of innovation. It is urgently necessary to again invest more heavily in scientific research into innovations. We need a "second green revolution" to further boost the potential of our crops. This is the only way that we can meet the world population's growing demand for agricultural produce.

Bayer CropScience has one of the largest research budgets in the industry and will continue to conduct research into new active ingredients to protect plants and improve crop health and traits in the future. We want to use biotechnology to make plants more resistant to stress factors such as heat, drought, cold and soil salinity. We are also involved in the field of second-generation biofuels, for example oil derived from the jatropha plant. This inedible plant can grow even on low-quality soils and therefore does not compete with food production.

Supply in line with demand requires an appropriate framework

It is apparent today that the global market prices for almost all agricultural produce in the next ten years will lie above the level of the past decade. The price peaks in 2008 were the result of increased demand, higher production and transport costs, diminished inventories, climate-related harvest failures, business speculation and trade restrictions. The infrastructures in some regions of the world are also inadequate for agriculture. To balance the supply of and demand for agricultural products, liberal global trade and infrastructures must be established in a responsible manner. Bayer CropScience is therefore promoting partnerships in the food production chain, from the farmer via the food processor through to the consumer. Examples are the Flavor Guarantee program in Brazil and partnerships in India, both of which are aimed at offering food that is high-quality, value for money and can be traced back along the product chain. Efficient agriculture like this serves the individual, society and the environment.

Das Financial Wellness Programm: Ganzheitliches Wohlbefinden für Mitarbeiter

Steigende Kosten für Lebensmittel und Kraftstoff, steigende Zinsen – heutzutage kann es schnell eine Herausforderung werden, Grundbedürfnisse zu decken und finanziellen Verpflichtungen nachzukommen. Die Überschuldung von privaten Haushalten wird so mehr und mehr zum weltweiten Problem.

Von Dr. Natalie Mayet und Dr. Verena Schuler

Studien zeigen, dass in Südafrika viele Arbeitnehmer unter gewaltigen Schuldenbergen leiden. Oft wirkt sich dies negativ auf körperliches und psychisches Wohlbefinden und damit auch auf die Leistung am Arbeitsplatz aus. Häufige Ursachen für massive Überschuldung sind unerwartete Kosten, fehlende langfristige Planung, mangelhafte finanzielle Kenntnisse und familiäre Gründe. Verstärkt wird die Überschuldung durch hohe Zinsen und die zunehmende Anzahl von unseriösen Kreditgebern im Land. Die Konsequenz für Unternehmen: Mitarbeiter verlieren ihre Motivation, erscheinen nicht zur Arbeit und neigen zu unmoralischem und riskantem Verhalten – vor allem dann, wenn finanzielle Probleme mit Drogen- und Medikamentenmissbrauch zusammenhängen. Hinzu kommt ein enormer Verwaltungsaufwand für Unternehmen, wenn beispielsweise durch gerichtlich angeordnete Lohnpfändungen versäumte Zahlungen direkt vom Gehalt der Mitarbeiter abgezogen werden müssen.

Nach eingehender Betrachtung der Überschuldungsproblematik kam BMW Südafrika zum Schluss, dass alleine durch Informationsveranstaltungen oder Kampagnen die Schuldenberge ihre Mitarbeiter nicht kleiner werden würden. So startete das Unternehmen im Jahr 2006 das ganzheitlich angelegte „Financial Wellness Programme“, das in den Gesundheitsdienst des Unternehmens integriert ist und sich auf das Wohlbefinden der Mitarbeiter konzentriert. Die Ziele: Schulden durch langfristige Verhaltensänderung reduzieren, Wohlstand generieren und auf die finanzielle Situation im Ruhestand vorbereiten. Um dabei gleichzeitig ein branchenübergreifendes Lösungsmodell zu entwickeln, hat sich BMW Südafrika mit der Gesellschaft für Technische Zusammenarbeit (GTZ), der Universität Pretoria und einer Gruppe von Sozialarbeitern zusammengeschlossen.

Verschiedene Aktionen bei BMW Südafrika schärften zunächst das Bewusstsein für die Komplexität finanzieller Angelegenheiten. Mitarbeiter bekamen Informationsmaterial und einen Fragebogen, mit dem ihr finanzieller Status und ihr „financial wellness profile“ ermittelt wurden. An kostenlosen Kreditauskunftstagen erfuhren sie ihren genauen Schuldenstand. Zwischen April 2007 und Juli 2008 erhielten so mehr als 1.130 Mitarbeiter einen vertraulichen Kreditstatus. Ein an den Standorten Midrand und Rosslyn aufgeführtes Theaterstück griff alltägliche Beispiele von Schuldenproblemen auf und zeigte Lösungswege. Mehr als 20 Prozent der gesamten Belegschaft kamen zu diesen Aufführungen.

Seit Programmstart bieten drei Sozialarbeiter, die in juristischen und finanziellen Fragen ausgebildet sind, individuelle Beratung und Unterstützung. Neben Kenntnissen der Vermögensverwaltung zeigen sie den Mitarbeitern, wie durch Schulden entstandene Konflikte gelöst werden können. Entscheidend ist aber, den Betroffenen Wissen und Strategien zu vermitteln, die ihnen auch in Zukunft beim eigenen Finanzmanagement helfen. So können langfristig Schulden vermieden und finanzielle Engpässe erfolgreich und dauerhaft gelöst werden.

Die vorläufigen Ergebnisse des Programms sind vielversprechend. In Zukunft soll das Financial Wellness Programm in ein umfangreicheres Unterstützungsprogramm für Mitarbeiter integriert werden. Ziel ist auch, die gewonnenen Erkenntnisse auf andere Unternehmen und Branchen zu übertragen, um die Belastung durch Überschuldung zu verringern und um letztendlich eine gesunde und produktive Belegschaft zu haben.

BMW Group

The Financial Wellness Programme: Taking a holistic approach to employee well-being

In times of rising fuel and food prices and soaring interest rates, meeting basic needs and financial obligations can become an enormous challenge. Due to the number of loans issued without securities excess debt is an increasingly serious problem around the world.

BY DR. NATALIE MAYET AND DR. VERENA SCHULER

Research shows that in South Africa many employees face major financial challenges. This affects both their physical and emotional well-being as well as their productivity at work. Common causes for mounting debt are often unexpected costs, lack of long-term planning and financial knowledge, family-related issues as well as high interest rates and the growing number of suspect loan creditors in the country. Huge motivational problems, resulting in high absenteeism rates, low morale and high risk behaviour are only a few of the consequences. Studies also show that substance abuse, mental problems and chronic diseases are often related to personal financial problems. This, on the other hand, is also a major problem for employers. They face the challenge of the increased administration in dealing with the surging number of garnishee orders delivered by the sheriff of the court instructing them to deduct payments from employee salaries.

Realizing that the implementation of a financial education programme and awareness campaign alone would not solve the problem of employees' excessive debt, BMW South Africa launched a comprehensive employee Financial Wellness Programme in 2006. It is integrated into the Occupational Health Services offering and focuses on holistic wellness. The aim is to reduce debt among employees, to generate wealth and help prepare for retirement. To create a model that can be rolled out to other industries, BMW South Africa partnered with the GTZ, a German Developmental Agency, the University of Pretoria and a group of social workers.

To raise awareness about the complex of financial problems, BMW South Africa developed a questionnaire to help employees determine their own financial wellness profile and distributed a range of other promotional material. Free credit report days allowed employees to see their true debt status and credit history. Between April 2007 and July 2008, more than 1,130 employees received a confidential credit status report free of charge. The Financial Wellness Industrial Theatre, run at each of the Midrand and Rosslyn locations, portrayed real-life examples of debt problems. More than one fifth of the total workforce watched the performance.

Since the programme started, three on-site counsellors offer individual counselling sessions and assistance programmes. As personal financial problems are influenced by complex social and behavioural issues, counsellors with a psychological or a behavioural background are trained in legal and financial aspects. As well as offering individual assistance in basic financial management, counsellors teach their clients basic skills such as the ability to resolve conflicts relating to financial issues with family members or debtors. The aim is not only to change the employees' behaviour when it comes to incurring debt, but also – and most importantly – to educate them about long-term strategies for managing financial difficulties.

The preliminary results of the intervention are very promising. In the future, BMW South Africa plans to integrate the Financial Wellness Programme into a broader employee assistance programme. The aim is to share the lessons learned in the rollout of this programme with other companies and industries in order to reduce the burden of excessive employee debt and to ultimately have a healthy and productive workforce.

BOSCH

Der Climate Control Sensor von Bosch spart Sprit.
The Bosch Climate Control Sensor saves fuel.

CO_2-Sensor in Klimaanlagen spart Sprit und CO_2-Emissionen

Weniger Kohlendioxid-Emission, weniger Kraftstoffverbrauch für Automobile – das sind vorrangige Entwicklungsziele der Automobilindustrie. Dabei verlassen die Ingenieure auch ausgetretene Wege: Der Climate Control Sensor (CCS) von Bosch misst den Kohlendioxidanteil (CO_2) der Luft im Fahrzeuginnenraum. Das erlaubt eine erweiterte elektronische Regelung der Klimaanlage und senkt damit den Energiebedarf.

Von Dr. Sabine Lutz

Bei gleichbleibend gutem Klimakomfort führt das zu deutlich geringerem Kraftstoffverbrauch. Ausgehend von einer Versuchsreihe unter den sommerlichen Bedingungen Südeuropas rechnen die Entwickler mit einem Verbrauchsvorteil in Spitzen von gut einem halben Liter Kraftstoff auf 100 Kilometer Fahrstrecke.

Mit dem Climate Control Sensor erschließen sich Entwicklern moderner Klimaanlagen neue Regelungsstrategien. Der Sensor misst ständig den Kohlendioxidgehalt der Luft im Fahrzeuginnenraum – eine erweiterte Version ermittelt darüber hinaus Luftfeuchte und -temperatur. Anhand dieser Daten werden alle Stellglieder der Klimaanlage exakt geregelt, beispielsweise für ein ausgewogenes Umluft-Management.

Dem Innenraum wird stets soviel Frischluft wie notwendig zugeführt. Doch so oft es geht, schaltet die Klimaanlage automatisch auf Umluftbetrieb, arbeitet damit also ohne Frischluftzufuhr von außen. Das spart Energie, weil die erforderliche Kühlleistung sinkt. Weniger Kühlleistung führt zu geringerer Last für den Verbrennungsmotor, der den Klimakompressor antreibt, und damit zu niedrigerem Treibstoffverbrauch des Autos.

In einer Versuchsreihe auf einem Rollenprüfstand untersuchte Bosch den Prototypen eines Mittelklassefahrzeugs mit einer Klimaanlage auf Basis des Kältemittels R744. Das Kältemittel entspricht bereits den künftigen Bestimmungen der Europäischen Union. Die mit dem Sensor optimierte Klimasteuerung ergab Verbrauchsvorteile bis zu rund 20 Prozent, je nach Klimazone und Fahrgeschwindigkeit. Umgerechnet auf eine optimierte Klimaanlage mit dem Kühlmittel R134a erwarten Bosch-Entwickler bei maximaler Kühlleistung bis zu zehn Prozent weniger Kraftstoffverbrauch.

Der robuste und kompakte Climate Control Sensor arbeitet mit einem spektroskopischen Messverfahren auf Infrarot-Basis, um den CO_2-Gehalt in der Luft zu messen. Er reagiert zuverlässig selbst auf kleine Änderungen in der Luftzusammensetzung. Diese Eigenschaften des Climate Control Sensors sind Basis neuer Regelstrategien für Klimaanlagen. Der Sensor wird bereits in Musterstückzahlen an die Entwicklungsabteilungen der Automobilindustrie geliefert.

CO_2 sensor in air-conditioning systems saves fuel and CO_2 emissions

Cars that emit less CO_2 and consume less fuel – these are the prime objectives of development work in the automotive industry. To achieve this objective, engineers are also exploring new paths: Bosch's Climate Control Sensor, or CCS, measures the level of carbon dioxide (CO_2) in the passenger compartment. The result is an enhanced electronic control of the air-conditioning system, and a corresponding reduction in energy demand.

BY DR. SABINE LUTZ

While the air in the passenger compartment remains good, the system consumes far less fuel. Based on the results of a series of trials under summer conditions in southern Europe, developers predict a maximum fuel saving in the range of a good half liter per 100 kilometers driven.

The Climate Control Sensor opens up new control strategies for the developers of modern air-conditioning systems. The sensor constantly measures the carbon-dioxide level of the air in the passenger compartment, while an enhanced version also measures air humidity and air temperature. These data are used to precisely control all the actuators of the air-conditioning system, and in this way provide for a balanced management of air recirculation.

As much fresh air as necessary is constantly fed into the passenger compartment. But as often as possible, the air-conditioning system automatically switches to recirculation mode, and thus works without any stream of fresh air from outside the vehicle. This saves energy, because the amount of power needed for cooling is reduced. Using less power for cooling means a lower load on the combustion engine that drives the air-conditioning compressor, and thus reduced fuel consumption in the vehicle.

Bosch has carried out a series of dynamometer tests with the prototype of a mid-size vehicle equipped with an air-conditioning system based on the R744 coolant. This coolant already complies with future European Union requirements. When climate control was optimized by the addition of this sensor, the fuel saving was as high as nearly 20 percent, depending on climate zone and vehicle speed. If these figures are applied to an optimized air-conditioning system using the R134a coolant, Bosch engineers calculate a fuel saving of up to ten percent when the system is operating in maximum cooling mode.

The robust and compact Climate Control Sensor uses infrared-based spectroscopy to measure CO_2 levels in the air. It reacts reliably to changes, even minor ones, in the composition of the air. The properties of the Climate Control Sensor form the basis for new control strategies for air-conditioning systems. Samples of the sensor are already being supplied to automakers' development departments.

The German automobile association ADAC has presented Bosch with its 2008 "Gelber Engel" (yellow angel – named for the ADAC road patrol cars) award in the "innovation" category. With its third prize, the panel of experts pays tribute to this pioneering achievement and development for automotive technology.

Der ADAC zeichnete den CO_2-Sensor von Bosch mit dem Gelben Engel 2008 in der Kategorie „Innovation" aus. Die Expertenjury würdigte mit dem 3. Preis die zukunftsweisende Leistung und Entwicklung für die Automobiltechnik.

Gelber Engel des ADAC für den CO_2-Sensor von Bosch – umweltschonende Technik ausgezeichnet
ADAC "Yellow Angel" for Bosch CO_2 sensor – award for environmentally friendly technology

Kühlschränke für den Klimaschutz

Neu gegen alt: nach einem einfachen, aber höchst effektiven Prinzip leistet die BSH Bosch und Siemens Hausgeräte GmbH mit ihrer brasilianischen Tochtergesellschaft einen maßgeblichen Beitrag zum Klimaschutz. In Zusammenarbeit mit der brasilianischen Regierung und lokalen Energieversorgern tauscht der Hausgerätehersteller in Armenvierteln, den so genannten Favelas, veraltete Kühlschränke mit sehr hohem Stromverbrauch durch neue, energieeffiziente Geräte aus.

Von Fridolin Weindl

Weil sich nur die wenigsten Favelabewohner solche Geräte leisten können, erhalten sie im Rahmen des Austauschprogramms kostenlos Kühlschränke mit deutlich niedrigerem Stromverbrauch und wesentlich besserer Kühlleistung. Um dieses Pilotprojekt zu beschleunigen, will der Konzern den von den Vereinten Nationen (UN) im Rahmen des Kyoto-Protokolls angebotenen Handel mit Kohlendioxid(CO_2)-Zertifikaten nutzen. Im Rahmen einer Kooperation, einer so genannten Public Private Partnership, mit der Deutschen Gesellschaft für Technische Zusammenarbeit (GTZ) hat sich die BSH deshalb als erster Hausgerätehersteller bei den UN um die Anerkennung der Kühlschrankaustauschaktion als Clean Development Mechanism-Projekt (CDM), also als emissionsmindernde Technologie für Entwicklungsländer, beworben. Mit dem Erlös aus dem eingesparten Kohlendioxid kann die BSH höchst energieeffiziente Kühlschränke zu einem reduzierten Preis an die Energieversorgungsunternehmen verkaufen. Die stellen den Favelabewohnern die Kühlschränke kostenlos zur Verfügung. Mit der Austauschaktion schafft die BSH ökonomischen, ökologischen und sozialen Mehrwert.

In den Favelas gibt es Hunderttausende uralte Kühlschänke. Diese sind oft undicht, so dass die darin enthaltenen klimaschädigenden Gase entweichen können. Außerdem haben die veralteten Geräte einen enorm hohen Stromverbrauch. „In den brasilianischen Favelas stehen mit die ältesten Kühlschränke der Erde", sagt Dirk Hoffmann, BSH-Bereichsleiter Vertrieb International, der dieses Projekt mitentwickelt hat. „Wir stellen den Favelabewohnern Geräte mit wesentlich besserer Kühlleistung und deutlich niedrigeren Betriebskosten zur Verfügung. Dadurch helfen wir, flächendeckend Energie zu sparen und gleichzeitig die Lebensqualität zu verbessern." Bedenkt man, dass die neuen Kühlschränke wesentlich weniger Strom verbrauchen als die ausgetauschten Geräte, lässt sich der enorme Klimaschutzeffekt dieser Aktion rasch ermessen.

Alte Geräte werden recycelt

Die Energie, die durch den verminderten Stromverbrauch eingespart wird, sowie die aus den Kühlschränken abgesaugten Fluorkohlenwasserstoffe (FKW) können im Rahmen des Kyoto-Protokolls in CO_2-Äquivalente umgerechnet werden. Die energieeffizienten BSH-Kühlschränke sparen durchschnittlich rund 800 Kilowattstunden Strom pro Jahr. Das entspricht beim brasilianischen Energiemix etwa zwei bis drei Tonnen Kohlendioxid pro Kühlschrank in zehn Jahren. Diese eingesparten Mengen CO_2 will sich die BSH von den Vereinten Nationen im Rahmen des Kyoto-Protokolls zertifizieren lassen und auf dem globalen Markt für Emissionszertifikate verkaufen. Mit dem dadurch erzielten Erlös kann die BSH den Preis für die energieeffizienten Kühlschränke deutlich senken. Das führt dazu, dass mehr und vor allem ärmere Familien in den brasilianischen Favelas einen neuen Kühlschrank erhalten. Zum Austausch gehört auch das Recycling. Die alten Kühlschränke werden abgeholt. Die BSH kümmert sich darum, dass die Geräte umweltgerecht entsorgt werden. „Wir stellen sicher, dass die alten Geräte nicht weitergenutzt werden oder auf der nächsten Müllkippe landen", erklärt Hoffmann.

B/S/H/

Refrigerators for climate protection

Exchanging new for old: Following a simple yet highly effective principle, Bosch and Siemens Homeappliances Group in Brazil is making a significant contribution to climate protection. In cooperation with the Brazilian government and local energy suppliers, the home appliance maker is working in the country's slums, the so-called favelas, to replace old, high energy consumption refrigerators with new, energy-efficient appliances.

By Fridolin Weindl

Because very few favela residents can afford such new appliances, the refrigerators with significantly lower consumption and much improved cooling performance are provided to them free of charge as part of the exchange program. As a means of stepping up this pilot project, the group intends to make use of the carbon dioxide (CO_2) certificate trading options offered by the United Nations (UN) under the Kyoto Protocol. As part of a collaborative initiative, a so-called public private partnership, with the Deutsche Gesellschaft für Technische Zusammenarbeit (GTZ), Germany's technical cooperation agency, BSH has thus become the first home appliance maker to apply to the UN to have the fridge replacement campaign recognized as part of the Clean Development Mechanism (CDM), promoting emission-reduction and technology transfer in developing countries. With the revenue generated from the carbon dioxide reduction certificates, BSH can sell the highly efficient refrigerators to the electric power companies at a reduced price – encouraging them to buy more fridges. They in turn provide refrigerators to the favela residents free of charge. Through the exchange campaign, BSH creates economic, ecological and social value.

There are hundreds of thousands of very old refrigerators in the favelas. They are often not properly sealed, allowing harmful gases to escape into the environment. Furthermore, the old appliances consume an enormous amount of energy. "The Brazilian favelas are home to some of the oldest refrigerators in the world", says Dirk Hoffmann, the head of international sales for BSH, who co-developed this project. "We provide the favela residents with appliances with significantly improved cooling performance and considerably reduced operating costs, free of charge. We're therefore not only contributing to major energy savings, but also improving the quality of life." If we consider that the new appliances consume significantly less electricity than those we have replaced, it does not take long to work out the impact in terms of climate protection that this campaign is having. The energy saved as a result of the reduced energy consumption and the hydrofluorocarbons (HFCs) siphoned out of the old fridges can be converted into CO_2 equivalents under the Kyoto Protocol.

Recycling is part of the exchange

The energy efficient BSH refrigerators save an average of approximately 800 kilowatt hours of electricity annually. In the Brazilian energy mix, that corresponds to some two to three tons of carbon dioxide per refrigerator over ten years. BSH is intending to seek certification of the CO_2 savings from the UN under the terms of the Kyoto Protocol. With the revenue generated from sales of the certificates, BSH can significantly lower the price of the energy efficient refrigerators. This means that more and, above all, poorer families in the Brazilian favelas receive a new refrigerator. Recycling the appliances is also part of the exchange. The old refrigerators are collected. BSH is responsible for seeing that the appliances are disposed of in an environmentally sound manner. "We make sure that the old appliances don't simply continue to be used or end up at the nearest garbage dump", explains Hoffmann.

Im Jahr 2007 gaben die 24 Geberländer den 79 Entwicklungs- und 8 Schwellenländern knapp 104 Milliarden US-Dollar Entwicklungshilfe. Laut United Nations (UN) entspricht diese Summe durchschnittlich 0,28 % des nationalen Einkommens der Industriestaaten. Die reichen Länder hatten 2002 jedoch zugesagt, bis 2015 einen Anteil von 0,7 % ihres Bruttonationaleinkommens für die Entwicklungshilfe zu geben.

VON KENAN TUR

Korruptionsprävention in Entwicklungsländern

Deutschland als drittgrößtes Geberland hat für 2009 einen Etat von 5,7 Milliarden Euro bereitgestellt und damit einen Höchststand in der Geschichte des Bundesministeriums für wirtschaftliche Zusammenarbeit und Entwicklung erreicht. Kein Etat eines anderen Ressorts der Bundesregierung wird im kommenden Haushaltsjahr prozentual stärker steigen – um 12 %. In den letzten 10 Jahren wurden die Mittel für Entwicklungszusammenarbeit fast verdoppelt. Bundesentwicklungsministerin Wieczorek-Zeul betont die Bedeutung des Entwicklungshaushalts als Beitrag zu einer gerechteren und friedlicheren Weltentwicklung.

Soweit die Theorie. Aber ist es mit einer Erhöhung der Gelder getan?

Ausschlaggebend ist, dass diese Gelder bei denen ankommen, die derer bedürfen – und nicht bei den korrupten Eliten vieler armer Länder „versickern", die nicht im Interesse ihrer Bevölkerungen handeln. Oftmals erfolgt die Verteilung der Hilfe aufgrund machtpolitischer Strukturen und kann von den Entwicklungsorganisationen nicht ausreichend kontrolliert werden.

Der aktuelle Corruption Perceptions Index von Transparency International zeigte erneut, dass die korruptesten Länder auch zu den ärmsten gehören: auf den hintersten Rängen finden sich Afghanistan, Haiti, Irak, Myanmar und Somalia.

Wie kann eine Kontrolle des Geldflusses erreicht werden?

Basierend auf einem programmatischen Handlungsfeld der Milleniumsentwicklungsziele der UN, dem der Demokratie und guten Regierungsführung (Good Governance), ist die Bekämpfung der Korruption als Voraussetzung für eine effektive und nachhaltige Entwicklungshilfe unerlässlich.

Eine Prämisse und damit erstes wesentliches Ziel von Entwicklungshilfe ist daher der Aufbau einer gut funktionierenden und unabhängigen Anti-Korruptions-Behörde, wie es sie bereits in vielen Entwicklungsländern gibt (z.B. Kenya Anti-Corruption Commission in Kenia, Komisi Pemberantasan Korupsi in Indonesien). Deren Kompetenzen und Effektivität müssen weiter ausgebaut werden, insbesondere die Versorgung dieser Institutionen mit Informationen über korrupte Vorgänge ist essenziell.

Ein effektiver Weg der Informationsgewinnung sieht die Einbeziehung aller Bürger in den Kontrollprozess vor – durch breitgefächerte und nachhaltige Sensibilisierung sowie die Bereitstellung von Beschwerdewegen, so genanntem Whistleblowing. Jeder Einzelne hat ein Interesse, Korruption und Betrug zu unterbinden, um selbst in den Genuss von Fördermaßnahmen zu kommen. Eine ausgeprägte und integre Motivation der Bevölkerung von Entwicklungs- und Schwellenländern zur Korruptionsbekämpfung kann demnach angenommen werden.

Whistleblowing kann auf unterschiedlichsten Wegen geschehen: per Post, Telefon, E-Mail, anonymes Internetsystem oder persönlich. Letzterer Weg ist in Ländern mit schlechter Infrastruktur, in denen die Anti-Korruptions-Behörde zumeist ausschließlich in der Hauptstadt sitzt, nahezu unmöglich. Jedoch führt gerade die schlechte Infrastruktur oftmals zum Ausbau von Netzen für Mobilfunk und Internet.

Die Bedeutung internetgestützter Hinweisgebersysteme wie des BKMS® Systems nimmt zu: Es ist vielen Bürgern zugänglich und erlaubt den Geberländern zudem einen Einblick in die Arbeit der Anti-Korruptions-Behörde aus der Distanz. Ein so genannter Beobachterstatus erlaubt dem Außenstehenden zwar nicht, Fälle zu verändern oder einzugreifen, aber den Fortschritt in der Aufklärung von Fällen zu beobachten und ggf. Hilfestellung zu geben. So können Verstöße gegen die Zuteilung der Entwicklungshilfegelder direkt erkannt, im eigenen Land und von eigenen Ermittlern verfolgt, und von den Geberländern beobachtet werden.

Die Empfänger von Entwicklungshilfe müssen ihre Erlaubnis geben, dass der Mittelfluss in einer solchen Form kontrolliert werden darf. Vielleicht sollte dies zukünftig eine Voraussetzung für den Erhalt von Entwicklungshilfe sein.

Prevention of Corruption in Developing Countries

In 2007, 24 donor countries provided development aid of $ 104 billion to 79 developing countries and 8 emerging markets. According to the United Nations (UN), this amount corresponds to an average of 0.28 % of the industrial countries' gross national income (GNI). The industrial countries, however, promised in 2002 a proportion of 0.7 % of their GNI for development aid until 2015.

By Kenan Tur

Germany, the third biggest donor country, assembled € 5.7 billion for 2009 establishing a record in the history of the Federal Ministry of Economic Cooperation and Development. This will be the biggest percentaged budget increase (+12 %) of all governmental departments in the next financial year. Within the past 10 years, the means for development cooperation were almost doubled. The German Development Minister Wieczorek-Zeul stresses the significance of development aid as a contribution to a more just and peaceful world development.

This is the theory, but does an increase in financial aid suffice?

What is decisive is that those funds reach the deserving poor – rather than draining with the corrupt elites of some developing countries who do not necessarily act in favor of their populations. Often the distribution of development aid is manipulated by political powers and not sufficiently controlled by responsible organizations.

Transparency International's current Corruption Perceptions Index proved again the strong correlation between corruption and poverty: The most corrupt countries include Afghanistan, Haiti, Iraq, Myanmar and Somalia.

How to control the flow of funds? According to the UN's millennium objectives dedicated to democracy and good governance, the fight against corruption is an indispensable prerequisite for an effective and sustainable flow of development aid.

Hence, the core objective of development aid is the set-up of a well-functioning and independent anti-corruption authority, as there are already in some developing countries (e.g., Kenya Anti-Corruption Commission, Komisi Pemberantasan Korupsi in Indonesia). The effectiveness of such institutions has yet to be completed; particularly is these institutions' supply with information on corrupt actions.

An effective way to gain information is the integration of all citizens into the control process through offering the possibility of lodging a complaint through a so-called whistle-blowing system. Every individual is interested in undermining corruption in order to benefit from resulting supportive measures. Therefore, extensive motivation based on integrity within the population of developing countries and emerging markets is to be assumed.

There are several ways for effective whistle-blowing: via post, telephone, email, anonymous internet-based systems or personally. The latter is almost impossible in countries with bad infrastructure with the anti-corruption authority being based in the country's capital.

The significance of internet-based whistle-blowing systems such as the BKMS® System is increasing: It is accessible to many citizens and allows donor countries to shadow the work of anti-corruption authorities from a distance. The so-called observer status does not allow the donor countries to take part in the investigation, but this way mismanagement of development aid may be dismantled and investigated on in the developing country itself while being supervised by donor countries.

Acceptors of development aid must give permission for this kind of funds control. Maybe this control should become a prerequisite for the reception of development aid.

Ethische Standards in Ländern mit hohem Korruptionsrisiko

Hohe ethische Standards sind für multinationale Unternehmen heute unentbehrlich, umso mehr, da diese stärker und effizienter denn je von nationalen Regierungen durchgesetzt werden. Bedeutet diese Entwicklung, dass es unmöglich ist, sich in Hochrisikomärkten zu engagieren? Zu dieser Frage hat Control Risks leitende Manager in Nigeria über ihre Strategien zur Korruptionsvermeidung befragt.

Von Hans Jürgen Stephan und Kristóf Gosztonyi

Die Gespräche haben gezeigt, dass sich Art und Umfang der Korruption wandeln. Strengere Antikorruptionsregeln weltweit sowie ein deutlich erhöhter Verfolgungsdruck in der westlichen Welt zwingen multinationale Unternehmen, ihre Geschäftstätigkeit auch in Nigeria und anderen Hochrisikoländern zu überdenken.

Als eine Folge dieser Entwicklung ist die Korruption heute deutlich raffinierter geworden. Waren früher direkte „Verhandlungen" über Bestechungsgelder üblich, werden heute die Forderung und die Abwicklung von Schmiergeldzahlungen indirekt gehandhabt, z.B. durch Zahlungen an Mittelsmänner für scheinbar legitime Zwecke.

Dennoch, es gibt auch in einem schwierigen Geschäftsumfeld wie Nigeria Firmen, die ohne Korruption erfolgreich sind. Größere und multinationale Unternehmen haben es leichter, Bestechungsgeldforderungen abzuwehren als kleine, ausschließlich lokal tätige Unternehmen. Dabei hängt es auch von der Standhaftigkeit und der Willensstärke eines Unternehmens ab, ob es sich ohne Korruption durchsetzen kann. In unseren Interviews wurde Standhaftigkeit als eine der wichtigsten Eigenschaften von Managern und Unternehmen genannt, die einen „sauberen" Ruf genießen.

In diesem Zusammenhang ist auch festzustellen, dass sich vor allem Unternehmen mit wirksamen Compliance-Systemen Korruptionsforderungen erfolgreicher widersetzen können. Diese Unternehmen beziehen eine eindeutige ethische Position, die sie sowohl intern als auch extern kommunizieren. Sie verfügen über starke interne Kontrollsysteme und befolgen ihre Prinzipien konsequent.

Der Verzicht auf Korruption zwingt diese Unternehmen dazu, sich im Wettbewerb über den Preis und die Qualität durchzusetzen. Diese Aussage gilt zwar grundsätzlich für jede Marktsituation, sie erhält jedoch eine besondere Relevanz in Ländern mit einem ausgeprägten Korruptionsrisiko. Der Qualitätsvorsprung integerer Firmen muss in Hochrisikogebieten im Hinblick auf die Korruptionsvermeidung stärker betont werden als in gut regulierten Märkten.

Die Bedeutung von Soft Skills wurde in den Gesprächen ebenfalls vielfach betont. Einerseits müssen Manager gute Diplomaten und Netzwerker sein, da soziale Kontakte in Nigeria eine deutlich wichtigere Rolle spielen als institutionalisierte Beziehungen. Kennt man den richtigen Ansprechpartner, können Probleme häufig schnell gelöst werden, ohne dass Schmiergeldforderungen aufkommen. Andererseits sind politische und kulturelle Sensibilität gefragt: Wer komplexe Situationen richtig interpretiert hat es leichter, ohne Bestechung erfolgreich zu sein.

Dennoch gibt es Situationen, in denen auch integere Unternehmen an ihre Grenzen stoßen. Firmen, die ihre ethischen Grundsätze ernst nehmen, müssen zuweilen Niederlagen hinnehmen. In Nigeria haben die Gesprächspartner vor allem die

Bankensektor:

„Soft Skills sind der Schlüssel. [...] Man muss politisch sensibel sein. [...]„ ... „Unsere Mitarbeiter wurden im Networking bestärkt."

Öl und Gas:

„Soft Skills sind auf der ganzen Welt wichtig, politische Kenntnisse und Einfluss überlebenswichtig für Unternehmen."

Control Risks

Öl- und Gasindustrie sowie den Umgang mit der Polizei als besonders problematisch beschrieben.

Um Bestechungsgeldzahlungen zu umgehen, stoßen viele Unternehmen zunehmend in Grauzonen vor. Sie bezahlen zum Beispiel Trainingsmaßnahmen von Regierungsbeamten, die in touristisch attraktiven Ländern stattfinden, oder berufen Einflusspersonen in Aufsichtsräte und Vorstände. Diese Strategien sind nicht zwangsläufig illegal, bedürfen allerdings einer sorgfältigen Abwägung und umsichtigen Durchführung, um nicht ethische und strafrechtliche Grenzen zu überschreiten.

Doing business in high corruption risk environments

Good companies know that high ethical standards are essential, all the more so at a time when international enforcement regime on transnational corruption is tighter and more effective. However, does that mean that it is impossible to operate in certain high risk markets? Control Risks interviewed senior executives in Nigeria to find out more about their strategies.

By Hans Jürgen Stephan and Kristóf Gosztonyi

First and foremost, interviews revealed a changing face to corruption. Stricter regulations worldwide, as well as the increasing trend in Western Countries to prosecute corruption, forces international companies to rethink the way they do business in Nigeria (and probably other high risk environments).

One effect of tighter international enforcement is that it has made corruption more sophisticated. Whereas in the past the direct "negotiation" of corrupt deals was common, now the communication of bribe requests, and the bribe payments themselves, are becoming more and more indirect and difficult to track, e.g. payments to front companies (for seemingly legitimate purposes).

A number of companies are also looking for ways of extending benefits in what would appear to be a grey area, e.g. by sponsoring government authorities for training (including accommodation) in an EU-state; or by promoting individuals with a very high standing in Nigerian society (e.g. former ministers, government officials, military) to the Board. While such tactics are not necessarily illegal, they need careful consideration and handling in order not to cross the line of what would be ethically questionable and legally prosecutable. Three rules apply with regards to such charitable donations or sponsoring: transparency of the donation, fulfilment of a genuine need, and proper management of the donation (accountability).

However, even in such complex environments as Nigeria, there are companies that succeed without resorting to corruption. To some extent, large international companies are better placed to resist corrupt demands than smaller, local companies. It also appears to be a question of will, combined with a firm resolution, which enables companies to steer clear of corruption. Indeed, determination was one of the main characteristics of managers and companies that had a reputation for staying "clean".

Related to the above findings, companies with excellent compliance systems are best able to resist corruption demands. These companies make very clear ethical statements, which they communicate both internally and externally; they have strong corresponding internal controls and back up their ethical statements by actions.

Most importantly, the absolute renouncement of corruption forces these companies to compete through superior quality and competitive pricing. While this is true of any market economy, it is particularly true for companies that engage in high corruption risk areas. The competitive edge of honest companies must be stronger and more visible than in well regulated markets.

The importance of "soft skills" was repeatedly emphasized in interviews. Firstly, this means good diplomatic and networking skills. Nigerian society is based much more on informal social contacts than on formal institutional relations. Good contacts and knowing the "right people" can solve many problems where demands for bribe payments could otherwise arise. Also required is good political and cultural savvy: one must be able to read complex situations accurately (including body language) and find ways to succeed without bribing.

In spite of the best efforts of honest companies, there are situations where they hit a "brick wall". Companies that are serious about their commitment to high ethical values will, on occasion, have to accept losses. For Nigeria, interviewees insisted that the most difficult areas were the oil and gas sector and dealing with the police.

Banking sector:

"Soft skills are key. [...] Be politically savvy. [...]" ... "Our staff are encouraged to maintain social contacts"

Oil and gas:

"Soft skills are very important in doing business anywhere in the world. Political knowledge and influence are very central to the survival of a business"

Biodiversität – ein „business case“

Nachhaltigkeit ist für viele Unternehmen längst ein „business case“. Inzwischen rücken auch die wirtschaftlichen Aspekte der Biodiversität in den Fokus.

VON HANNS MICHAEL HÖLZ UND PAVAN SUKHDEV

Unter dem Dach der Nachhaltigkeit ist Klimaschutz und die Sicherung der biologischen Vielfalt zu einer großen Herausforderung unserer Zeit geworden. Ähnlich wie der Bericht des Weltklimarates vom Februar 2007, der einer Weltöffentlichkeit die dramatischen Folgen der Erderwärmung vor Augen führte, machte im Mai 2008 die 9. Artenschutzkonferenz in Bonn weltweit auf die fatalen Auswirkungen eines anhaltenden Artensterbens aufmerksam. Und nun setzt sich „flächendeckend“ die Erkenntnis durch, dass uns die Natur in Form von Wasser, Nahrungsmitteln und Rohstoffen wertvolle Leistungen zur Verfügung stellt, die es konsequent zu schützen und zu pflegen gilt, wenn wir gesund leben und erfolgreich Handel treiben wollen. Die ständige Verfügbarkeit ausgleichender Ökosysteme und genetischer Ressourcen liegt also im ureigenen Interesse von Gesellschaft, Politik und Wirtschaft.

Dennoch sind die Lösungsansätze – trotz intensivierter Bemühungen – nach wie vor unbefriedigend. Verbindliche Richtlinien zum Umwelt- und Artenschutz sind gerade in Entwicklungsländern oftmals nur in Ansätzen oder überhaupt nicht vorhanden. In Wirtschaftskreisen wiederum wächst erst langsam ein Bewusstsein dafür, dass die Leistungen der Natur auch „öffentliche“ Güter darstellen, die nur dann auf Märkten gehandelt und bewertet werden können, wenn entsprechende Märkte vom Staat geschaffen werden. Auf den Punkt gebracht: Was fehlt, sind neue „Compliance-Märkte“, wie sie zum Thema Klimaschutz längst existieren.

Der Emissionshandel etwa, klimaneutrale Aktivitäten, die Investition in erneuerbare Energien oder nachhaltige Geldanlagen sind Handlungsfelder, in denen auch die Deutsche Bank seit vielen Jahren aktiv ist. So unterstützen wir den Bau von Windenergieparks, bieten über unsere Tochtergesellschaft DWS Produkte wie den „DWS Klimawandel“-Fonds an, stellen Veranstaltungen oder Dienstleistungen klimaneutral und engagieren uns in globalen Projekten wie der Clinton Climate Initiative. Die Teilnahme am Carbon Disclosure Project (CDP) und ein vielfältiges Produktangebot im Bereich der Nachhaltigkeit gehören ebenso zum Engagement der Deutschen Bank wie die frühe Beteiligung im Prototype Carbon Fund (PCF) und dem Umbrella Carbon Fund (UCF) der Weltbank. Aktiver Klimaschutz in und durch Unternehmen ist nicht nur Ausdruck gelebter Corporate Social Responsibility, sondern längst auch ein „business case".

Nachhaltige „business cases" bilden sich im Bereich Biodiversität erst langsam heraus. Immerhin gibt es vielversprechende Ansätze, wie „Endangered Species"-Kredite in Amerika oder das australische Pilotprojekt „Bio Banking" zeigen. Auch in Europa gewinnt dies an Bedeutung, zumal kürzlich erste Ergebnisse der von Bundesumweltminister Sigmar Gabriel und EU-Umweltkommissar Stavros Dimas auf den Weg gebrachten Studie „The Economics of Ecosystems and Biodiversity – TEEB" präsentiert werden konnten. Darin erklärt der Autor Pavan Sukhdev, Repräsentant der Non-Profit-Organisation Green Indian States Trust und Mitarbeiter der Deutschen Bank, die Notwendigkeit eines ökonomischen Maßstabs für die Wertleistungen der Natur. In einem zweiten Schritt fordert er eine entsprechende Optimierung der bestehenden ökonomischen Modelle.

Deutsche Bank

Biodiversity as a business case

For a long time now sustainability has been established as a business case for numerous companies. By now, the economic aspects of biodiversity have become an issue as well.

By Hanns Michael Hoelz and Pavan Sukhdev

Under the overarching topic of sustainability, climate protection and the protection of biodiversity have become one of the great challenges of our time. Just like the report of the World Climate Council released in February 2007, which made the global public aware of the dramatic consequences of global warming, the 9th Conference of the Parties of the Convention on Biodiversity in Bonn drew attention to the danger which stems from a continued loss of species. Everywhere, the realisation is taking hold that nature provides us with valuable benefits such as water, food and commodities, which must be strictly protected and rationed if we want to live healthily and enjoy a successful trade system. It is therefore in the key interests of society, politics and the economy to keep ecosystems in balance and genetic resources intact over time.

Nevertheless, despite stepped-up efforts the solutions are still disappointing. In emerging markets in particular there is often only inadequate or no regulation on environmental and species protection. And the business world is slow to realise that ecosystem services are "public goods", which can only be traded and priced on markets if bespoke markets are created by governments. In a word: What is missing are new "compliance markets", which are already in place for climate protection.

For example, emission trading, climate-neutral activities, investments in renewable energies or sustainable investments are areas in which Deutsche Bank has been active for years now. We support the construction of wind parks, offer products such as the "DWS Klimawandel" fund via our subsidiary DWS, "neutralize" the climate effects of events or services and participate in global projects such as the Clinton Climate Initiative. The commitment to the Carbon Disclosure Project (CDP) and a supply of a broad range of sustainability-oriented products form part of Deutsche Bank's engagement, as do its early membership in the World Bank's Prototype Carbon Fund (PCF) and Umbrella Carbon Fund (UCF). Active climate protection within and by companies is not only part of actual corporate social responsibility, but has long since become a business case.

Long-term business cases in the area of biodiversity are slow to emerge. There are at least some promising approaches, such as "endangered species" loans in America or the Australian pilot project "Bio Banking". The issue is gaining importance in Europe, too, particularly since the recent presentation of the initial results of the study "The Economics of Ecosystems and Biodiversity – TEEB", which was commissioned by German Environment Minister Sigmar Gabriel and Stavros Dimas, European Commissioner for the Environment. The study's author Pavan Sukhdev, a representative of the non-profit organization Green Indian States Trust and staff member of Deutsche Bank, explains why it is necessary to develop an economic measure for ecosystem services. He proposes that existing economic models should be reworked under this aspect in a second step.

DEUTSCHE POST WORLD NET

Deutsche Post World Net
MAIL EXPRESS LOGISTICS FINANCE

Renaturierung von Torfsumpfwäldern in Indonesien

Die Deutsche Post und WWF Deutschland unterstützen seit Anfang 2008 ein Projekt zum freiwilligen Klimaschutz. Es geht darum, große Kohlenstoffspeicher und Lebensräume für bedrohte Arten zu schützen.

Von Christine Gottlob

Auch wenn der Klimawandel noch nicht überall sichtbar ist, hinterlässt er in einigen Teilen der Welt bereits deutliche Spuren. Wenn Markus Radday, Tropenwaldexperte beim WWF Deutschland, zu einer Reise nach Zentralkalimantan auf Borneo aufbricht, hat er eine Atemmaske im Gepäck. Jedes Jahr verdunkeln schwarze Rauchwolken den Himmel über dem indonesischen Teil der Insel Borneo. Wochenlang brennen riesige Flächen, die vor Jahren noch von dichtem Regenwald bedeckt waren. Durch illegalen und nicht nachhaltigen Holzeinschlag haben diese Gebiete ihre natürliche Widerstandfähigkeit verloren. Inzwischen sind Waldbrände für mehr als 80 Prozent der CO2-Emissionen Indonesiens verantwortlich. Kaum jemand weiß, dass Indonesien nach den USA, China und der EU der viertgrößte Emittent von Treibhausgasen ist, obwohl das Land im Grad der Industrialisierung weit hinter den anderen genannten Ländern und Regionen zurückliegt.

Besonders deutlich wird die Situation in Teilen des Sebangau Nationalparks. Vor der Unterschutzstellung des Waldgebietes wurden in den 1990er Jahren hier große Waldflächen rücksichtslos für die Holzwirtschaft und ein Reisanbau-Projekt genutzt, was eine Umweltkatastrophe ersten Ranges auslöste. Zurück blieben trockengelegte Torfsumpfwälder, die keinen Kohlenstoff mehr binden können und besonders anfällig für Waldbrände sind.

„Außerdem sind in den Wäldern 106 verschiedene Vogelarten und 35 Säugetierarten heimisch, darunter mit etwa 7.000 Individuen die größte bekannte Orang-Utan-Population der Welt. Ihr Lebensraum ist bedroht", sagt Radday.

Die Deutsche Post unterstützt den WWF Deutschland beim Wiederaufbau der Regenwälder in Indonesien. Das Projekt soll dabei helfen, Torfsumpfwälder im

Sebangau Nationalpark wieder in einen möglichst natürlichen Zustand zu bringen. Durch Aufforstung sowie den Bau von Dämmen wird die ökologische Funktion der Wälder als Wasserspeicher und Lebensraum bedrohter Tiere auf einer Fläche von 50.000 Hektar wiederhergestellt. Um einen langfristigen Erfolg sicherzustellen, berücksichtigt dieses Projekt auch die Bedürfnisse und Interessen der lokalen Bevölkerung. „Der Klimawandel geht uns alle an. Als Teil eines weltweit führenden Logistikunternehmens haben wir eine besondere Verantwortung. Dieses Projekt ist ein wichtiger Schritt zur Wahrnehmung dieser Verantwortung", sagt Jürgen Gerdes, Konzernvorstand BRIEF der Deutschen Post AG.

Die Renaturierung von Wäldern und tropischen Mooren ist eine der größten Chancen im Kampf gegen die Klimaerwärmung. „Die Kooperation mit dem WWF Deutschland ist für uns ein Leuchtturmprojekt, das zeigt, wie der Klimaschutz durch die Zusammenarbeit zwischen Umweltorganisationen und der Wirtschaft vorangebracht werden kann", sc Dr. Monika Wulf-Mathies, Leiterin des Zentralbereichs Politik und Nachhaltigkeit bei der Deutschen Post. Ein weiteres Ziel der Kooperation mit dem WWF ist es, eine internationale Zertifizierungsmethode für waldbezogene Klimaschutzprojekte zu entwickeln, die auch die Berechnung der Kohlenstoffspeicherung beinhaltet. Dafür werden die Erfahrungen aus dem Projekt in Sebangau ausgewertet.

Spätestens Ende 2009 soll der weltweit gültige Klimaschutzstandard anwendbar sein. Wochenlange Waldbrände in Indonesien gehören dann hoffentlich schon bald der Vergangenheit an.

Regenwald-Rodung in Indonesien
Rainforest-uprooting in Indonesia

Renaturation of peat swamp forests in Indonesia

Deutsche Post and WWF Germany have been supporting a voluntary climate protection project since the beginning of 2008. It involves protecting large carbon pools and natural habitats for endangered species.

BY CHRISTINE GOTTLOB

Although climate change is not visible everywhere, it leaves clear marks in some parts of the world. When Markus Radday, tropical forest expert at WWF Germany, sets off on a trip to Central Kalimantan in Borneo, he packs a face mask. The black cloud of smoke in the sky above the Indonesian part of the island of Borneo gets darker every year. Huge areas of land, which were once dense rain forests, burn for weeks at a time. Illegal and unsustainable logging have caused these areas to lose their natural resilience. Forest fires now account for more than 80 percent of the CO2 emissions in Indonesia. Hardly anyone knows that Indonesia is the fourth largest emitter of greenhouse gases after the USA, China and the EU, although the country is far behind the other named countries and regions in terms of industrialization.

The situation in parts of Sebangau National Park is becoming particularly critical. Before it was declared a protected public forest, huge forest areas had been used indiscriminately in the 1990s for the timber industry and the Ex-Mega-rice project, which lead to the worst kind of environmental catastrophe. What remained were dried up peat swamp forests, which can no longer bind carbon and are particularly susceptible to forest fires.

"What's more, the forests are home to 106 different species of bird and 35 endangered mammal species, including the largest known orangutan population (ca. 7,000) in the world. Their natural habitat is in danger," says Radday.

Deutsche Post is supporting WWF Germany with the restoration of the rain forests in Indonesia. The project is intended to help return peat swamp forests in the Sebangau National Park to the most natural state possible. Reforestation and the construction of dams over an area of 50,000 hectares reestablish the ecological function of the forests as a water reservoir and natural habitat for endangered species. The project also takes into account the needs and interests of the local population in order to ensure long-term success. "Climate change affects us all. As part of a global leading logistics company, we have a particular responsibility. This project is an important step to realizing this responsibility," says Jürgen Gerdes, Corporate Board Member MAIL at Deutsche Post AG.

Renaturation of forests and tropical swamps presents one of the greatest opportunities in the fight against global warming. "Our cooperation with WWF Germany is a lighthouse project for us, which demonstrates how climate protection can be promoted when environmental organizations and industry cooperate," says Dr. Monika Wulf-Mathies, Senior Vice President Corporate Public Policy and Sustainability at Deutsche Post. Another goal of the cooperation with WWF is to develop an international certification process for climate protection projects involving forests that includes the calculation of carbon storage. The experiences gathered in the Sebangau project will be assessed for this.

A global climate protection standard should be in place by no later than the end of 2009. Hopefully weeks of forest fires in Indonesia will then soon be a thing of the past.

Verantwortliches Handeln in der Lieferkette

Unter welchen Rahmenbedingungen werden die Produkte der Deutschen Telekom hergestellt? Wie sicher sind die Produkte und Verfahren von Lieferanten? Immer mehr Kunden und Investoren stellen diese Fragen an uns. Wir haben darauf eine klare Antwort: Für uns zählt verantwortungsvolles Handeln in der gesamten Lieferkette, denn wir wollen mit unseren Geschäftspartnern stabile und langfristige Beziehungen aufbauen.

Von Antonio Veloso

Durch ihr erhebliches Einkaufsvolumen gewinnt die Deutsche Telekom einen beträchtlichen Einfluss auf die Produktionsbedingungen bei ihren Lieferanten aus mehr als 50 Ländern weltweit. Das Unternehmen bekennt sich zu einer verantwortlichen Unternehmensführung, die sich auf alle Bereiche der Wertschöpfungskette und damit auch auf Zulieferbetriebe erstreckt. Das Engagement für faire Arbeitsbedingungen und hohe Qualitätsstandards bei den Lieferanten hat das Ziel, die Kunden langfristig zufriedenzustellen und somit einen substanziellen Beitrag zur Wertsteigerung des Unternehmens beizusteuern.

Soziale und ökologische Mindeststandards über die gesamte Wertschöpfungskette sicher zu stellen, ist damit zu einem strategischen Unternehmensziel geworden. Die Einhaltung internationaler Standards und nationaler Gesetze, faire Arbeitsbedingungen, regelmäßige Mitarbeiterschulungen sowie ein konsistentes End-of-Life Management für die Produkte sind einige der Kriterien, die bei den Einkaufsentscheidungen berücksichtigt werden.

Auch der Code of Conduct sowie die Fraud Policy der Deutschen Telekom werden zur Bekämpfung von Korruption bei allen Einkaufsaktivitäten berücksichtigt.

Die Sustainable Procurement Working Group (SPWG) ist das zentrale Steuerungsgremium für die nachhaltige Beschaffung. Ihr gehören neben dem Konzerneinkauf und den Beschaffungsabteilungen der Konzerneinheiten auch Mitglieder des Bereichs Corporate Responsibility (CR) an, der konzernweit die Themen Umweltschutz und Nachhaltigkeit koordiniert. Anhand von spezifischen Key-Performance-Indikatoren werden zudem die Fortschritte bei der konzernweiten Implementierung der nachhaltigen Beschaffungsstrategie gemessen. Dabei hat sich die Arbeitsgruppe unter anderem an Rückmeldungen aus Dialogrunden mit relevanten Stakeholdern sowie den aktuellen Anforderungen einschlägiger Nachhaltigkeitsagenturen orientiert. Um ein umfassendes Verständnis für die Bedeutung von nachhaltigen Einkaufsentscheidungen bei den Mitarbeitern des Einkaufs zu schaffen, hat die SPWG ein Online-Trainingstool entwickelt. Eine konzernweite Implementierung des Tools wird bis Ende 2008 angestrebt.

Teil der nachhaltigen Einkaufsstrategie ist die laufende standardisierte Überprüfung der Einhaltung der definierten ökologischen und sozialen Standards im Rahmen des Lieferanten-Managements. Dieser Prozess beinhaltet sowohl eine Risikoanalyse der Lieferanten als auch regelmäßige Audits vor Ort. Bis Ende 2007 hat die Deutschte Telekom bereits von 40 ihrer wichtigsten Lieferanten eine Selbstauskunft zu deren CR-Performance über das innovative Online-Informationssystem E-TASC eingefordert; weitere 20 Anforderungen hat die ungarische Tochter Magyar Telekom an ihre Top-Lieferanten verschickt. Bis Ende 2008 sollen alle Top-100-Lieferanten befragt und damit etwa 62 % des gesamten Einkaufsvolumens überprüft sein. Im Rahmen der Lieferantenentwicklung organisiert die SPWG außerdem regelmäßig Workshops mit den strategisch wichtigsten Lieferanten. Dabei werden die verschiedenen Aspekte und Kriterien der nachhaltigen Einkaufsstrategie vorgestellt und mit den Standards der Lieferanten abgeglichen.

Für das kontinuierliche und außergewöhnliche Engagement bei der Optimie-

rung ihres Supply Chain Managements wurde die Deutsche Telekom 2008 von der Rating-Agentur Sustainable Asset Management mit der SAM Gold Class ausgezeichnet. Das Unternehmen ist damit außerordentlich gut auf die ökonomischen, ökologischen und sozialen Entwicklungen auf dem Industriesektor vorbereitet.

Acting responsibly along the supply chain

Under which conditions are Deutsche Telekom's products manufactured? How secure are suppliers' products and processes? An increasing number of customers and investors are asking us these questions. Our answer is clear: What counts for us is responsible conduct throughout the entire supply chain, because we want to establish stable and sustainable relationships with our business partners.

By Antonio Veloso

Deutsche Telekom's substantial procurement volume gives it major influence over the manufacturing conditions in the facilities run by its suppliers in more than 50 countries worldwide. The Company is committed to a responsible corporate governance that impacts every part of the value chain and hence also its suppliers' manufacturing facilities. The aim of its commitment to achieving fair conditions of work and high quality standards in its suppliers' facilities is to ensure that its customers are satisfied over the long term and to make a significant contribution to enhancing the value of the Company.

Ensuring compliance with minimum social and ecological standards along the entire value chain has become one of Deutsche Telekom's strategic corporate goals. Observing international standards, national legislation, fair conditions of work, regular employee training and consistent product end-of-life management are just some of the criteria that play a role in Deutsche Telekom's buying decisions.

Deutsche Telekom's Code of Conduct and Fraud Policy are also applied throughout all procurement activities to help fight corruption.

The Sustainable Procurement Working Group (SPWG) is the central steering committee for sustainable procurement. Its members include Group Procurement, the procurement departments of the various Group units, and the Corporate Responsibility department (CR), which coordinates environmental protection and sustainability issues throughout the Group. The progress of implementation of the sustainable procurement strategy throughout the Group is measured using specific key performance indicators. The areas focused on by the working group include feedback from dialog sessions with relevant stakeholders and the current requirements set by sustainability agencies. In order to convey a deeper understanding of the importance of sustainable purchasing decisions to Procurement staff, SPWG developed an online training tool. The aim is to implement the tool throughout the Group by the end of 2008.

One part of the Company's sustainable procurement strategy is a continual standardized check on compliance with the social and ecological standards defined within its supply chain management system. This process comprises both a supplier risk analysis and regular on-site audits. By the end of 2007, Deutsche Telekom had already requested self-assessments from 40 of its key suppliers on their CR performance via the innovative online information system E-TASC. Its Hungarian subsidiary Magyar Telekom had sent another 20 requests out to its top suppliers. By the end of 2008, the plan is to have interviewed all TOP -100 suppliers and thus reviewed around 62% of the Company's total procurement volume. As part of supplier development activities, SPWG also organizes regular workshops with the strategic suppliers. Here, the different aspects and criteria of the sustainable procurement strategy are presented and compared with the suppliers' standards.

Deutsche Telekom received the SAM Gold Class award from the Sustainable Asset Management rating agency in 2008 for its ongoing and exceptional commitment to the optimization of its supply chain management. This means that the Company is excellently prepared for the economic, ecological and social developments in the industrial sector.

The better way to operate – GEISTER Medizintechnik geht in den Global Compact

Von Dr. Achim Deja

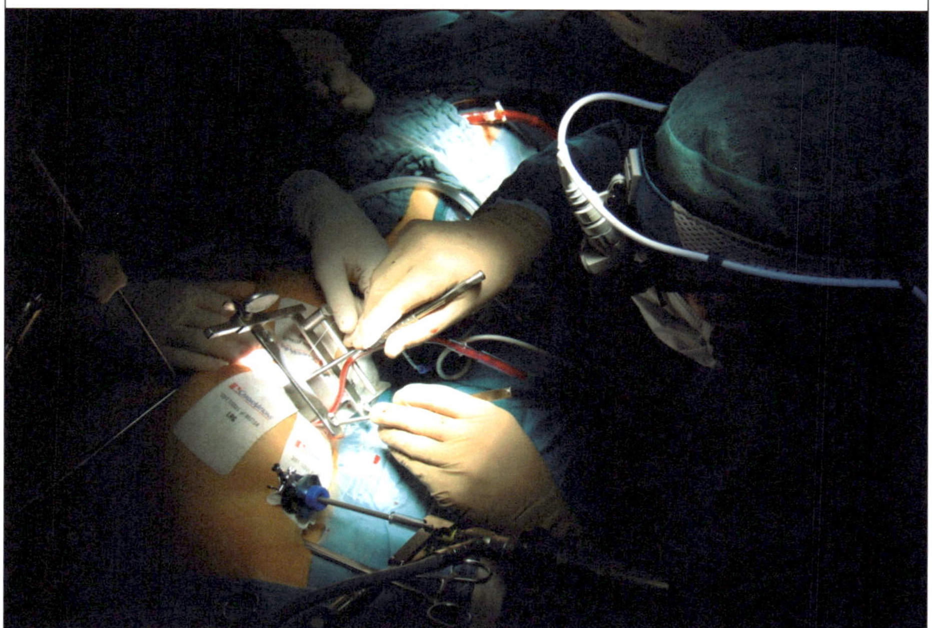

Im Mai 2008 trat die GEISTER Medizintechnik GmbH dem UN Global Compact (GC) bei und dokumentiert damit, dass ihre Einstellung, Aufstellung, Marktverantwortung und Investitionspolitik im Einklang mit den zehn Prinzipien des Global Compacts stehen. GEISTERs Firmenslogan „The better way to operate" steht heute für schonende Operationstechniken im kardiovascularen Bereich für gesundheitlich weniger widerstandsfähige, oft ältere Patienten in Deutschland und reflektiert nun auch GEISTERs Bereitschaft zu kontinuierlichem internationalem Engagement in und für den UN Global Compact.

Durch die Globalisierungserfolge in vielen aufstrebenden Wirtschaftsregionen, besonders in den BRICS- und ASEAN Staaten, entstehen neue Bedarfspotentiale von neuen Patientengruppen aus allen Einkommensschichten, die das Recht und den Anspruch haben, an modernsten medizinischen Diagnosen und Therapien teilzuhaben. GEISTER fördert diese Entwicklung durch Innovationen gemeinsam mit Ärzten in diesen Regionen und einer Initiative, die helfen soll, den ungeteilten Zugang zu medizinischem Fortschritt für alle zu erleichtern.

Ein wichtiges Ziel von GEISTER ist es, gemeinsam mit Ärzten, wie z.B. Prof. F. W. Mohr am Herzzentrum Leipzig, für schonende Chirurgie im Feld der Herzklappenerkrankungen eine immer breitere Anwendungsplattform zu schaffen und diese auch den Ärzten in den neuen Märkten zugänglich zu machen. Um dem daraus resultierenden größeren Bedarf entsprechen zu können und die angestrebten medizinischen Qualitätsverbesserungen in neuen Therapien für alle Patienten finanzierbar und transparent zu entwickeln, konzentriert sich GEISTER auf seine Kernkompetenzen in der Innovation und übernimmt schrittweise auch eine umfassendere technische Prozessverantwortung im Therapie-Support für Ärzte und Patienten.

Hauptursache weltweiter Herzklappenerkrankungen ist das rheumatische Fieber (RF) als eine Folge von Streptokokkenerkrankungen. Bis zu 400.000 Todesfälle gibt es jährlich, meistens bei Kindern und jungen Erwachsenen. RF betrifft nach Schätzungen derzeit ca. 12 Mio. Menschen weltweit. Zwei Millionen sollten sich chirurgisch behandeln lassen, fast eine Million davon kann sich jedoch eine Behandlung nicht leisten.

Geografisch dehnt sich die rheumatische Karditis in einem Gürtel von Latein-Amerika über Süd-Ost Asien über die Maghreb-Zone und einige Afrikanische Länder bis in den Mittleren Osten aus. Während die europäischen Raten für rheumatisches Fieber bei 2 Fällen per 100.000 Einwohner liegen, sind es dort zwischen 50 und 200.

In Antwort darauf hat Professor Wajih Maazouzi (MD) von der Ibn Sina Universität in Rabat/ Marokko einen ersten biomedizinischen Lösungsansatz zur Verwendung körpereigenen Gewebematerials aus dem Perikard zur Rekonstruktion oder zum Komplettersatz der defekten Herzklappe entwickelt. Das kostengünstige und reproduzierbare Verfahren ermöglicht einen einfacheren Zugang zur Therapie für die überwiegend noch recht jungen Patienten – ein wichtiger Schritt zu präventiven Strategien, zugeschnitten zusammen mit GEISTER auf die besonderen sozio-ökonomischen Verhältnisse mit abgestimmten Produkt- und Prozesslösungen für die Herzchirurgie.

Die zunehmende Prozessverantwortung stellt besondere Anforderungen an die GEISTER Mitarbeiter und Geschäftspartner weltweit, denn klar definierte firmenbezogene Governance-Prinzipien, interne und externe Compliance, Nachhaltigkeit und Transparenz sind hier erforderlich. In einem ersten Schritt erstellt GEISTER im Rahmen seiner UN Global Compact Selbstverpflichtung deshalb einen firmenspezifischen Code of Conduct, der schrittweise eingeführt und auch in Infrastrukturdienstleistungen für die Kunden und beim Einsatz von schonenden und neuen biomedizinischen Therapien Anwendung finden soll.

DR. ACHIM DEJA IST GC BEAUFTRAGTER GEISTER MEDIZINTECHNIK

Prof. Wajih Maazouzi mit zwei seiner erfolgreich behandelten Patienten
Prof. Wajih Maazouzi with two of his successfully treated patients

The better way to operate – GEISTER Medizintechnik joins the Global Compact

In May 2008, GEISTER Medizintechnik GmbH joined the UN Global Compact (GC) documenting its attitude, deployment, market responsibility and investment policy being in harmony with the Ten GC Principles. GEISTER's company slogan "The better way to operate" actually standing for more gentle operation techniques in the field of cardiovascular surgery for patients of poorer health, mainly elderly in Germany, now also relfects GEISTER's commitment to continuously engage in and for the UN Global Compact.

BY DR. ACHIM DEJA

The success of globalisation in many growing economies, especially the BRIC and ASEAN countries, is creating additional demand from new patient groups at all income levels who have the right and desire to gain access to the most modern medical diagnosis and therapy methods. GEISTER is promoting this development through innovations jointly with medical doctors in these regions and an initiative that aims at facilitating equal access to medical progress by all people.

It is an eminent goal of GEISTER to cooperate with medical doctors like Prof. F. W. Mohr at the Leipzig Heart Centre, in creating an ever wider userplatform for more gentle cardiovascular surgery techniques, and to make such techniques also available for doctors in the emerging markets. In order to meet the resulting additional demand and to develop the desired medical quality improvements in new therapies at affordable costs and with utmost transparency for the patients, GEISTER is concentrating on its core innovation competences, and is gradually also taking on a more comprehensive technical process responsibility in the field of therapy support for doctors and patients.

Major cause of heart-valve diseases worldwide is rheumatic fever (RF) as a consequence of streptococcal disease. Up to 400,000 related deaths occur annually, mostly among children and young adults. According to estimates, RF currently affects around 12 million people worldwide. Two million should be treated surgically; of these, around 1 million cannot afford the treatment, however.

Geographically, the rheumatic carditis stretches in a belt from Latin America across Southeast Asia, to the Maghreb region and some African countries, and on into the Middle East. While European rates of rheumatic fever stand at 2 cases per 100,000 residents, in the RF belt they range between 50 and 200.

In response, Professor Wajih Maazouzi (MD) at the Ibn Sina University in Rabat, Morocco, has developed an initial biomedical solution for using the body's own tissue material from the pericardium to reconstruct or completely replace the defective heart valve. The economical and reproducible procedure permits easier access to the therapy for the mostly still very young patients there – an important step towards preventive strategies, tailored together with GEISTER to the specific socio-economic circumstances with distinguished product- and process solutions for cardiovascular surgery.

Such increasing process responsibilities place special demands on GEISTER employees and business partners worldwide, because they require clearly defined corporate governance principles, internal and external compliance, sustainability and transparency.

As a first step in pursuing its UN Global Compact commitment, GEISTER is therefore preparing a company specific code of conduct, which step by step shall be introduced into and applied to infrastructure services for customers and the employment of gentle and new biomedical therapies.

DR. ACHIM DEJA IS GC REPRESENTATIVE AT GEISTER MEDIZINTECHNIK

Von Götz von Stumpfeldt
und Torsten Sewing

gtz

Erfolgreiche Geschäfte gegen die Armut

Arm zu sein bedeutet mehr, als kein Geld zu haben und nicht konsumieren zu können. Es bedeutet auch, dass Menschenrechte eingeschränkt sind, weil der Zugang zu Information, Bildung und den damit verbundenen Chancen fehlt. Geschäftsmodelle, die die rund vier Milliarden Menschen am unteren Ende der Einkommenspyramide („Base of the Pyramid" oder BoP) einbeziehen, können das ändern.

Es gibt bessere Orte für gute Geschäfte als das ländliche Indien: Infrastruktur und Energieversorgung sind in schlechtem Zustand oder nicht vorhanden, viele Menschen müssen um die Befriedigung ihrer elementarsten Grundbedürfnisse kämpfen, moderne Produkte und Dienstleistungen sind unerreichbar. Was aber, wenn es gelingt, auch in solchen von Armut geprägten Situationen Geschäftsmöglichkeiten zu identifizieren, die den Einsatz moderner Ressourcen und Methoden für Unternehmen lohnenswert machen? Kann das die Armut bekämpfen?

Indische Sojabauern verkaufen ihre Ernte an lokale Zwischenhändler, die die Qualität der Bohnen bewerten. Die Bauern müssen ihre Ware zu Preisen verkaufen, die per Auktion innerhalb von Sekunden entstehen und vom Zwischenhändler vorgegeben werden. Fehlende Markttransparenz schadet dabei nicht nur den Bauern, auch Agrarhandelsunternehmen tragen kaum kalkulierbare Mehrkosten: Oft mischen die Händler unterschiedliche Qualitäten, verkaufen an weitere Zwischenhändler oder halten Lieferfristen nicht ein.

Um die Lieferantenkette zu verbessern, installiert ITC, eines von Indiens größten Agrarunternehmen, seit 2001 eine expandierende Internet-Infrastruktur mit bislang rund 6.500 Internet-Kiosken für jeweils fünf bis zehn Dörfer. Ein kostenlos bereitgestellter und mit Solarenergie betriebener Computer gibt per Online-Satellitenverbindung Informationen über die Preise der Firma ITC und erlaubt den Zugriff auf internationale Getreidebörsen. Die Sojabauern erhalten Informationen darüber, wann sie ihre Ware zu den besten Konditionen verkaufen können, und der Exporteur verkürzt seine Lieferkette. Ein Marktplatz für Informationen entsteht, und Mikrokreditbanken vor Ort finanzieren weitere unternehmerische Aktivitäten an der „Base of the Pyramid" (BoP).

Im September 2008 trafen sich Vertreter von Unternehmen, NGO und Entwicklungsorganisationen bei einer von der Deutschen Gesellschaft für Technische Zusammenarbeit (GTZ) für das Bundesministerium für wirtschaftliche Zusammenarbeit und Entwicklung (BMZ) veranstalteten Konferenz, um mehr über „BoP"-Geschäftsmodelle zu erfahren. Dabei zeigte sich, dass viele Ansätze in Lernprozessen zwischen Unternehmen und Zielgruppen entstehen. Für Professor Ted London, einen der führenden Experten zu BoP-Themen, ist es wichtig, dass der Unternehmenserfolg mit dem Nutzen für die Armen Hand in Hand geht. Alles andere, so London, „ist nur kurzfristige Geldmache oder PR auf dem Rücken der Armen".

BMZ-Referatsleiterin Susanne Dorasil wies darauf hin, dass sich „die auf gemeinsamen Lernprozessen aufbauenden BoP-Geschäftsmodelle sehr gut in die Strategie des BMZ einfügen. Ein Beispiel dafür ist das Programm für Entwicklungspartnerschaften mit der Wirtschaft. Seit knapp 10 Jahren zeigen diese Public-Private-Partnerships, dass Unternehmen von einer Zusammenarbeit ebenso profitieren wie die Entwicklungszusammenarbeit".

In solchen Entwicklungspartnerschaften, kurz PPP, nutzen Unternehmen die Kompetenz und die Kontakte der Entwicklungszusammenarbeit. Diese wiederum profitiert vom technischen Know-how und der Flexibilität der Unternehmen. Gemeinsam lassen sich marktfähige Ansätze entwickeln, die Armut bekämpfen – und so die Menschenrechte stärken.

www.gtz.de/de/leistungsangebote/2362.htm

www.gtz.de/de/leistungsangebote/24148.htm

Successful Business Models against Poverty

Being poor is more than being without money and not being able to consume. It is also a restriction of human rights, since poverty hinders access to information, education and the opportunities that follow from them. Business models that are aimed at approximately four billion people at the "Base of the Pyramid" (BoP) are a way to change all this.

By Goetz von Stumpfeldt and Torsten Sewing

There are better locations for successful business than rural India: Infrastructure and energy supply are either unreliable or do not exist, people live in a subsistence economy and are therefore ill-prepared to deal with modern products and services. However, what if it were exactly these disadvantages that companies could benefit from in deploying modern resources and methods? And what impact would this have on the poor?

In India, farmers transport their harvest to markets where middlemen judge the quality of their beans. The farmers have to sell their products at auctions that are conducted and regulated by those middlemen. The missing transparency of the market does not only hurt them, incalculable costs are also imposed on trade-companies: The middleman often mixes different qualities, resells to go-betweens or misses supply chain deadlines.

To improve the supply chain, ITC, one of India's largest agro-business companies began, in 2001, to install an expanding infrastructure of by now over 6,500 internet-hubs, each catering for five to ten villages. A computer, delivered at no cost to the farmers and equipped with a solar panel as well as a satellite dish provides real-time data from trade exchanges. The farmers receive the information about ITC´s buying offers as well as international market prices to be able to sell the beans at the most favourable conditions. Equally, the exporter profits from a leaner supply chain. Moreover, a marketplace as an exchange-place for information emerges. Adding to this, local microcredit banks finance further entrepreneurial activities at the "Base of the Pyramid" (BoP).

In September 2008, representatives of businesses, NGOs and development organisations met to learn more about "BoP". The conference, facilitated by Deutsche Gesellschaft für Technische Zusammenarbeit (GTZ) on behalf of the German Federal Ministry for Economic Cooperation and Development (BMZ), showed the importance of iterative learning processes between business and its customers – or suppliers. Ted London, leading expert in the BoP debate, sees it as intrinsic to sustainable business practices that their success increases with the poor's profit – may they be consumers or producers. Anything else, according to London, "is short term money making or PR on the back of the poor".

BMZ Head of Division Economic Policy and Financial Sector, Susanne Dorasil, pointed out that "BoP business models resulting from joint learning connect very well to the strategy of the BMZ. An example of this is the program for development partnerships with the private sector. For almost 10 years now, these Public-Private-Partnerships prove that companies as well as development institutions profit from collaboration".

It is in these partnerships that companies utilise competencies and contacts from development organisations. In turn, development cooperation can benefit from technology innovations and the private sector's flexibility. Together, they can identify new and profitable ways to combat poverty – and in addition make a contribution to protect human rights.

GTZ/PPP programme:
www.gtz.de/en/leistungsangebote/2362.htm

BMZ/BoP conference:
www.gtz.de/en/leistungsangebote/24705.htm

Das Pantanal: Eines der international bedeutendsten Feuchtgebiete
The Pantanal: one of the most important wetlands worldwide

Lufthansa verleiht Biodiversität Flügel

Bonn im Mai 2008. Deutschland ist Gastgeber der 9. UN-Naturschutzkonferenz. Im Zentrum der Konferenz stehen die Bemühungen der Staatengemeinschaft, bis 2010 den Verlust der biologischen Vielfalt entscheidend zu reduzieren.

Von Lutz Laemmerhold

Im Vorfeld der Veranstaltung haben sich Vertreter von Politik, Wirtschaft, Nichtregierungsorganisationen, Wissenschaft, Medien und Kultur zu einer Initiative zusammengeschlossen, getragen vom Willen, sich für die Erhaltung und die nachhaltige Nutzung der biologischen Vielfalt einzusetzen. Bei der „Naturallianz" mit dabei die Deutsche Lufthansa. Als international tätiges Luftverkehrsunternehmen kann ihr die Zukunft unserer Natur nicht gleichgültig sein. Was in Milliarden Jahren die Natur geformt hat, begegnet uns auf unseren Reisen in faszinierender Flora und Fauna und in abwechslungs- und spannungsreichen Landschaften. Der Erhalt der biologischen Vielfalt ist daher auch eine wichtige Voraussetzung für einen nachhaltigen Tourismus. Naheliegend, dass es essentieller Teil der Unternehmenspolitik der Lufthansa ist, Mobilität auch in Zukunft ökologisch verantwortlich zu gestalten. So nutzt der Konzern alle Optionen, um die Umweltauswirkungen des Fliegens weiter zu reduzieren.

Seit 1991 hat Lufthansa ihre CO2-Effizienz um rund 30 Prozent gesteigert. Dank moderner und sparsamerer Flugzeuge konnte der spezifische Treibstoffverbrauch seitdem um knapp zwei Liter auf 100 Passagierkilometer auf heute 4,3 Liter Kerosin gesenkt werden. Operative Maßnahmen am Boden und in der Luft werden kontinuierlich optimiert, Betriebsabläufe werden effizienter gestaltet. Die langjährige Unterstützung der wissenschaftlichen Klimaforschung und das politische Engagement für eine zukunftssichere Infrastruktur tragen zu einer Stärkung des Umweltbewusstseins auf allen Ebenen bei.

Doch insbesondere in Bezug auf Aspekte der Biodiversität ist der Dialog mit den Fluggästen und Mittlerorganisationen besonders wichtig. So nutzt Lufthansa seit Jahren die vielfältigen Kommunikationsmöglichkeiten an Bord, um die Passagiere auf ihren Reisen für einen respekt- und verantwortungsvollen Umgang mit den natürlichen Lebensbedingungen vor Ort zu sensibilisieren. Die Initiative „Miles to Help" geht noch weiter. Teilnehmer des Vielfliegerprogramms Miles & More können ihre Prämienmeilen für ausgewählte Hilfsprojekte spenden und diesen noch mehr Schub verleihen. „Miles to Help" liegt ein ganzheitliches Konzept zugrunde, das die Kunden in das gesellschaftliche und ökologische Engagement des Unternehmens einbezieht. Neben sozialen Förderprojekten sind es Naturschutzprojekte der Umweltorganisation „Global Nature Fund (GNF)", die in den Genuss zusätzlicher Gelder kommen.

Wie dringlich die Meilenspenden von Lufthansa-Vielfliegern benötigt werden, illustriert das Beispiel Pantanal. Erst vor kurzem hat der GNF auf die drohende Zerstörung des brasilianischen Binnenfeuchtgebietes hingewiesen. Hintergrund ist die explodierende Soja- und Zuckerrohrproduktion im Einzugsgebiet des Pantanal, eine direkte Folge der weltweit steigenden Nachfrage nach Biotreibstoffen. Am Pantanal ist es fünf vor zwölf. Bereits im Jahre 2050 könnte das weit verzweigte Flusssystem vollständig verschwunden sein. Insofern ist jede gespendete Meile ein aktiver Beitrag zum Schutz des Pantanal. Denn schon 10.000 Prämienmeilen reichen aus, um 2.500 Quadratmeter des größten Feuchtgebietes der Erde zu kaufen und vor der Zerstörung zu bewahren.

Die „Miles to Help"-Bilanz fällt überaus erfreulich aus. Insgesamt mehr als 150 Millionen Prämienmeilen steuerten die Miles & More-Teilnehmer bisher für die beworbenen Hilfsprojekte bei. Mit „Miles to Help" unterstreicht Lufthansa ihre Rolle als starke Partnerin von Organisationen, die ihre Zeit und Energien in den Schutz der biologischen Vielfalt investieren. So sind es ein Dutzend nationaler und internationaler Naturschutzorganisationen, die derzeit für ihre Projekte direkte materielle und logistische Unterstützung der Lufthansa erhalten.

http://verantwortung.lufthansa.com

Lufthansa-Airbus „Leverkusen“ sammelt Klimadaten.
Lufthansa-Airbus “Leverkusen” collects climate data.

Lufthansa

Lufthansa gives wings to biodiversity

In May 2008, Germany hosts the 9th UN Conference on Biological Diversity, which takes place in Bonn. This conference focuses on the efforts made by the community of states to significantly reduce the loss of biological diversity by 2010.

BY LUTZ LAEMMERHOLD

Prior to the event, representatives from politics, business, NGOs, science, the media and culture have joined forces in an initiative, motivated by the will to champion the conservation and sustainable utilization of biological diversity. This initiative is "Naturallianz," of which Deutsche Lufthansa is a member. As an aviation company with international activities, Lufthansa cares about the future of our natural environment. In the course of our travels we also encounter what nature has shaped in the course of billions of years in the guise of fascinating flora and fauna as well as diverse and captivating landscapes. Therefore, conserving biological diversity is also an important prerequisite for sustainable tourism. It is thus obvious that an essential part of Lufthansa's corporate policies focus on making mobility ecologically responsible in the future as well. The Group takes advantage of all available options to further reduce the environmental effects of flying.

Since 1991, Lufthansa has increased its CO2 efficiency by about 30 percent. Thanks to modern and more fuel-efficient aircraft, the specific fuel consumption has been reduced since then by almost 2 liters to currently 4.3 liters of kerosene per 100 passenger kilometers. Operational measures on the ground and in the air are optimized continually, while the efficiency of operational procedures is steadily increased. The company's long-standing support for scientific climate research and its political commitment to a future-oriented infrastructure both contribute to an increase of environmental awareness at all levels.

With regard to the different aspects of biodiversity, the dialogue with passengers and intermediary organizations is of special importance. Therefore, Lufthansa has for many years taken advantage of the diverse communication channels available on board to make passengers more sensitive to respectful and responsible ways of treating natural habitats they may encounter in the course of their travels. The initiative "Miles to Help" takes matters one step further. The participants of the frequent flyer program Miles & More have the option of donating their award miles to benefit selected aid projects and thus provide additional support. At the heart of "Miles to Help" is a holistic concept that aims at integrating customers into the company's social and ecological commitment. In addition to social support projects, nature conservation projects run by the environmental organization Global Nature Fund (GNF) will benefit from additional funds.

The example of the Pantanal illustrates how the miles donated by Lufthansa frequent flyers are urgently needed. It was only recently that the GNF pointed out the threat of destruction looming over this marshland in Brazil. The cause is an explosion in the production of soybeans and sugarcane in the Pantanal' s catchment area, which is the direct result of increasing demand for biofuels worldwide. Time is running out for the Pantanal. The river system with its many ramifications could disappear entirely by 2050. Therefore, each donated mile is an active contribution to protecting the Pantanal.

Only 10,000 award miles are enough to buy 2,500 square meters of the world's largest marshland and protect it from destruction. The results of Miles to Help are highly encouraging. So far, "Miles & More" participants have donated more than 150 million award miles for the aid projects featured.

With "Miles to Help", Lufthansa underscores its role as a strong partner of organizations that invest their time and energy in the protection of biological diversity. Currently, a dozen German and international nature protection organizations receive direct material and logistical support for their projects from Lufthansa.

More comprehensive information is available on the Internet at: http://responsibility.lufthansa.com

Erstes internationales Global Compact Jahrbuch

In der vergangenen Dekade ist der UN Global Compact zum weltweit größten und glaubwürdigsten Netzwerk für unternehmerische Verantwortung geworden. Anlässlich des 10. Geburtstags startet die Mediengruppe macondo jetzt in Zusammenarbeit mit dem New Yorker Global Compact Office das weltweit erste internationale Jahrbuch. Als Vorbild dient die deutsche Ausgabe.

Von Dr. Elmer Lenzen

Der Global Compact der Vereinten Nationen (UNGC) ist heute zweifelsfrei die wichtigste globale Plattform für Corporate Social Responsibility (CSR). Diese prominente Stellung verdankt der Global Compact seiner einzigartigen Struktur als offenes Netzwerk von Unternehmen, NGOs, Politik, Kommunen und Hochschulen – vereint unter dem glaubwürdigen Schirm der UN. Zugleich ist das Engagement im Global Compact für alle Beteiligten freiwillig, und das hat dem Pakt oft Kritik eingebracht. Solcher Kritik kann und muss der UNGC durch Transparenz und offene Kommunikation entgegentreten. Nur das schafft letztendlich Glaubwürdigkeit. Hierzu hat der Global Compact zahlreiche Instrumente entwickelt, nicht zuletzt etwa die Einführung der Fortschrittsberichte (COPs).

Innerhalb des deutschen Global Compact Netzwerkes hat sich zudem seit 2004 das deutsche Global Compact Jahrbuch der Mediengruppe macondo etabliert. Darin diskutieren Vertreter aus Wirtschaft, Politik und Zivilgesellschaft die Frage, wie Globalisierung gerecht gestaltet werden kann, und zeigen anhand vieler praktischer Beispiele Wege für eine nachhaltige Entwicklung auf. Und das mit großem Erfolg: Von allen relevanten Anspruchsgruppen wird das deutsche Jahrbuch seitdem positiv bewertet. Es lässt sich sogar ein gewisses Frontrunner-Momentum erkennen: Teilnehmer, die sich im Jahrbuch engagieren, werden auch an anderen Stellen als Vorreiter der Nachhaltigkeit bezeichnet. Weil Ratingagenturen und Investmentfonds künftig die Qualität des UNGC-Engagements noch deutlicher berücksichtigen wollen, könnte sich dies für die Teilnehmer auch zunehmend an den Börsen bemerkbar machen.

Genau vor dieser Hintergrundkonstellation aus wachsender Bedeutung, kritischen Nachfragen und positivem Effekt des Jahrbuches begann im Herbst 2006 ein Konsultationsprozess zwischen macondo und dem Global Com-

pact Office zur Entwicklung des ersten internationalen GC-Jahrbuches, das ab 2009 erscheinen wird. In vielen redaktionellen Punkten wird die internationale Ausgabe der deutschen ähneln. Einige entscheidende Veränderungen gibt es allerdings: So diskutierten die macondo-Verleger lange mit den Verantwortlichen beim Global Compact zwei Aspekte, aus denen leicht Vorwürfe erwachsen können:

1. Nicht jeder, der Geld besitzt, hat auch Qualität! Wie kann also vermieden werden, dass Teilnehmer sich in das Jahrbuch „einkaufen", obwohl sie unter Umständen in keiner Weise glaubwürdig sind und damit der Reputation des Buches sowie aller Teilnehmer schaden?
2. Nicht hinter jeder guten Idee steckt auch Geld! Wie kann sichergestellt werden, dass auch kleine, aber feine Projekte den Weg ins Jahrbuch finden? Vor allem für Teilnehmer aus ärmeren Ländern kann der Beitragssatz zum Ausschlusskriterium werden.

Als Antworten auf diese Fragen beschloss man, ein „Advisory Board" zu etablieren. Dieses setzt sich aus Vertretern der Zivilgesellschaft, der Wirtschaft sowie UN Agenturen zusammen. Jeder Teilnehmer muss in einem Kurzexpose sein Projekt dem Advisory Board vorstellen. Dieses hat bei berechtigtem Zweifel die Möglichkeit, die Teilnahme abzulehnen. Darüber hinaus sollen zehn Prozent aller Fallstudien – maximal zehn Projekte im Jahr – pro bono vorgestellt werden, die zuvor gemeinsam mit dem Global Compact Office ausgewählt wurden.

Mehr Informationen unter:
http://ungc.macondo-group.com

First international Global Compact Yearbook

In the past decade, the UN Global Compact has become the world's largest and most credible network for corporate responsibility. To mark the Initiative's 10th birthday, the macondo media group is now publishing the first international yearbook in cooperation with the New York Global Compact Office. The German edition serves as a model for it.

By Dr. Elmer Lenzen

The United Nations Global Compact (UNGC) is without a doubt the most important global platform for corporate social responsibility (CSR) today. For its prominent position, the Global Compact can thank its unique structure as an open network of companies, NGOs, governments, municipalities and universities – united under the credible umbrella of the UN. At the same time, involvement in the Global Compact is voluntary for all participants, and the pact has often been criticised for this. The UNGC can and must answer such criticism through transparency and open communication. That is ultimately the only way to build credibility. The Global Compact has developed numerous instruments for this, not least its introduction of Communications on Progress (COPs).

The German Global Compact Yearbook of the macondo media group has since 2004 established itself within the German Global Compact Network. In this Yearbook, representatives of business, government, and civil society discuss the issue of how to make globalisation fair and show many practical examples of sustainable development paths. And this they have done with great success: The German Yearbook is now judged positively by all relevant stakeholders. And even a certain frontrunner momentum is apparent: Participants that are involved with the Yearbook are also called trailblazers of sustainability in other places. Since rating agencies and investment funds intend to take the quality of the UNGC commitment into account even more in the future, participants could also increasingly notice this in the stock market.

It was precisely in this context of growing importance, critical questioning and the Yearbook's positive impact that a consultation process began in autumn 2006 between macondo and the Global Compact Office to develop the first International GC Yearbook, which will appear starting in 2009. In many editorial points, the International Edition will be similar to the German one. But there are some very important changes. The macondo publishers held long discussions with the responsible people at the Global Compact about two aspects from which criticism could easily arise:

1. *Not everyone with money has quality! That is, how can we avoid participants "buying their way" into the Yearbook even though they might totally lack credibility and thus damage the reputations of the book and of all participants?*
2. *Not every good idea has money behind it! How can we ensure that small but excellent projects also find their way into the Yearbook? The required contribution might cause exclusion of participants especially from poorer countries.*

In response to these questions, we decided to establish an Advisory Board. The Board is made up of representatives of civil society, business and UN agencies. Each participant must present a project summary to the Board. In case of justifiable doubts, the Board can reject the participation. In addition, ten percent of all cases – a maximum of ten projects per year – will be presented pro bono, with these selected together with the Global Compact Office.

Further information:
http://ungc.macondo-group.com

Gelebte Produktverantwortung

Mehr wissen heißt besser und sorgsamer handeln – in der Chemie- und Pharmabranche ist dieser Grundsatz seit vielen Jahren fest verankert. Merck setzt sich dafür ein, dass er weltweit gelebt wird.

Von Maria Schaad und Hans Arnaldo

Zum Sortiment von Merck gehören Arzneimittel ebenso wie hochwertige Chemikalien. Sie sollen den Menschen nutzen und dürfen die Umwelt nicht belasten. Damit dies gewährleistet ist, müssen Sicherheitsstandards beispielsweise bei der Lagerung von Stoffen auch jenseits des Werkstors eingehalten werden, und zwar in allen Ländern. Merck setzt dafür auf umfassende Information und Schulung der Anwender – in seinen internationalen Märkten und durch Kooperationen.

Projekt in Indonesien

SMILE heißt das Programm, das Merck im Jahr 2006 zusammen mit der Gesellschaft für Technische Zusammenarbeit (GTZ) in Indonesien gestartet hat. Das Kürzel steht für „Safety with Merck: Improving Life and Environment". Dazu bietet das Programm ein breites Spektrum an Informationen und Trainings, wie chemische und biologische Stoffe sicher gehandhabt, gelagert, transportiert und entsorgt werden. Das Ziel des Projektes ist, bei indonesischen Firmen, Laboren und Behörden das Bewusstsein für sicheres und umweltverträgliches Management gefährlicher Chemikalien und Biomaterialien zu schärfen und sie für den Umgang mit solchen Materialien zu schulen.

Roll-out in fünf Regionen

Neben den Schulungen sollen Gesetze und Regeln auf lokaler, regionaler und nationaler Ebene angepasst und harmonisiert werden – nicht zuletzt, um die Einrichtung von Entsorgungssystemen zu unterstützen. Dafür wurden zunächst Multistakeholderdialoge in fünf Regionen gestartet: Bandung, Jakarta, Medan, Semarang und Surabaya. Auf nationaler Ebene wurde eine Arbeitsgruppe eingerichtet, an der auch Vertreter des indonesischen Umweltministeriums teilnehmen.

Bewusstsein entwickeln, Strukturen schaffen

Zur Bewusstseinsbildung und Unterstützung der Schulungen wurden mit Hilfe von Merck vielfältige Informationsmaterialien entworfen, hergestellt und in teilweise hohen Auflagen verteilt. Beispielsweise ein Buch zum Thema „Biologische Sicherheit", Faltblätter und Poster zu den Themen „Sicherheit im Labor" und „Gemeinsame Lagerung verschiedener Chemikalien" oder Videos zu „Chemikalien- und biologischer Sicherheit." Wichtige Meilensteine von SMILE waren die Einrichtung einer Chemie (ChemDAT)- und einer Sicherheits (SafeDAT)-Datenbank bei allen beteiligten Behörden und rund 200 Unternehmen sowie der Entwurf einer Richtlinie zur sicheren Chemikalienlagerung. Auf deren Umsetzung ist man in Indonesien dank SMILE bestens vorbereitet: Ende Juli 2008 waren über 12.000 Anwender in mehr als 400 Unternehmen sowie mehr als 100 Trainer, darunter Mitarbeiter des „Indonesian Cleaner Production Centers" (ICPC), von Merck, GTZ, Universität, lokalen Behörden und technischer Industrie, in der sicheren Handhabung von Chemikalien geschult und zertifiziert.

Beitrag zu einer nachhaltigen Entwicklung

Der Transfer von Know-how in Verbindung mit hohen Standards trägt zu einer weltweit nachhaltigen Entwicklung am wirkungsvollsten bei: Weil er nicht nur an den Problemlagen selbst ansetzt, sondern weil Menschen dadurch auch persönliche Qualifizierungschancen erhalten. In Indonesien, einem aufstrebenden Markt, in dem Merck schon seit vielen Jahren zu Hause ist, werden gut ausgebildete Fachkräfte besonders gebraucht.

Promoting product responsibility in practice

Having more knowledge equates with operating with more foresight and responsibility. This principle has been firmly anchored in the chemical and pharmaceutical industries for many years. Merck is committed to promoting product responsibility around the world.

BY MARIA SCHAAD AND HANS ARNALDO

Merck's product range comprises both pharmaceutical products and high-quality chemicals. They are designed to benefit people and must not burden the environment. In order to ensure this, certain safety standards must be adhered to, for example when substances need to be stored at locations outside the company anywhere in the world. Merck attaches a high level of importance to comprehensive user information and training in the international markets in which it operates and in collaborative efforts.

Project in Indonesia

SMILE is the name of a program that Merck launched together with the Gesellschaft für Technische Zusammenarbeit (GTZ) in Indonesia in 2006. The abbreviation stands for "Safety with Merck: Improving Life and Environment". The program offers a wide range of information and training courses on how to safely handle, store, transport and dispose of chemical and biomaterial substances. The objective of the project is to raise awareness among Indonesian companies, laboratories and authorities with regard to the safe and environmentally sound management of hazardous chemicals and biomaterials, and to train them in the management thereof.

Rollout in five regions

In addition to the training courses, legal rules and regulations are to be adapted and harmonized at local, regional and national level, not least in order to support the establishment of disposal systems. For this purpose, multi-stakeholder dialogs were first conducted in five regions: Bandung, Jakarta, Medan, Semarang and Surabaya. At national level, a working group that also included representatives of the Indonesian environment ministry was set up.

Developing awareness, creating structures

Merck has helped to draft, produce and widely distribute a variety of information materials designed to create awareness and support the training efforts, e.g. a book on biological safety, flyers, and posters about safety in the laboratory and mixed storage of chemicals or videos on chemical safety and biosafety. Important SMILE milestones included the set-up of a chemical (ChemDAT) and a safety (SafeDAT) database for all the participating authorities and around 200 companies as well as the draft of a directive on the safe storage of chemicals. Thanks to SMILE, Indonesia is excellently prepared for its implementation. As of July 2008, more than 12,000 users in over 400 companies, as well as more than 100 trainers, including staff of the "Indonesian Cleaner Production Centers" (ICPC), Merck, GTZ, university, local regulatory and technical industry had been trained and certified in the safe use of chemicals.

Contribution to sustainable development

The transfer of know-how coupled with high technical standards is a very effective way to contribute to global sustainable development as this not only addresses problem areas but also enables people to improve their personal qualifications. In Indonesia, an emerging economy in which Merck has been operating for many years, well-trained professionals are in high demand.

Gemeinsam für die Region

Die Metropolregion Rhein-Neckar, im Schnittpunkt der Bundesländer Baden-Württemberg, Hessen und Rheinland-Pfalz liegend, begegnet den ökonomischen, politischen und gesellschaftlichen Veränderungen mit innovativer Problemlösungs- und Steuerungsfähigkeit. Mit dem Zukunft Metropolregion Rhein-Neckar e.V. wurde in einem deutschlandweit einzigartigen Private-Public-Partnership-Modell eine Plattform für Regionalentwicklung geschaffen, in der Akteure aus Wirtschaft, Wissenschaft, Politik und Verwaltung gemeinschaftlich Verantwortung für die gesellschaftlichen Belange der Region wahrnehmen und die Herausforderung zur Gestaltung ihrer Wettbewerbsfähigkeit annehmen.

Verleihung des MRN Awards an E. Voscherau
E. Voscherau received the MRN Award

Von Wolf-Rainer Lowack

Der sechzehnköpfige Vorstand mit regionalen Entscheidungsträgern legt die Strategien für die erfolgreiche Entwicklung der Region fest, die von Organisationen, Institutionen und Netzwerken der Region in Maßnahmen umgesetzt werden. Operative Drehscheibe ist dabei die Metropolregion Rhein-Neckar GmbH. Zu ihren Arbeitsschwerpunkten zählen z.B. Maßnahmen der Clusterentwicklung und -begleitung, Vereinfachung von Verwaltungsprozessen durch E-Government, Entwicklung einer Gesundheitsregion und Stärkung des regionalen Arbeitsmarktes, die Förderung von Vereinbarkeit von Beruf und Familie sowie die Weiterentwicklung etablierter Konzepte in den Bereichen Energie und Umwelt.

Ausgehend von ihren jeweiligen CSR-Strategien gestalten die Mitglieder des Zukunft Metropolregion Rhein-Neckar e.V. mit ihren vielfältigen Beiträgen zur koordinierten Entwicklung der Region nicht nur die Wertschöpfung ihrer Unternehmen und Organisationen, sondern stärken die soziale und technologische Innovationsfähigkeit und damit die Wirtschaftsfähigkeit und Lebensqualität der gesamten Region.

Neben den Entscheidungs- und Funktionsträgern der Metropolregion Rhein-Neckar sind sich auch die Bürger ihrer gesellschaftlichen Verantwortung bewusst: 45 Prozent engagieren sich ehrenamtlich und bringen sich aktiv in die Gestaltung des eigenen Lebensraums ein. Zur Würdigung und zum Ausbau dieser gemeinsamen Stärke wurde 2008 erstmals die Woche des bürgerschaftlichen Engagements in der Region angeboten. Am ersten länderübergreifenden Freiwilligentag am 20. September leisteten über 6.700 Bürger in rund 320 über die gesamte Region verteilten Projekten wertvolle Arbeit für das gemeinschaftliche Zusammenleben in der Region. Der erstmals verliehene Bürgerpreis der Stiftung Metropolregion Rhein-Neckar zeichnete aus achtzig Bewerbungen zwei Projektideen aus, die die Zusammenarbeit in der Region fördern, um gemeinsam ehrenamtlich regionale Herausforderungen anzugehen. Jede Projektidee erhielt 10.000 Euro Startkapital für ihre Realisierung.

Organigramm der gemeinschaftlichen Regionalentwicklung in der MRN

Die Regionalentwicklung in der Metropolregion Rhein-Neckar ist von dem Selbstverständnis getragen, dass ihr Erfolg das Ergebnis alltäglichen individuellen und gemeinschaftlichen Handelns und Gestaltens jedes einzelnen Entscheidungs- und Funktionsträgers, Arbeitnehmers und Bürgers ist. Mit der ausgeprägten Beteiligungskultur werden neue soziale Prozesse etabliert, die die koordinierte Wahrnehmung gesellschaftlicher Verantwortung über unterschiedlichste institutionelle Grenzen hinweg ermöglichen. Die kontinuierlich zunehmende Zahl an Akteuren in der gemeinschaftlichen Regionalentwicklung belegt nicht nur die Tragfähigkeit dieses innovativen Ansatzes, mit ihrem Engagement und Investitionen legen die beteiligten Akteure die Grundlagen für die Zukunftsfähigkeit der Region und damit letztendlich für jeden Bürger.

Metropolregion Rhein-Neckar

Der Verein

Dr. h.c. Eggert Voscherau, stellv. Vorstandsvorsitzender der BASF SE (links); Prof. Dr. Peter Frankenberg, Wissenschaftsminister Baden-Württembergs (rechts)
Dr. h.c. Eggert Voscherau, former vice chairman of BASF SE (left); Prof. Dr. Peter Frankenberg, Minister of sciences in Baden-Württemberg (right)

Working together for the region

The Rhine-Neckar Metropolitan Region, on the borders of the German states of Baden-Württemberg, Hesse and Rhineland-Palatinate, is countering economic, political and social changes with innovative skills in problem solving and control. The association Zukunft Metropolregion Rhein-Neckar e.V. has created a platform for regional development, using a private-public partnership model that is one of a kind in Germany. Representatives from the fields of business, science, politics and administration are assuming joint responsibility for the region's social needs and taking on the challenge of making it competitive.

BY WOLF-RAINER LOWACK

The board of sixteen regional decision-makers sets strategies for the region's successful development; these strategies are turned into practical measures by organisations, institutions and networks in the region. At the centre of operations is the company Metropolregion Rhein-Neckar GmbH. Its key tasks include developing and supporting clusters, using e-government to simplify administrative processes, developing a health region and strengthening the regional labour market, promoting the compatibility of work and family life and working on established concepts in the fields of energy and the environment.

Based on their individual corporate social responsibility (CSR) strategies, the members of Zukunft Metropolregion Rhein-Neckar e.V. contribute in diverse ways to the coordinated development of the region. In addition to adding value to the individual companies and organisations, this also increases the social and technological innovativeness – and thus the economic efficiency and quality of life – of the entire region.

Social responsibility is not confined to the decision-makers and officials in the Rhine-Neckar Metropolitan Region: 45 per cent of its citizens do voluntary work and play an active role in shaping their own home environment. Civic Commitment Week was first introduced in the region in 2008 to acknowledge and extend this shared strength. On the first cross-state Volunteers' Day on 20 September, more than 6,700 people took part in around 320 projects, making an important contribution to community living across the entire region. The civic award presented for the first time by the Stiftung Metropolregion Rhein-Neckar foundation honoured two project ideas (from among eighty nominated), promoting cooperation in the region in addressing regional challenges together on a voluntary basis. The project ideas each received EUR 10,000 start-up capital for their implementation.

Regional development in the Rhine-Neckar Metropolitan Region hinges on the understanding that its success comes from everyday activities carried out both individually and jointly by every single decision-maker and official, employee and citizen. This well-developed culture of participation means that new social processes are established that enable a coordinated assumption of social responsibility which cuts across all the different institutional borders. The number of participants in this joint regional development shows how sustainable this innovative approach is. Moreover, the commitment and investment of the players involved is laying the groundwork to make the region – and thus every single citizen – fit for the future.

Verantwortungsbewusstes Miteinander

Miele
IMMER BESSER

VON URSULA WILMS

Der Hausgerätehersteller Miele ist ein Familienunternehmen, geführt in der 4. Generation. Premiumprodukte sind das Metier des weltweit aktiven Unternehmens, die Qualitätsmaxime steht in der Produkt- und Geschäftspolitik immer obenan. Diese Aspekte bestimmen das Verhältnis zu den Mitarbeitern und die Personalkultur des Unternehmens.

Zum Miele-Selbstverständnis gehört ein respektvoller und verantwortungsbewusster Umgang mit jedem Mitarbeiter und Kollegen. Diese Maßgabe stammt von den Firmengründern (1899), hat sich bis heute als Kern und Fundament des Umgangs erhalten und ist Bestandteil der internen Unternehmensleitlinien.

Eine flache Organisationsstruktur durch alle Bereiche hinweg trägt ihren Teil dazu bei, Mitarbeitern den Rahmen zu gewährleisten, sich ihren Fähigkeiten entsprechend zu entfalten. Hier bieten kurze Entscheidungswege dem Einzelnen ein hohes Maß an Verantwortung, Individualität und Flexibilität.

Die Rahmenbedingungen für die Weiterentwicklung eines jeden Mitarbeiters hat Miele mit einer umfangreichen Personalentwicklung geschaffen, die individuell auf die persönlichen Möglichkeiten abgestimmt ist – vom Auszubildenden bis zur Führungskraft.

Vielfältige Weiterbildungsmöglichkeiten stehen den Mitarbeitern offen: Von EDV-Themen über Fremdsprachen bis hin zum Fahrsicherheitstraining reichen die offenen Angebote. Hinzu kommen speziell auf den Arbeitsbereich zugeschnittene interne und externe Fortbildungen. Dabei werden Miele-Mitarbeiter systematisch in ihrer fachlichen, methodischen, sozialen und persönlichen Kompetenz gefördert.

Großes Augenmerk ruht auf der Entwicklung des Führungskräftenachwuchses. Bei Mentorenprogrammen stehen erfahrene Mitarbeiter den Nachwuchskräften beratend zur Seite, helfen bei der beruflichen Orientierung, vermitteln Kontakte, unterstützen Projektentwicklungen und geben Feedback.

Durch das betriebliche Vorschlagswesen sind alle Mitarbeiter aktiv in die Verbesserungsprozesse eingebunden. Jeder ist eingeladen und aufgefordert, sich über Potenziale Gedanken zu machen und Lösungen zu finden, die das Unternehmen weiterbringen.

Der Anspruch an die Mitarbeiter ist hoch. Ein Unternehmen, das an der Spitze steht, braucht Menschen, die sich einsetzen, damit dies auch so bleibt. Spitzenqualität und Innovationen entwickeln sich nicht von selbst. Miele kann auf das Engagement und die Kreativität seiner Mitarbeiter bauen.

Im Gegenzug nimmt das Unternehmen die Bedürfnisse sowie Gesundheit und Sicherheit seiner Mitarbeiter sehr wichtig. Flexible Arbeitszeitmodelle ermöglichen eine Vereinbarkeit von Familie und Beruf. Die betriebliche Altersvorsorge hilft die Zeit nach dem aktiven Arbeitsleben zu sichern. Ein umfangreiches System sorgt für Sicherheit und Gesundheitsschutz am Arbeitsplatz. Mit Erfolg: In den vergangenen zehn Jahren haben die Arbeitsunfälle deutlich abgenommen – und das, obwohl Miele ohnehin schon weit unter den Werten der Berufsgenossenschaften liegt.

Miele motiviert seine Mitarbeiter, für Gesundheit und Prävention selbst aktiv zu werden. Dazu gibt es innerhalb des Weiterbildungsprogramms ein breites Angebot an Sport- und Entspannungskursen, außerdem Impf- und Prophylaxeprogramme beim Betriebsärztlichen Dienst.

Über 16.000 Menschen weltweit arbeiten für das Unternehmen – und identifizierten sich damit. Jeder einzelne von ihnen trägt die Verantwortung für die Umsetzung des Leitspruchs „Immer besser". Die Mitarbeiter sind sich dessen bewusst und setzen dies in ihrem Arbeitsalltag um.

Responsible Cooperation

The household appliances manufacturer Miele is a family business in its fourth generation. The company is active worldwide and specialises in premium products; high standards of quality are always the priority in product and business policies. These priorities also define the relationship with employees and the staff culture of the company.

By Ursula Wilms

It goes without saying that Miele treats every employee and colleague responsibly and with respect. This procedure originates with the company's founders (1899), has endured until today as the core and foundation of the relationship with employees and is a component of the company's internal guidelines.

A level organisational structure throughout all departments also plays its part in guaranteeing employees the space to develop their talents appropriately. The individual has a high level of responsibility, individuality and flexibility, thanks to the short decision-making paths.

Miele has created the general conditions for the further development of each and every employee through comprehensive staff development, which is geared towards personal opportunities – from apprentices to executives.

Varied opportunities for further training are available to employees: Available courses range from topics in IT to foreign languages to driving safety training. Further training both internally and externally provides a more work-orientated addition to this. This means that the technical, methodical, social and personal abilities of Miele employees are systematically encouraged.

A lot of attention is paid to the development of the next generation of executives. Through mentoring programmes, experienced employees are always on hand to advise the next generation, help with occupational orientation, pass on contacts, support project development and give feedback.

All employees are actively involved in the improvement process through the managerial suggestion scheme. Each one is invited and encouraged to think about potential and to find solutions which can move the company forward.

The demands on the employees are high. A company at the top needs people to apply themselves, so that it stays there. Top quality and innovations do not develop themselves. Miele can build on the commitment and creativity of its employees.

In return, the company takes the needs of its employees as well as health and safety very seriously. Flexible working patterns make family and working life compatible. The company retirement provision helps to make the time after active working life secure. A comprehensive system takes care of health and safety at work. With success: in the last ten years the number of work-related accidents has decreased significantly – even though Miele already lay far below the guidelines set out by the Employers' Liability Insurance Association.

Miele motivates its workers to take an active role in their health and in preventative medicine. For this reason a wide range of sport and relaxation courses are offered within the further training programme, as well as immunisations and prophylactics at the company's medical service.

Over 16,000 people work for the company worldwide – and identify themselves with it. Every single one of them is responsible for implementing the mission statement "ever better". The employees are aware of this and implement it in their everyday working life.

Umweltschonend viel bewegen

Bereits seit Mitte der 80er Jahre hat sich die Einzelhandelsgesellschaft OTTO erfolgreich für Umwelt- und Ressourcenschutz engagiert. Ein wesentliches Handlungsfeld war dabei seit Anfang der 90er Jahre die systematische und kontinuierliche Senkung der CO_2-Emissionen im Transportbereich. Im Dezember 2007 hat die Otto Group nun eine konzernübergreifende Klimaschutzstrategie auf den Weg gebracht, die an die Erfolge auf diesem Gebiet anknüpft und sich darüber hinaus neue anspruchsvolle Ziele setzt.

VON ANDREAS STREUBIG

Das oberste Ziel heißt: Bis zum Jahr 2020 sollen 50 Prozent sowohl der transport- als auch der mobilitäts- und standortbezogenen CO_2-Emissionen eingespart werden (tonnage-, entfernungs- und flächenbereinigt). Das heißt, unter die Lupe genommen werden alle klimaschutzrelevanten Posten weltweit: Beschaffungswege und Distributionsprozesse, der CO_2-Ausstoß von Dienstwagen, Fuhrpark und Dienstreisen sowie von Verwaltungsgebäuden, Lagern etc. Es gehen dabei alle die Konzernunternehmen an den Start, an denen die Otto Group direkt oder indirekt die Mehrheit hält – derzeit umfasst dieser Scope 17 deutsche und 25 internationale Firmen.

Die deutschen Konzernunternehmen – neben OTTO zum Beispiel Witt, Schwab, Baur, Hermes, Heine und bonprix – haben bereits in diesem Jahr auf der Basis des Geschäftsjahrs 2006/07 mit der Arbeit begonnen. Die im Ausland ansässigen Unternehmen werden sich nach einer Bestandsaufnahme im kommenden Jahr dann auf der Basis des Geschäftsjahrs 2008/09 auf den Weg machen.

Wie geht man die Umsetzung so einer ambitionierten Strategie am besten an? Die Planung erfolgt zentral, die Umsetzung in den Konzernunternehmen aber dezentral und eigenverantwortlich. In 2008 wurde von internen und externen Fachkoordinatoren und Dienstleistern zunächst eine Art „Werkzeugkoffer“ erarbeitet. Dieser „Koffer“, der den Konzernunternehmen im Herbst zur Verfügung gestellt wurde, enthält Informationen zu den Reduktionspotenzialen auf den Gebieten Standorte und Logistik. Darüber hinaus stellt er unterschiedliche Maßnahmen vor, wie sich die CO_2-Emissionen auch in monetärer Hinsicht am effizientesten reduzieren lassen. Konkret bedeutet das beispielsweise für den Bereich „Standorte“, dass ein möglicher Ansatzpunkt für die Konzernunternehmen die technische Ausstattung der Gebäude ist. Die Beleuchtung etwa kann durch energiesparende

Leuchtsystemen oder eine bedarfsorientierte automatische Lichtsteuerung optimiert werden. Neben technischen und baulichen Maßnahmen spielen an den Standorten aber auch Maßnahmen zur Sensibilisierung der Mitarbeiter eine ganz zentrale Rolle.

Weitere signifikante Potenziale zur Einsparung von CO2 liegen in der Beschaffungslogistik. Vor allem die luftfrachtbedingten Emissionen, die durch die Notwendigkeit immer flexiblerer Beschaffungsprozesse anfallen, müssen drastisch reduziert werden. Die Konzerntochter bonprix ist hier innerhalb des Konzerns Vorreiter: bonprix hat sich das Ziel gesetzt, die Luftfracht kurzfristig zu halbieren. Im Vergleich zum Geschäftsjahr 2006/07 konnten dadurch in 2007/08 tonnagebereinigt bereits 10 Prozent der Emissionen eingespart werden. Diese Maßstäbe setzende Aktion zeigt, dass sich Ressourcenschonung, klimaverträgliche Transporte, schnelle Warenverfügbarkeit und eine preisbewusste Sortimentsgestaltung effizient und erfolgreich miteinander kombinieren lassen.

Mit ihren ehrgeizigen Klimazielen geht die Otto Group deutlich über die bestehenden Selbstverpflichtungen in Politik und Wirtschaft hinaus. Erste Schritte auf dem langen Weg sind gemacht. Unter dem Motto „umweltschonend viel bewegen" werden wir ihn in den nächsten Jahren konsequent weiter gehen.

Forward – sustainably

The individual company OTTO has been successfully engaged in the protection of climate and natural resources since the mid-80s. Within this effort, one main field of action since the beginning of the 90s has been our systematic and continuous reduction of transport-generated CO_2 emissions. In December 2007 the Otto Group implemented a Group-wide Climate Protection Strategy that builds on our successes in this area but which also sets new and ambitious targets.

By Andreas Streubig

Our overriding goal is to reduce logistics, mobility and facility-generated CO2 emissions by 50% by the year 2020 (adjusted for tonnage, distance and surface area). This implies putting all climate protection-relevant Group activities under the microscope worldwide, including buying processes and distribution channels, business travel as well as administration facilities and warehouses. All companies in which the Otto Group has a direct or indirect majority stake are involved, making a total of 17 German and 25 international firms. This year the German Group companies – besides OTTO including Witt, Schwab, Baur, Hermes, Heine and bonprix – have already started working towards this goal, based on their 2006/7 emissions figures. Following an individual emissions audit, our affiliates abroad will launch their CO2 emissions reduction drive next year on the basis of their 2008/9 figures.

How does one best set about implementing such an ambitious strategy? Planning will naturally be handled centrally, while individual companies will hold decentralised responsibility for their own implementation of the plan. In 2008, internal and external expert co-ordinators and specialist service providers first of all designed a ‚Toolbox'; this was presented to Group companies in autumn of the same year and contains information on the CO2 emissions-reduction potential achievable within companies' facility, mobility and logistics processes. It furthermore presents a very wide range of measures for achieving CO2 reduction in the most effective way possible. To give a specific example, for the "facilities" area one possible starting point for Group companies is the optimisation of their facility fittings and equipment. Lighting-generated CO2 emissions, for instance, can be significantly lowered by implementing energy-saving lighting systems or intelligently automated light-on-demand systems. Besides technical and construction measures, companies' awareness-raising of their own staff also plays a key role in this effort.

Buying Logistics also has very significant CO2 emissions-reduction potential: triggered by the need for ever-more flexible Buying and Rebuying processes, above all air travel-generated emissions can and need to be drastically reduced. The company bonprix is a pioneer within the Group in this respect: bonprix has set itself the target of halving its air freight requirements within an impressively short timeframe. In comparison with its 2006/7 fiscal year, when adjusted for tonnage bonprix already reduced its air freight-related CO2 emissions by 10% in 2007/8. This success sets the standard for others to follow and shows that efficient use of resources, climate-conscious use of transport, excellent stock availability and a keenly priced assortment policy can be effectively and successfully combined.

The Otto Group's ambitious climate protection targets emphasize its commitment to going well beyond existing socio-political and business pledges. We have now taken the first steps down this long road – and under the banner of "Forward – sustainably" we will continue to forge ahead unrelentingly over the coming years!

PRICEWATERHOUSECOOPERS

Wirtschaftsprüfung & Corporate Responsibility

Die Kapitalmärkte und die Gesellschaft haben ein fundamentales Interesse daran, dass Unternehmen ordnungsgemäß und professionell geführt werden und dass diese hierüber adäquat Rechenschaft ablegen. Deshalb müssen kapitalmarktorientierte Unternehmen Jahres- und Konzernabschlüsse veröffentlichen und durch Wirtschaftsprüfer testieren lassen.

VON DIETER HORST

Unsere Experten sind auch als Sachverständige auf dem Gebiet der wirtschaftlichen Betriebsführung sowie bei der treuhänderischen Verwaltung und Beratung in wirtschaftlichen Angelegenheiten gefragt. Denn die bei Prüfungen gesammelten Erfahrungen und ihre Kompetenzen versetzen Wirtschaftsprüfer in die Lage, als sachkundiger Berater für Unternehmen tätig zu werden, um deren Strukturen und Abläufe zu optimieren und dabei verlässliche und betriebswirtschaftlich optimale Strukturen zu etablieren.

Somit leisten Wirtschaftsprüfungsgesellschaften wie PwC einen wesentlichen Beitrag zur korrekten Darstellung der Vermögens-, Finanz- und Ertragslage der Unternehmen und schützen so auch die Interessen derjenigen, die auf die Richtigkeit der Rechnungslegung des Unternehmens vertrauen müssen.

Bei ihrer Berufsausübung unterliegen Wirtschaftsprüfer strikten Berufsgrundsätzen. Diese ethischen Regeln betreffen u.a. die Unabhängigkeit, die Gewissenhaftigkeit, die Verschwiegenheit sowie das Gebot des berufswürdigen Verhaltens. In der Prüfung von CR-Berichten hinterfragt PwC kritisch Richtigkeit, Vollständigkeit und Angemessenheit der Darstellung. Auf Basis der Prüfung von Nachhaltigkeits- und Lageberichten ergeben sich häufig Verbesserungspotenziale für Reportingprozesse und Managementstrukturen. Im Finanz- und Rechnungswesen sind über Jahrzehnte hinweg Prozesse erarbeitet und optimiert worden, die dies heute sicher gewährleisten. CR-Berichterstattung muss sich an diesem Maßstab orientieren, wenn sie ernst genommen werden will.

Der Nutzen unserer Tätigkeit für die Gesellschaft und unsere Kunden lässt sich exemplarisch an unseren prüfungsnahen Dienstleistungen im Bereich der Corporate Responsibility (CR) aufzeigen. Die Fachkompetenz auf diesem Gebiet hat PricewaterhouseCoopers im Bereich Sustainable Business Solutions gebündelt, um bei Fragestellungen und Herausforderungen im Zusammenhang mit CR kompetenter und verlässlicher Ansprechpartner zu sein. Seit 1994 unterstützt PwC in Deutschland erfolgreich Mandanten zu Nachhaltigkeitsthemen. Beim Aufbau von CR-Managementstrukturen berät PwC seine Mandanten unter anderem bei der systematischen Entwicklung CR-relevanter Anforderungen und der zielgerichteten Ableitung eines CR-Programms. Und das bedeutet, die heute noch weit verbreiteten informellen Strukturen von CR-Management und CR-Reporting zu professionalieren. Im Mittelpunkt steht die erfolgssichere Steuerung der Nachhaltigkeitsleistung und Absicherung der Unternehmensstrategie, aber auch der richtige Umgang mit Stakeholdern und deren Ansprüchen.

Corporate Responsibility setzt auch den Rahmen für unsere eigenen Organisationsstrukturen und für unser gesellschaftliches Engagement: Mit den PwC-Ethik-Grundsätzen und einem Ombudsmann-System hat PwC bereits im Jahr 2004 die aktuelle Diskussion um ethische Verantwortung und ihre Umsetzung in Unternehmen vorweggenommen. Die PwC-Stiftung „Jugend-Bildung-Kultur" fördert als ein Beispiel unterschiedlicher CR-Maßnahmen von PricewaterhouseCoopers Deutschland seit vielen Jahren unter dem Dach des Stifterverbands für die Deutsche Wissenschaft innovative Projekte im Bereich der kulturellen Bildung.

PRICEWATERHOUSECOOPERS

Sustainable Business Solutions:

- ***Corporate Responsibility Management***
- ***Corporate Responsibility Reporting***
- ***Responsible Investment Management***
- ***Supply Chain Management***
- ***Climate Change Services***

www.pwc.de/de/sustainability

Audit and consulting firms & corporate responsibility

Financial markets and society at large have a fundamental interest in the professional management and accountability of companies according to the highest possible standards. That's why publicly traded companies are required to publish annual and consolidated financial statements and have them audited by a certified accountant.

By Dieter Horst

Our specialists are also sought for their expertise in the fields of corporate governance and fiduciary duties, as well as for their advice on economic issues. Their knowledge, combined with the experience they gain auditing, equips them to help companies optimise their structures and processes and establish reliable and operationally effective structures.

Thus audit and consulting firms like PwC play a significant role in presenting a company's net assets, financial position and results of operations while protecting the interests of those who depend on its accounting practices. Auditors follow strict professional rules in carrying out their work. Among these ethical rules are independence, diligence, confidentiality and conduct worthy of the profession itself. In its auditing of CR reports, PwC scrutinises the accuracy, completeness and materiality of disclosed information. The audit of sustainability reports and non-financial information in annual reports often reveals the potential for improving reporting processes and management structures. To this end processes have been developed and optimised in the financial and accounting sector for decades. CR reporting must be orientated towards these benchmarks if it wants to be taken seriously.

The benefit of our work for both clients and society is clearly demonstrated by our audit-related services in the area of corporate responsibility (CR). PricewaterhouseCoopers has concentrated its CR expertise in its Sustainable Business Solutions practice in order to be a trusted and reliable advisor on these kinds of issues and challenges. Since 1994, PwC Germany has successfully supported clients on questions of sustainability. In creating CR management structures, PwC advises its clients on the systematic implementation of CR-related requirements and the targeted development of a CR programme. This requires professionalising the informal structures of CR management and reporting that are still widespread. The focus is on the successful management of sustainability activities and the safeguarding of corporate strategy, but also on the most effective way of dealing with stakeholders and their requirements.

Corporate responsibility also sets the framework for our own organisational structures and social engagement: with its ethical code and ombudsman system, PwC anticipated the current discussion about ethical responsibility and its practice in companies in 2004. As an example of various CR initiatives, the PwC Foundation "Youth-Education-Culture" has been supporting innovative projects in the field of cultural education for many years through the Donors' Association for German Science.

RWE

Am Ende des Tagebaus steht eine intakte Landschaft

Braunkohletagebau, das bedeutet nicht nur Löcher in der Landschaft und Kohle für Kraftwerke, das bedeutet auch die Rückgabe einer ökologisch intakten Landschaft. Die Rekultivierung hat für RWE höchsten Stellenwert. Gemeinsam mit den betroffenen Gemeinden und mit Experten aus Naturschutz, Land- und Forstwirtschaft beginnt die Planung bereits mit dem Start der Abbauplanung. Das Beispiel Inde zeigt, wie ein Fluss, dessen Verlauf durch ein Tagebaugebiet führt, durch die Rekultivierung an ökologischem Wert gewinnt.

VON DR. MARITA HILGENSTOCK

Die rheinische Rekultivierung gilt unter Fachleuten weltweit als vorbildlich. RWE verfügt in diesem Bereich über eine Jahrzehntelange Erfahrung und arbeitet an der stetigen Verbesserung mit Forschungsinstituten, Universitäten und unabhängigen Fachleuten aus Umweltschutz, Forst- und Landwirtschaft zusammen. Ziel der Rekultivierung ist nicht nur die Wiederherstellung der in Anspruch genommenen Flächen. Oft gelingt es, ein Mehr an Wald und Wasserflächen, an landschaftlicher Vielfalt, an Tier- und Pflanzenarten zu schaffen.

Die Indeverlegung setzt Maßstäbe bei nachhaltiger Rekultivierung

Dabei kann die Rekultivierung nur eine Starthilfe geben. Die wesentliche Arbeit leistet die Natur selbst. Ein Beispiel ist die Verlegung eines Abschnitts der Inde im Kreis Düren in Nordrhein-Westfalen. In den 1960er Jahren war die Inde begradigt worden und hatte stark an Natürlichkeit und Vielfalt verloren. Im Sommer 2005 erreichte der Tagebau diesen Verlauf, der auf einer Länge von fünf Kilometern das Abbaufeld querte. Dadurch wurde es nötig, den Fluss in ein neu gestaltetes Bett umzulegen. Dieses wurde dem historischen Verlauf nachempfunden, der anhand zweihundert Jahre alter Karten in Teilabschnitten wieder rekonstruiert werden konnte.

Eine besondere ingenieurtechnische Herausforderung war die Sicherstellung äußerst geringer Höhenunterschiede innerhalb der Aue. Mit modernster GPS-Technik konnten die im Tagebau eingesetzten Großgeräte mit einer Höhengenauigkeit von wenigen Zentimetern arbeiten.

Heute fließt der Fluss auf einer Länge von nun zwölf Kilometern mäanderförmig über rekultiviertes Gelände. Durch die Verlegung in sein neues Bett ist er jetzt ökologisch hochwertiger als vorher: Hochwässer überfluten wieder eine breite, naturnahe Aue und der Flusslauf kann sich natürlich verändern. Über 400.000 Bäume und Sträucher wurden gepflanzt, sieben neu gebaute Brücken überqueren den Fluss. Wanderwege erschließen das Gebiet rund um die neue Inde für die erholungssuchende Bevölkerung.

Die neue Inde – positive Bilanz nach einem Jahr

Der Fluss zeigt bereits jetzt eine ausgeprägte Gewässerentwicklung und gestaltet dynamisch die Morphologie der Aue. Die Natur erobert die neue Landschaft mit erstaunlicher Geschwindigkeit. Eine erste Zwischenbilanz ein Jahr nach der offiziellen Einweihung des neuen Flussbettes zeigt: Über 70 Brut- und Gastvogelarten konnten nachgewiesen werden. Vor allem Zugvögel nutzen die Flussaue als Rastplatz. Seltene Libellen haben den neuen Lebensraum entdeckt. 25 Arten wurden nachgewiesen, darunter auch die vom Aussterben bedrohte Frühe Heidelibelle und der gefährdete Kleine Blaupfeil.

Um die positive Entwicklung der neuen Inde zu gewährleisten, führen RWE, die zuständigen Behörden und der regionale Wasserverband ein permanentes Monitoring durch, in dem die wasserwirtschaftliche und die ökologische Entwicklung des Flusses laufend überprüft wird.

When opencast mining ends, an intact landscape remains

VORWEG GEHEN

Lignite mining means more than just digging huge holes in the ground to extract coal to fire power plants. It also means returning an environmentally intact landscape. Recultivation is a top priority for RWE. It is an integral part of the mine planning process from the outset, involving both the communities affected and experts in nature conservation, farming and forestry. The Inde is a good example of how a river running through an opencast mine can be environmentally upgraded through recultivation.

By Dr. Marita Hilgenstock

Experts worldwide regard the recultivation of the opencast mines of the Rhineland as an example for others to follow. RWE has decades of experience in this field and works hand in hand with research institutes, universities and independent experts in environmental protection, farming and forestry with the aim of doing better still. The goal is not just to restore the land used for opencast mining, but wherever possible to upgrade it by creating new woodlands and water bodies and by enhancing the topographical diversity so as to attract new flora and fauna.

Diversion of the River Inde sets new standards of sustainable recultivation

Recultivation can only kick-start the process. The bulk of the work is done by nature herself. One good example of this is the diversion of a stretch of the River Inde in the district of Düren in North Rhine-Westphalia. The straightening of the Inde in the 1960s resulted in the loss of much of its naturalness and biodiversity. One five-kilometre stretch of the river runs right through an opencast pit, so when mining operations finally caught up with it in the summer of 2005 it had to be diverted to a completely new riverbed. The new course was modelled on the historic riverbed, much of which could be reconstructed thanks to the preservation of some 200-year-old maps.

One special challenge that the engineers faced was maintaining the extremely low gradients required within the floodplain. Using state-of-the-art GPS technology, the heavy machinery in use at the mine was put to work to excavate the riverbed to an accuracy of just a few centimetres.

Today, the river meanders through twelve kilometres of recultivated land. Having been diverted to a new riverbed, it is now environmentally richer than it was before: the flood waters can once again spread over an expansive floodplain, and the river is again free to change course of its own accord. More than 400,000 trees and bushes have been planted and seven new bridges built across the river. There are also footpaths to encourage people to explore this new riverscape.

The new Inde – one year on the signs are positive

The river is already developing naturally and dynamically shaping the morphology of the floodplain through which it flows. Nature is reconquering the landscape with astonishing speed. Just one year after the new riverbed was officially inaugurated, the signs are all very positive: more than 70 species of bird have been spotted nesting or visiting here, and migratory birds in particular like to use the riverside meadows as a resting place. Rare dragonflies have also discovered this new habitat, and the 25 species that have been spotted so far include both the red-veined darter, which is threatened with extinction, and the endangered keeled skimmer.

RWE, the responsible authorities and the regional water board are keeping a close eye on the new River Inde and monitoring both the water management and environmental aspects of its development to ensure that it continues to thrive.

Nachhaltiges Handeln gegen Korruption

Als eines der ersten deutschen Unternehmen unterzeichnete SAP im Jahr 2000 den Global Compact der Vereinten Nationen – ein Zeichen, dass das Unternehmen seine globale gesellschaftliche Verantwortung ernst nimmt. Denn Unternehmen wie SAP können nur dann erfolgreich arbeiten, wenn die gesellschaftlichen und sozialen Rahmenbedingungen stimmen.

Von Stephan de Maria

Korruption und Bestechung fügen der Weltwirtschaft jährlich immense Schäden zu und verteuern die Kosten für Entwicklung um Milliardenbeträge, wie Transparency International (TI), die weltweit führende Nichtregierungsorganisation im Kampf gegen Korruption, einschätzt. Außerdem werden Justizapparate belastet und ganze Staaten in ihrem wirtschaftlichen Wachstum und in ihrer Entwicklung behindert.

SAP unterstützt TI seit mehreren Jahren auf globaler und nationaler Ebene. Gemeinsam mit zahlreichen anderen Unternehmen, Nichtregierungsorganisationen, Gewerkschaften und Finanzinstitutionen aus aller Welt wirkt SAP im Lenkungsausschuss für Geschäftsprinzipien (Business Principles Steering Committee) von TI mit. Der Ausschuss hilft dabei, Anti-Korruptionsrichtlinien für Unternehmen zu entwickeln.

SAP und TI kooperieren auf zwei Ebenen: Bei der Entwicklung technisch-betriebswirtschaftlicher Instrumente zur Bekämpfung von Korruption und bei der Ausarbeitung ethischer Geschäftsgrundsätze.

SAP-Software bildet sämtliche betrieblichen Vorgänge digital ab, wobei in erheblichem Umfang Daten automatisch angefertigt werden, die diese Vorgänge dokumentieren. Manipulierbar sind diese Daten dennoch. Und hier setzt die Kooperation zwischen SAP und TI an. „Indem wir die Transparenz solcher Vorgänge erhöhen und die Zugriffsrechte und -möglichkeiten weiter regulieren, erschweren wir beispielsweise die Verschleierung von Schwarzgeldkonten", erklärt James Farrar, Leiter des Ressorts Corporate Citizenship der SAP. TI helfe dabei. Mittel zu finden, mit denen betrügerische Handlungen aufgespürt werden können.

Zudem ist Transparenz bei SAP fest in den eigenen Unternehmensgrundsätzen verankert. Deshalb wird SAP das Thema auch in Zukunft weiter vorantreiben. „Unternehmensverantwortung hat mit Vertrauen und Integrität zu tun", erklärt Farrar. „Mehr als die Hälfte des Welthandels läuft über unsere Software. Gelingt es uns, Prozess- und Systemverantwortliche für das Problemfeld Korruption zu sensibilisieren, wäre das ein bedeutender Schritt."

Die Ausarbeitung ethischer Geschäftsprinzipien ist ein wichtiger Prozess, doch korrupte Handlungen werden dadurch alleine nicht unterbunden. Derzeit sind die Sanktionsmechanismen weder einheitlich geregelt noch weltweit verbindlich. Die Kooperationspartner SAP und TI nutzen ihre Einflussmöglichkeiten, um neu definierte Standards in Gesetze einbringen zu können. Auch in der Zusammenarbeit mit der Internationalen Handelskammer, dem Weltwirtschaftsforum und dem UN Global Compact stehen TI und SAP Seite an Seite. TI gewinnt nicht zuletzt dank der Branchen- und IT-Kompetenz der SAP tiefere Einblicke in die Sachzwänge, denen sich Unternehmen stellen müssen.

Für SAP ist Ko-Innovation der Schlüssel für sozialen und ökonomischen Fortschritt. Der Gewinn der Zusammenarbeit liegt auf allen Seiten. SAP verbessert ihre Produkte in den Bereichen Accountability, Governance und Compliance, SAP-Kunden erhalten optimierte Software-Produkte, und TI's Botschaft der Korruptionsbekämpfung gewinnt ein größeres Publikum innerhalb der globalen Geschäftswelt. Schließlich können sich Volkswirtschaften und Unternehmen mit faireren Chancen auf den Weltmärkten präsentieren, wenn Geschäftsanbahnungs- und Abwicklungsprozesse transparent, gleich, nachvollziehbar und im Einklang mit Ethik und Gesetzen sind. Somit trägt der Kampf gegen Korruption auch wesentlich zur Stabilisierung der Weltwirtschaft bei.

SAP®

Standing Up to Corruption

SAP was one of the first German companies to sign the UN Global Compact in 2000, demonstrating its commitment to global corporate social responsibility. After all, companies like SAP can only be successful if the right social conditions are in place.

By Stephan de Maria

Corruption and bribery are an immense burden on the global economy and add billions to the cost of development according to the estimates of Transparency International (TI), the global civil society organization leading the fight against corruption. Moreover, they put a strain on legal systems and hold back the economic growth of entire countries.

SAP has been supporting TI at a global and national level for several years. Along with numerous other companies, non-governmental organizations, labor unions, and financial institutions around the world, SAP participates in TI's Business Principles Steering Committee, which helps develop corporate anti-corruption guidelines.

SAP and TI cooperate on two fronts: developing business tools with which to fight corruption and drawing up ethical business principles.

SAP software digitally maps all business processes, automatically producing extensive data that documents these processes. Nonetheless, this data can be manipulated. This is where the cooperation between SAP and TI comes in. "By increasing the transparency of such processes and regulating access rights and possibilities, we make it more difficult to cover up accounts containing illicit funds, for example," says James Farrar, vice president of Corporate Citizenship at SAP. TI is helping find ways to identify fraudulent activity.

Moreover, transparency is firmly anchored in the company's corporate governance principles, and SAP will continue to drive this topic in the future. "I think corporate responsibility is fundamentally about trust and integrity," states Farrar. "More than half the world's economy runs SAP software. If we succeed in helping those responsible for processes and systems become aware of the problem of corruption, we will be taking a crucial step."

Drawing up ethical business principles is an important process but will not eradicate fraud alone. Currently, enforcement regimes are not standardized or internationally binding. SAP and TI are using their influence so that newly defined standards can become law. TI and SAP also stand shoulder to shoulder in their cooperation with the International Chamber of Commerce, the World Economic Forum and the UN Global Compact. Thanks to SAP's industry and IT expertise, Transparency International gains greater insights into the constraints that companies face.

SAP considers co-innovation to be the best way of making social and economic progress. The cooperation benefits everyone involved. SAP improves its products regarding corporate accountability, governance and compliance, SAP customers receive optimized software products from SAP, and TI's messages on corruption gain a broader reach in the global business community.

National economies and companies can compete in the world's markets on an equal footing if the processes for acquiring and doing business are transparent, equal, auditable, and compliant with ethics and laws. The fight against corruption thus plays a crucial role in stabilizing the global economy.

Training am endoskopischen Modell
Training on an endoscopic training unit

Women's Health Initiative – Erfolg über Projektende hinaus

Bereits vor 3 Jahren haben wir im Global Compact Jahrbuch über die Women's Health Initiative (WHI) berichtet und auf die weitreichenden positiven Auswirkungen auf das indische Gesundheitswesen hingewiesen. Die Maßnahme in Zusammenarbeit mit der United Nations University und der Gesellschaft für Technische Zusammenarbeit (GTZ) hatte sich zum Ziel gesetzt, die Gesundheitsversorgung von Frauen und Mädchen in Indien zu verbessern. Dabei wurden moderne endoskopische Methoden zur Diagnose und Behandlung in den Vordergrund gestellt.

Von Peter Laser

Ursprünglich nur auf 18 Monate ausgelegt, beschlossen die GTZ und KARL STORZ die Verlängerung bis Juni 2007, um die durchweg positiven Auswirkungen noch länger studieren zu können. Auch heute, mehr als ein Jahr nach dem offiziellen Ablauf des Projektes, werden die geschaffenen Einrichtungen nach wie vor zur intensiven Schulung von indischen Ärzten aus ländlichen Bereichen genutzt. Einige der geschaffenen Trainingszentren, welche interessierte Kandidaten und Kandidatinnen in der Anwendung von endoskopischen Methoden der Diagnostik und Therapie unterrichten, sind chronisch überbucht und haben regelmäßig lange Wartelisten.

Viele hundert Ärzte wurden bereits erfolgreich geschult, und die meisten von ihnen haben damit begonnen, Patientinnen in abgelegenen Gebieten mit den erlernten Fähigkeiten zu behandeln. Die verfügbaren Daten beschreiben mehrere tausend Behandlungen, und jede von ihnen spiegelt ein Schicksal wider. Die meisten der so behandelten Patientinnen hätten vor der WHI meist tagelange beschwerliche und kostenreiche Reisen in die nächstgelegene Großstadt auf sich nehmen müssen, nach indischem Brauchtum unter der Begleitung mehrerer Familienmitglieder, um dort medizinische Versorgung zu erhalten. Die Kostenersparnis für die betroffenen Familien ist zwar nur schwer in Zahlen zu erfassen, sicher ist jedoch, dass die Maßnahme bei sehr vielen Betroffenen eine derartige schonende Behandlung erst ermöglicht und dadurch einen nachhaltigen Beitrag im Kampf gegen die Armut geleistet hat.

Die verwendete minimal-invasive Methode mit Hilfe von endoskopischem Instrumentarium stellte darüber hinaus sicher, dass sich die Behandlungsdauer und damit auch die Kosten, verursacht durch Verdienstausfall, Medikamente und Verbandsmaterial, in definierten Grenzen hielten. Dies alles war Grund genug für KARL STORZ, auch ohne öffentliche Förderung dieses Projekt weiterhin intensiv zu unterstützen, auch wenn dies insbesondere aus finanziellen Überlegungen eine beachtliche Herausforderung darstellt. Für die Zukunft wird eine Unterstützung nach vorliegenden Erkenntnissen allerdings nur gemeinsam mit einem Partner, der sich an den erheblichen Kosten beteiligt, möglich sein.

Das Ziel ist momentan, hinreichend Daten zu sammeln und auszuwerten, um das Projekt gegen Ende 2009 in allen Auswirkungen zu evaluieren und in einem entsprechenden Rahmen der Öffentlichkeit vorzustellen. Es erscheint allen Beteiligten wichtig, die weitreichenden und nachhaltigen Auswirkungen einer komplexen Maßnahme einem breitem Publikum zugänglich zu machen. Die gelernten Lektionen verdienen in weiteren Projekten verbessert zur Anwendung gebracht zu werden.

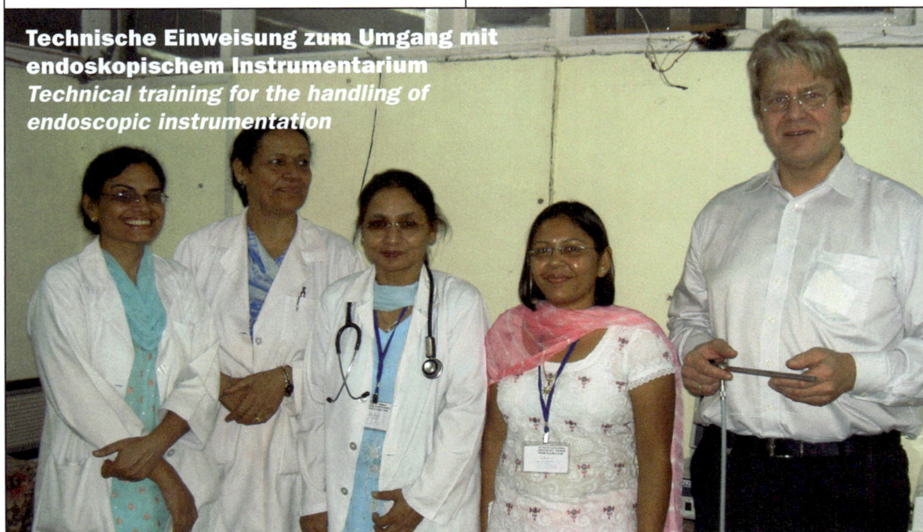

Technische Einweisung zum Umgang mit endoskopischem Instrumentarium
Technical training for the handling of endoscopic instrumentation

STORZ
KARL STORZ — ENDOSKOPE

Women's Health Initiative – Continuous success beyond the end of the project

Three years ago in the Global Compact Yearbook, we reported on the Women's Health Initiative (WHI) and referred to its far-reaching positive effects on the Indian health service. The aim of the measure, put in place in cooperation with the United Nations University and the Society for Technical Cooperation (GTZ), was to improve healthcare for women and girls in India. Modern endoscopic methods for diagnosis and treatment were the focus.

By Peter Laser

Originally only construed to last 18 months, GTZ and KARL STORZ decided to extend the project until June 2007, to be able prolong the study of its entirely positive effects. Even today, more than one year after the official end of the project, the facilities created are still being used for the intensive training of Indian doctors from rural regions. Some of the training centres created, which train interested candidates in the use of endoscopic methods for diagnosis and therapy, are chronically overbooked and recurrently have long waiting lists.

Many hundreds of doctors have already been trained successfully, and the majority of them have begun to treat patients in remote areas utilizing the skills they have learned. The available data details several thousand cases of treatment; each of these reflects one destiny. Before the WHI, most of the patients treated would have had to undertake difficult and expensive journeys, usually lasting days, to the nearest big city, accompanied by several family members as is the Indian custom, to receive medical care. It is difficult to say how much money the affected family saves, but what is certain is that the measure has made this kind of mild treatment possible for a great number of those affected, and thus has made a lasting contribution to the fight against poverty.

The use of minimally invasive methods and endoscopic instrumentation also ensured that the length of treatment, and thus also the cost of treatment as caused by loss of earnings, medicines and bandaging material, was kept to a defined level. All of this was reason enough for KARL STORZ to continue to support this project intensively, even without public funding and even though it poses a considerable financial challenge. In the future however, it has become evident that it will only be possible to support the project by working together with a partner who can cover part of the considerable costs.

Momentarily, the aim is to collect and analyse enough data to evaluate the project and all its effects by the end of 2009, and to present it to the public in an appropriate framework. It seems important to all involved to make the far-reaching and lasting effects of a complex method accessible to a broad audience. The lessons learned deserve to be put to better use in further projects.

THE LINDE GROUP

Corporate Responsibility in Südafrika – mehr als eine Selbstverpflichtung

Unternehmen können in den meisten Ländern ihrer gesellschaftlichen Verantwortung gerecht werden, ohne dass sie per Gesetz zu Corporate Responsibility (CR) verpflichtet werden. Anders in Südafrika.

VON DIETLIND FREIBERG

Wer hier mit öffentlichen Institutionen oder Behörden ins Geschäft kommen will, muss strenge Anforderungen an verantwortungsbewusste Unternehmensführung erfüllen, die vom sogenannten King Committee on Corporate Governance definiert wurden. 1994 erschien der erste Bericht dieser Kommission; eine revidierte Neuauflage folgte 2002, allgemein „King II" genannt. King II fordert, kurz zusammengefasst, alle in Südafrika tätigen Unternehmen auf, soziale Aktivitäten zu unterstützen, für die der Regierung die Mittel fehlen. Für viele große Investoren und Institutionen gilt King II als beste Zusammenstellung unternehmerischer Leitlinien, nach denen sich börsennotierte Firmen in sogenannten Entwicklungsländern richten sollten.

Als eines der großen Unternehmen in Südafrika war die Linde-Tochtergesellschaft Afrox auch im Hinblick auf soziale Verantwortung ihrer Zeit voraus: „Es freut uns, dass wir unserer Umgebung einiges zurückgeben und in die gute Nachbarschaft investieren konnten, längst bevor wir dazu verpflichtet wurden", erinnert sich Tjaart Kruger, Managing Director bei Afrox. Schon 1995 gründete Afrox das Community Involvement Programme (CIP), das den Beschäftigten Gelegenheit gibt, soziale Projekte örtlicher Institutionen zu unterstützen. Tjaart Kruger: „Vor einigen Jahren hob ein Report der Vereinten Nationen unser Programm als vorbildliches Beispiel für von Unternehmensangehörigen getragene soziale Entwicklungsprojekte hervor."

In jüngster Zeit bemüht sich Südafrika verstärkt darum, die gleichberechtigte Beteiligung der farbigen Bevölkerung am Wirtschaftsleben durchzusetzen: Im Rahmen des so genannten Broad-Based Black Economic Empowerment (B-BBEE) Act wird anhand einer Wertungsliste analysiert, inwieweit das jeweilige Unternehmen zur Stärkung der traditionell Benachteiligten beiträgt.

Afrox nimmt diese gesetzlichen Vorgaben sehr ernst und prüft zurzeit, wie farbige Anspruchsgruppen des Unternehmens am besten gefördert werden können.

Einige Corporate Involvement Programme (CIP) von Afrox im Überblick:

- Die Paarl-Niederlassung in der westlichen Kap-Provinz unterstützt eine Vorschule in einer benachteiligten Wohngegend. Das Schulgebäude wurde bei einem Sturm schwer beschädigt.
- Beschäftigte der Niederlassung in Kapstadt halfen älteren Schülern dabei, den Führerschein zu machen, damit sie eine Chance auf einen Teilzeitjob als Auslieferungsfahrer haben.
- Das Dikatole Kinderbetreuungszentrum wird seit 1995 von Afrox unterstützt – im vergangenen Jahr durch den Bau einer Nachmittags-Einrichtung, in der die Kinder nach der Schule betreut und gefördert werden.
- Vor dem Hintergrund der wenig verlässlichen Stromversorgung liefern viele regionale CIP-Komitees den besonders Bedürftigen monatlich Propangas und stellen Gaskocher zur Verfügung.
- Die Belegschaft in Springbok, einer klei-

Mitarbeiter in einem Gasfüllwerk
Employee at a gas filling station

nen, abgelegenen Stadt in Northern Cape, unterstützt die Erstklässler der Matjieskloof Primary School.

- Beim jährlichen Bumbanani Day (Zulu für „gemeinsam aufbauen“) bieten die Mitarbeiter von Afrox mehr als 8.000 Kindern aus benachteiligten Gemeinden einen besonders spannenden Tag mit Spaß und Spiel.

THE LINDE GROUP

Corporate Responsibility in South Africa – More Than a Voluntary Commitment

In most countries, companies have no formal obligation to take over Corporate Responsibility (CR). Not so in South Africa.

By Dietlind Freiberg

There, companies wishing to do business with any government enterprise or organ of state are required to comply with good governance guidelines set down by the King Committee on Corporate Governance. The first report from the committee was issued in 1994, with a revised version in 2002 that is known as "King II".

In short, King II calls on businesses operating in South Africa to help fund initiatives for a spectrum of societal needs that the government simply does not have the resources to support. Major investors and institutions recognise King II as containing the best governance principles of listed companies in emerging economies.

As a major player in South Africa, the Linde's Afrox subsidiary was ahead of its time with regard to corporate responsibility. "I am pleased to say that before it became obligatory and statutory, Afrox had long been a company committed to giving back and investing into the communities in which it does business," explains Afrox Managing Director Tjaart Kruger. To create opportunities for employees wishing to enter into supportive relationships with community institutions, Afrox launched its Community Involvement Programme (CIP) in 1995. "A few years ago the United Nations compiled a report in which the Afrox CIP was promoted globally as a firstrate example of an employee-driven, sustainable social-development programme," notes Kruger.

Recent legislation in South Africa focuses on addressing the inequalities of the past by promoting the equitable participation of black people in the mainstream economy through the Broad-Based Black Economic Empowerment (B-BBEE) Act. As part of the B-BBEE, a scorecard was designed to measure companies' contribution to the empowerment of this historically disadvantaged group.

Afrox is taking the new legislation seriously: at the moment, company leaders are looking at ways to help black stakeholders to develop their skills.

Some Corporate Involvement Programmes (CIP) at a glance:

- *The Paarl branch in the Western Cape Province supports a nursery school in an underprivileged area. The school building was severely damaged in a bad storm.*
- *Employees at the Cape Town branch helped a number of older students acquire their driver's licenses. With this qualification the students can get part-time jobs doing deliveries.*
- *Afrox has supported the Dikatole Child Care Centre since 1995. Last year Afrox financed the construction of an after-school facility where school children can receive tutoring.*
- *Due to ongoing problems with electricity supply, many local CIP committees have supplied the poor with gas cookers and deliver propane gas (LPG) on a monthly basis.*
- *Staff based in Springbok, a little town in a remote area in Northern Cape, looks after first grade children at the Matjieskloof Primary School.*
- *On the annual Bumbanani (Zulu for "let's build together") Day, Afrox employees celebrate a special fun-filled day involving more than 8,000 children from disadvantaged backgrounds.*

TIMA Global Compact Cluster – Win-Win für alle

2008 ist auch dem überzeugtesten Verfechter traditioneller Business-Strategien schmerzhaft klar geworden, dass die Welt sich in einem fundamentalen Veränderungsprozess befindet, einem Paradigmenwechsel, der durch die Potentiale der Neuen Märkte (Emerging Markets) vorangetrieben wird. Zwei Milliarden neue Konsumenten und solche Unternehmen, die sich bereits erfolgreich neu aufgestellt haben, gestalten und prägen zunehmend diese Märkte mit ihren Nachfragemustern und Erwartungen.

VON DR. MARTINA TIMMERMANN UND DR. ACHIM GEORG DEJA

Die grundlegende Machtverschiebung zwischen internationalen Wirtschaftskräften und -räumen verlangt nach einer globalen Prosperitätsteilung, die auf global verbindlichen ethischen Maßstäben, Vertrauen und Transparenz beruhen muss, um weltweit wirtschaftliche Stabilität und Nachhaltigkeit für Unternehmen jedweder Größe zu ermöglichen.

Viele Konzerne haben schon früh erkannt, dass es sich hier um einen unumkehrbaren Zukunftstrend handelt, und sind deshalb dem Global Compact beigetreten. Inzwischen erkennen aber auch immer mehr mittelständische Firmen die dringende Notwendigkeit, strukturelle Neuausrichtungen vorzunehmen. Eine zentrale Herausforderung ist für sie dabei die Umstellung von Produkten auf die Übernahme einer deutlich übergreifenderen Prozessverantwortung mit Cluster Partnern.

Ein wichtiges Beispiel ist in diesem Zusammenhang die Gesundheitswirtschaft, die entscheidend durch die Entwicklung der biomedizinischen Therapie verändert wird. Gerade die Biomedizin hängt elementar von Forschung, Technologieentwicklung und Ethik ab und verlangt deshalb in besonderer Weise nach Transparenz, Vertrauen und Compliance in Kooperationsprojekten auf globaler Ebene.

Aus diesem Grunde trat beispielsweise auch die Geister Medizintechnik unter Führung von TIMA dem Global Compact 2008 bei und hat sich so einen global gültigen ethischen Bezugsrahmen für ihre Unternehmensaktivitäten gegeben.

Solch ein Bezugsrahmen ist für Konzerne wie Mittelständler gleichermassen essentiell, denn durch die Selbstverpflichtung zu den zehn GC Prinzipien und die Transparenz und Messbarkeit der täglichen lokalen Kommunikation wird der

Vertrauensgewinn zwischen den Mitarbeitern und Partnern auch auf die Kunden, deren Stakeholder und Konsumenten übertragen.

Indem die Mitarbeiter diese Werte leben und damit subsidiär die ethische Verantwortung in den Prozessen übernehmen, werden Personen und Werte zum Treiber notwendiger rechtzeitiger Anpassungen an Herausforderungen, zum Risiko-Messer mit höchster Sensibilität für Fehlentwicklungen und zum Motor überdurchschnittlicher Business Performance. Durch diese Investition in die Mitarbeiter wird auch kontinuierliche Outperformance im Bereich der Finanzwirtschaft garantiert. All dies gilt es mit dem Mittel der Compliance zu organisieren, aber auch zu evaluieren und zu zertifizieren.

Die TIMA hat sich deshalb 2008 auf der Grundlage seines geschützten TIMA GC Cluster Modells zur Prosperitätsteilung mit dem TÜV Rheinland verbunden. Während die TIMA als Dienstleister für erfolgreiches Firmen-Remodeling, internationale Clusterbildung und Risikovermeidung in der Globalisierung die Strukturveränderungen der jeweiligen Unternehmen organisiert, managt und dokumentiert und so ihre gesellschaftliche Akzeptanz sicherstellt, übernimmt der TÜV Rheinland mit seinem speziell entworfenen STAR Programm die Evaluierung und Zertifizierung. Auf diese Weise wird die Messbarkeit der jeweiligen Unternehmensschritte und -ergebnisse gewährleistet und die Transparenz erhöht. Letztendlich stärken die TIMA und der TÜV Rheinland mit und durch ihre gemeinsamen Aktivitäten auch die Vertrauenswürdigkeit des UN Global Compacts: Denn die verstärkte Transparenz in den eigenen und Kundenprojekten und in allen Schritten auf dem Weg zur Realisierung der 10 Prinzipien stellt sicher, dass Selbstverpflichtungen nicht nur Absichtserklärungen bleiben – eine Win-Win-Situation für alle.

TIMA Global Compact Cluster – Win-Win for all

In 2008, even the most convinced defenders of traditional business strategies had to realize, painfully, that the world is experiencing a fundamental process of change; a paradigm shift that is driven particularly by the potential of emerging markets. Two billion new consumers and such enterprises that have positioned themselves already successfully shape and coin such markets through their patterns of demand and expectations.

BY DR. MARTINA TIMMERMANN AND DR. ACHIM GEORG DEJA

The fundamental shift of power between international economic powers and regions requires a global prosperity sharing that will ultimately need to rest on universal binding ethical guidelines, trust and transparency in order to worldwide ensure economic stability and sustainability for enterprises of all sizes.

Many multinational corporations recognized early on that this trend will be irreversible, and therefore joined the Global Compact. Subsequently, however, more and more small and medium-sized enterprises (SMEs) have also come to recognize the urgent need to adopt new structural positioning approaches. A key challenge for such enterprises is to move from focusing merely on products, to a more comprehensive process responsibility together with their cluster partners.

An important example is the health business sector which is being decisively altered by the developments in biomedical therapies. Biomedicine is particularly dependent on research, technology development and ethics, and therefore demands a special degree of transparency, trust and compliance in joint projects on a global scale.

It is for this reason that GEISTER Medizintechnik, for example, joined the UN Global Compact with TIMA support in 2008. By doing so, it has given itself a globally valid ethical reference framework for its business activities.

Such a framework of reference is equally essential for MNCs as SMEs: when any enterprise voluntarily commits itself to the ten GC Principles, increases transparency and accountability in its communications, enhanced trust among employees and partners is also extended to clients, external stakeholders and consumers. Further, when employees live up to these values in practice and thus take over ethical responsibility in the second degree of the process, persons and values turn to drivers for necessary in-time adjustments to challenges, to risk-measurers with top sensibility for misguided developments and to motors of outstanding business performance. Through this investment in human capital continuous outperformance in economic finance will be guaranteed. All this is to be organized, compliance evaluated and certified by an independent source.

For this reason, in 2008 TIMA entered into a cluster cooperation arrangement with TÜV Rheinland, based on its protected TIMA GC Cluster Model for Prosperity Sharing. As the service provider for a successful company re-modeling, international clustering and risk avoidance in globalisation processes, TIMA manages and documents company restructuring, thereby ensuring social acceptance. TÜV Rheinland with its especially developed STAR Programme handles evaluation and certification. This way, the documentation of each entrepreneurial step and result will be ensured, and transparency increased.

In conclusion, TIMA International and TÜV Rheinland in and through their joint activities will also strengthen the UN Global Compact credibility: by increasing transparency in their own and their clients' projects, and in all steps towards realising the Ten Principles, voluntary commitments are guaranteed to be realised in practice, rather than remain declaration of intent – a win-win situation for all.

Gesellschaftliches Engagement gehört für den deutschen Mittelstand traditionell zum unternehmerischen Ethos, dem in vielerlei Hinsicht nachgegangen wird. Zumeist ist es die lokale Verwurzelung, die die Übernahme von Verantwortung im kommunalen Umfeld traditionell begründet.

TÜVRheinland®
Precisely Right.

CSR im Mittelstand

Von Carmen Giese und Aiko Bode

Soziale Themen und Menschenrechte, denen die ersten sechs Prinzipien des UN Global Compact gelten, stellen auch die Ursprünge von philanthropischem und ökonomischem Handeln der Wirtschaft in Deutschland dar. Diese Erkenntnis wird durch die Studie „Corporate Social Responsibility (CSR) bei kleinen und mittelständischen Unternehmen in Berlin" von TÜV Rheinland und der Medienagentur Outermedia belegt. Die Studie wurde im Auftrag der Berliner Senatsverwaltung für Wirtschaft, Technologie und Frauen sowie der für Integration, Arbeit und Soziales durchgeführt und aus EU- sowie Mitteln des Landes Berlin finanziert.

Als ein wesentliches Ergebnis der Studie kann festgehalten werden, dass trotz der vielfältigen unternehmerischen Aktivitäten der KMU, das Potenzial zur Übernahme gesellschaftlicher Verantwortung bei weitem noch nicht ausgeschöpft wird. Zwar hat sich nahezu jedes der befragten Unternehmen auf die eine oder andere Weise engagiert, indes zeigen die Ergebnisse auch, dass ein Handlungsbedarf zur Professionalisierung des unternehmerischen Engagements im Sinne der Etablierung einer CSR-Strategie besteht.

In kleinen und mittelständischen Unternehmen ist das Konzept von „CSR", das heißt, das Anbinden des freiwilligen Engagements an eine geschäftsbezogene unternehmerische Strategie, oft gänzlich unbekannt. Auch entspricht es nicht der Philosophie der Unternehmen, hierüber öffentlich zu berichten oder sich vom Wettbewerb abheben zu wollen.

Im Zuge eines zweijährigen Pilotprojekts zu CSR in Berliner KMU soll nun genauer untersucht werden, inwiefern eine Professionalisierung des Engagements möglich und erfolgsfördernd ist. Zehn ausgewählte Unternehmen werden dabei beraten und qualifiziert, um systematisch eine CSR-Strategie für ihr Unternehmen zu entwickeln und erfolgreich umzusetzen.

Kernstück des Projektes von TÜV Rheinland und Outermedia ist die kontinuierliche Beratung der teilnehmenden Unternehmen über den Zeitraum von zwei Jahren, um somit Prozesse gesellschaftlicher Verantwortung nicht nur anzustoßen, sondern auch bei der Umsetzung zu begleiten.

Ergänzt und unterstützt werden diese Beratungsprozesse durch eine E-Learning-Plattform zum Aufbau und zur Vertiefung des Wissens zur CSR sowie durch die Veranstaltung von regelmäßigen Workshops von interessierten Unternehmen und Beraterinnen und Beratern. Diese Workshops dienen zum Erfahrungsaustausch und dem Aufbau eines Netzwerks.

Die Motivation und die Erwartungen der zehn beteiligten Unternehmen, sich im Rahmen des Projekts mit CSR auseinanderzusetzen, liegen vor allem im Wunsch einer Professionalisierung, strategischen Ausrichtung und Verankerung ihres gesellschaftlichen Engagements begründet. Die Integration von CSR in alle Unternehmensabläufe und die Entwicklung von CSR-Themenfeldern als Querschnittsthema in Unternehmen stellte eine weitere Hinführung von KMU zu gesellschaftlichen Handlungsmaximen dar, die sich auch im UN Global Compact widerspiegeln. Dieser Umstand war und ist vielen Unternehmen zu Beginn des Projektes unbekannt. Die veränderte Rolle als gesellschaftlicher Akteur wird erst im weiteren Prozess zunehmend deutlich.

Im Projekt entwickelte Werkzeuge wie Checklisten, eine CSR-Balanced Scorecard sowie ein praxisnahes Handbuch sichern den Transfer der Ergebnisse über die Projektlaufzeit hinaus, um auch andere kleine und mittlere Unternehmen für das Thema zu sensibilisieren und zu ermuntern, eigene CSR-Strategien zu entwickeln.

Für weitere Informationen: www.tuev-csr.de

ESF

CSR in SMEs

Societal and social engagement traditionally belongs to the German "Mittelstand" as an entrepreneurial ethical behaviour which is adhered to in many ways. Usually, local roots determine the way how societal responsibility is taken up and locally implemented by a company.

By Carmen Giese and Aiko Bode

Social topics as well as human rights issues, which are represented by the first six principles of the UN Global Compact, form the basis of all philanthropic and environmentally motivated actions by businesses in Germany. This has been underlined by the findings of the study "Corporate Social Responsibility within Small and Medium-sized Enterprises (SME) in Berlin" which was carried-out by TÜV Rheinland and the media agency Outermedia.

The study has been undertaken upon request of the Senate administration of Berlin, Department for Economics, Technology and Women as well as the Department for Integration, Labour and Social Issues. It was sponsored by the State of Berlin and the EU.

In summary, the study found that entrepreneurial social responsibility engagement by Berlin SMEs do not fully use their potentials. Of course, nearly all companies which were interviewed showed some CSR activities without calling them a CSR activity and thus left room for improvement regarding professionalism and incorporation into internal company strategies. In most small and medium sized companies, the concept of "CSR", namely the link of voluntary action with a business strategy has been entirely unknown and seemed to be an alien concept. It is often regarded unusual and seems not to match the business philosophy to publicly report or highlight which projects have been supported.

Within the framework of the pilot project on CSR within SMEs in Berlin a new stage in the study shall analyse in which way a more professional approach to CSR in SMEs is possible and how it could help enhancing their economic success. Ten selected SMEs from Berlin are actively coached, consulted and qualified to develop a stringent and systematic CSR strategy and to implement it throughout the organisation.

At the core of the project TÜV Rheinland and outermedia GmbH continuously assist and advise the ten selected companies over a period of two full years. This means that processes and activities concerning social responsibility are not only initiated but also followed through.

In addition, an e-learning platform will be established and support the consulting and consultation processes by which knowledge on how to setup a CSR strategy will be made available to the partners and to broaden and deepen the overall understanding on CSR. This is underpinned through workshops and experience exchanges, in order to develop and establish a CSR network among interested companies and advisors.

The main motivation and expectation regarding the outcome of the project by the ten participating companies is a higher degree of professionalism regarding the handling of CSR topics and the wish for a more strategic and goal-oriented approach regarding the CSR activities. The integration of CSR into all company processes and core business activities as a cross-cutting issue is another way of guiding SMEs to address general principles such as those of the UN Global Compact in a pragmatic and applicable way. This aspect has been unknown to most participants in the beginning of the project and became clearer over time. In fact the roles of societal actors have changed.

During the course of the project new tools like checklists or sustainable balanced scorecards were developed allowing for a know-how transfer beyond the project phase. Thus SMEs have become aware of the latest CSR developments and encouraged to develop own CSR strategies, adapted to their particular needs and possibilities.

For more details: www.tuev-csr.de

Volkswagen Brasilien – engagiert für Bildung und Gesundheit

Praktizierte Menschenrechtspolitik im Sinne der Ziele des Global Compact schützt und fördert das Individuum und ist damit ein wirkungsvoller Beitrag zur sozialen und wirtschaftlichen Entwicklung eines Landes. Der Volkswagen-Konzern unterstützt am Standort Brasilien die Rechte der Bevölkerung auf gesundheitliche Versorgung und Schulbildung.

Von Dr. Gerhard Prätorius und Susanne Moll

Die Geschichte von Volkswagen in Südamerika begann am 23. März 1953 mit der Gründung der Volkswagen do Brasil GmbH in einer kleinen Lagerhalle in einem historischen Stadtviertel von São Paulo.

Von Beginn an war es dem Konzern ein Anliegen, seine Sozialstandards auch an den Standorten in Brasilien durchzusetzen. Daher war es naheliegend, sich mit der seit Ende der 80er Jahre immer stärker hervortretenden Aids-Problematik auseinanderzusetzen und für die Mitarbeiter ein Programm konkreter Hilfe und Prävention zu initiieren. Darüber hinaus galt das Engagement auch außerhalb der Werkstore der gesellschaftlichen Entwicklung an den Standorten. Mittels einer Stiftung, die bis heute die soziale Verpflichtung von Volkswagen Brasilien gegenüber Land und Leuten wahrnimmt, wird ein gezielter Beitrag zur Bildung und Kultur geleistet.

Volkswagen Aids Care Programm

„Aids ist die größte Gesundheitsbedrohung seit der Pest". Diese Einschätzung des einstigen UN-Generalsekretärs Kofi Annan hätte treffender kaum sein können, sind weltweit doch schon fast 40 Millionen Menschen infiziert.

Als Mitglied der „Global Business Coalition on HIV/Aids" und der Globalen Gesundheitsinitiative (GHI) des Weltwirtschaftsforums gehört der Volkswagen Konzern einer internationalen Allianz gegen die Krankheit an. Vor allem an den Standorten in Südafrika und Brasilien hat die AIDS Bekämpfung hohe Priorität.

Der erste Fall von AIDS unter VW-Mitarbeitern in Brasilien wurde im Jahr 1986 bekannt. Mit der rasanten Verbreitung der Krankheit in den 90er Jahren erhöhten sich die Ausfallzeiten unter den Mitarbeitern und das Unternehmen verlor erfahrene Arbeitskräfte.

Volkswagen Brasilien rief aufgrund dieser erschreckenden Entwicklung 1994 sein Aids Care Programm ins Leben, um seine Mitarbeiter und die lokale Bevölkerung an den Standorten vor Aids zu schützen.

Der Kampf gegen die Immunschwächekrankheit findet bei Volkswagen auf drei Ebenen statt: zum einen durch Aufklärungs- und Präventionskampagnen, zum anderen durch ambulante medizinische Betreuung und häusliche Pflege der Infizierten und Erkrankten und nicht zuletzt durch die Bewahrung der Arbeitsplätze der Betroffenen, die auch nach längeren krankheitsbedingten Fehlzeiten ihre Arbeit wieder aufnehmen können. Nach ihrer Rückkehr müssen diese Mitarbeiter nicht mit Diskriminierung rechnen, denn Diskretion hat beim Team des Aids Care Programmes oberste Priorität.

Die Fundacão Volkswagen

Die Fundação Volkswagen wurde 1979 mit der Mission gegründet, Projekte zu entwickeln, die dem Wohl der Bevölkerung in der Umgebung der Volkswagen Standorte dienen. Mit diesen sozialen Initiativen wendet sich die Stiftung heute insbesondere Kindern und Jugendlichen zu. Aus Respekt vor den Grundrechten eines jeden Bürgers auf Bildung und Kultur, engagiert

Volkswagen Brazil – Committed to Education and Healthcare

Practiced human-rights policies in the context of the objectives set out by the Global Compact help to protect and promote the individual and are thus an effective contribution to a country's social and economic development. At its sites in Brazil, the Volkswagen Group actively supports people's rights to healthcare and school education.

By Dr. Gerhard Praetorius and Susanne Moll

The story of Volkswagen in South America began on the 23rd of March 1953 when Volkswagen do Brasil GmbH was founded in a small warehouse in an historic district of São Paulo.

Right from the outset, the Group strived to have its social standards

man sich in enger Zusammenarbeit mit Bildungseinrichtungen, Forschungsinstituten und lokalen Stadtverwaltungen für die Verbesserung der Qualität der Bildung an staatlichen Schulen.

Hintergrund dieses Einsatzes: noch im Jahr 2002 konnten 59 Prozent der Schüler der 4. Klassen kaum lesen und schreiben. Derzeit profitieren Schulen in insgesamt 139 Gemeinden in den Bundesstaaten São Paulo und Rio de Janeiro von den Programmen zur Weiterbildung von Lehrkräften, zur Förderung der Lesekultur und zur Integration sozial benachteiligter Schüler.

VOLKSWAGEN

AKTIENGESELLSCHAFT

Konadopted at its Brazilian sites. So when the AIDS epidemic began to emerge as a growing concern in the late 1980s, it stood to reason that the Group would take an active interest in the problem, initiating a programme of concrete support and disease prevention for its workforce. Beyond that, the commitment of Volkswagen was not confined to within the plant gates, but was extended as a contribution towards the development of the greater community around the sites as well. A foundation was set up which, to this day, helps Volkswagen Brazil to meet its social obligation towards the country and its people through targeted contributions in the areas of cultural and school education.

The Volkswagen AIDS Care Programme

"HIV AIDS presents the biggest health threat since the Plague." Former UN Secretary General Kofi Annan could not have described the situation more aptly, given that close to 40 million people around the world are now infected.

As a member of the "Global Business Coalition on HIV/AIDS" and the World Economic Forum's Global Health Initiative (GHI), the Volkswagen Group is part of an international alliance determined to fight the disease. It is most particularly at its sites in South Africa and Brazil that this battle against HIV and AIDS has been allocated a high degree of priority.

The first case of AIDS among VW employees in Brazil became known in 1986. As the disease rapidly spread in the 90s, the amount of lost working time it caused among the workforce rose and the company lost experienced manpower.

In light of this alarming development, Volkswagen Brazil launched its AIDS Care Programme in 1994 to protect its employees and the local communities at the sites from the immune-deficiency syndrome.

At Volkswagen, the battle against the disease is being fought on three fronts: at one level through education and prevention campaigns, at another through in-house medical services and home nursing care for people infected or ill with the disease, and at a third level through keeping the jobs of those absent from work, even for longer periods, due to the disease open for them to return to. Once they do return to the job, these employees need not fear any form of discrimination, since discretion has top priority for the team involved in the AIDS Care Programme.

The Fundacão Volkswagen

The Fundação Volkswagen was set up in 1979 with the mission of developing projects for the benefit of the people in the communities surrounding the Volkswagen sites. These days, the main focus of its social initiatives is directed at children and adolescents. In recognition of the basic right of every citizen to cultural education and schooling, the work of this foundation (in close collaboration with education facilities, research institutes and local municipal authorities) is aimed at improving the quality of education at public schools.

This commitment evolved before the background that, even in the year 2002, 59 percent of all 4th-grade school children could hardly read and write. Schools in a total of 139 communities in the states of São Paulo and Rio de Janeiro are currently profiting from programmes to provide advanced training for teaching staff, to promote the culture of reading and to integrate socially disadvantaged pupils.

High-Level Millennium Development Goals Event, September 2008

DER GLOBAL COMPACT IM JAHR 2008

Von Georg Kell

Betrachtet man das oftmals turbulente globale Geschehen im Jahr 2008 durch den Rückspiegel, kann man wohl getrost von einem Jahr tiefgreifender Veränderungen, scharfer Brüche und notwendiger Neubeginne sprechen. Auf die Nahrungsmittelpreiskrise der ersten Jahreshälfte folgte die schon lange schwelende Finanzkrise des zweiten Halbjahres. Das Gespenst der Rezession zieht seine weltweiten Kreise, und folgt man den jüngsten Forschungsergebnissen, schreitet auch der Klimawandel bedrohlich schneller voran, als noch vor kurzer Zeit angenommen. Wenn man diesen Entwicklungen eine erste Erkenntnis abgewinnen kann, dann vielleicht jene, dass Unternehmen künftig stärker als je zuvor daran gemessen werden, wie sie langfristige Nachhaltigkeit und Gewinnstreben glaubhaft und wertschöpfend miteinander zu verbinden vermögen. Keine Frage, das Vertrauen in eine faire Globalisierung und die Fähigkeit freier Märkte, sich selbst zu regulieren – schon immer von einigen Seiten mit Skepsis betrachtet – hat erheblichen Schaden erlitten, wenngleich keinen irreparablen.

Wer den Blickwinkel auf die Entwicklung des Global Compact im Jahr 2008 reduziert, kann vielleicht sogar vorsichtig optimistisch sein. Glaubt man den nackten Zahlen, so ist das Bewusstsein um die Notwendigkeit umwelt- und sozialverträglichen Wirtschaftens doch zumindest ein weltweites. Auch in diesem Jahr ist die Initiative unvermindert gewachsen. Von Januar bis Ende November 2008 sind dem Global Compact weitere 1.380 Firmen beigetreten, eine bislang nicht erreichte Wachstumsrate. Insgesamt gehören der Initiative nun knapp 4.900 Unternehmen in 132 Nationen an. Rechnet man die zahlreichen Teilnehmer aus Zivilgesellschaft und öffentlichem Sektor, die Verbände, Arbeitnehmerorganisationen, Stiftungen und Hochschulen hinzu, steigert sich die Zahl auf knapp 6.400.

Dieser erfreuliche globale Trend war auch in Deutschland zu beobachten, wo sich im gleichen Zeitraum 25 Unternehmen zu den zehn Prinzipien des Global Compact bekannt haben, immerhin ein Zuwachs von fast 25 Prozent. Trotzdem: Hier ist nach oben noch viel Platz.

COP Qualität soll verbessert werden

Natürlich ist Wachstum nur eine Seite der Medaille, im Kern geht es nach wie vor um die tatsächliche Veränderung unternehmerischen Handelns. Der Global Compact hat daher stets die Qualität des Engagements in den Vordergrund gestellt. Wer der Initiative beitritt, muss bereit zum Wandel sein und sich dem – bisweilen kritischen – Dialog mit anderen stellen.

Die vor 2005 eingeführte und nun jährlich eingeforderte Berichterstattung, ‚Communication on Progress (COP),“ hat sich in diesem Zusammenhang zu einem zentralen Instrument entwickelt, um Transparenz zu erhöhen und den beteiligten Firmen die Messung – und Verbesserung – der eigenen Leistung zu erleichtern. Dass es in der Umsetzung der freiwilligen Selbstverpflichtung noch einige Lücken zu schließen gibt, steht außer Zweifel und zeigt sich in den oft großen Unterschieden in der Qualität der vorgelegten Berichte.

Gleichzeitig hat der Global Compact – allen Unkenrufen zum Trotz – wiederholt Zähne gezeigt, vor allem in der Reaktion auf mangelnde Kommunikationsbereitschaft teilnehmender Unternehmen. Bis Mitte Juni wurden insgesamt 630 Firmen aufgrund wiederholt nicht vorgelegter Jahresberichte aus dem Global Compact entfernt. Das war ein notwendiger und wenig kontroverser Schritt, der gerade von den zahlreichen ernsthaft engagierten Firmen sehr begrüßt wurde. Eine überarbeitete Fassung der COP-Regeln wurde im Oktober 2008 erstmals vorgestellt, sie ist das Ergebnis eines gemeinsamen Projekts des Global-Compact-Büros und KPMG. Sie verfolgt das Ziel, den COP-Prozess klarer zu strukturieren. Mit der Einführung ist Anfang 2009 zu rechnen.

Lokale Netzwerke etablieren sich

Das Wachstum des Global Compact ist vor allem dort spürbar, wo lokale Netzwerke die Arbeit der Initiative vor Ort fortführen. Neue Netzwerke sind in diesem Jahr in Namibia, Russland, Israel und in den Golfstaaten entstanden, mit weiteren in Planung. Insgesamt ist der Global Compact nun in knapp 80 Nationen durch lokale Strukturen unterschiedlicher Form repräsentiert.

Deutlich wurde die Bedeutung der Netzwerke auf dem sechsten Annual Local Network Forum, das am 21. und 22. Oktober in Bonn mit großzügiger Unterstützung der Deutschen Post AG – als Gastgeberin – sowie der Gesellschaft für technische Zusammenarbeit (GTZ) stattfand. Mit knapp 220 Teilnehmern aus 70 Netzwerken war es das bislang größte Treffen seiner Art – eine willkommene Gelegenheit zum Austausch, und nach Ansicht aller Beteiligten eine Veranstaltung von hohem praktischem Nutzen. Das Forum bot den Netzwerkvertretern eine Reihe von Informationsveranstaltungen zu zentralen Themen, darunter Klimawandel, Menschenrechte, Korruptionsbekämpfung oder Managementausbildung. Im Mittelpunkt stand jedoch – wie auch schon in den Jahren zuvor – die Frage, wie die Rolle der Netzwerke in der globalen Struktur des Global Compact besser ausgestaltet werden kann. So wurde im Plenum beschlossen, die Netzwerke künftig jährlich neu zu „legitimieren“, vorausgesetzt, dass sie bestimmte Mindestkriterien der Selbstverwaltung erfüllen. Eine neue Arbeitsgruppe der Netzwerke wird diese Mindestkriterien ausarbeiten und im kommenden Jahr vorstellen.

Um die thematische Arbeit voranzutreiben und Implementierungsdefizite auszugleichen, werden sich darüber hinaus neue netzwerkübergreifende Arbeitsgruppen zum COP, zur Integration von Kleinstfirmen (micro enterprises) und zur Rolle der Zivilgesellschaft in der Netzwerkarbeit formieren. Im Ganzen hat das Bonner Forum erheblich zur Motivation und besseren Verzahnung der lokalen und regionalen Vertreter beigetragen, bisweilen machte das Wort vom „Geist von Bonn“ die Runde. Wir haben guten Grund zur

First UN Private Sector Forum

Im September organisierte der Global Compact auf Anregung des Generalsekretärs Ban Ki-moon aus Anlass der jährlichen Generalversammlung ein Forum zur Nahrungsmittelpreiskrise und ihren Auswirkungen auf die Millenniums-Entwicklungsziele der Vereinten Nationen. Etwa 50 Vorstandsvorsitzende aus aller Welt, zahlreiche Leiter involvierter VN-Organisationen und die Präsidenten Ruandas und der Dominikanischen Republik folgten der Einladung. Gastredner waren der ehemalige US-Präsident Bill Clinton, Weltbankpräsident Robert Zoellick sowie der Aktivist und Musiker Bob Geldof, die jeweils eindrucksvolle Appelle an die anwesenden Wirtschaftsvertreter richteten, ihren Beitrag zur Lösung der Krise zu leisten. Das beachtliche Ergebnis der Veranstaltung: mehr als 20 konkrete Projektzusagen von Firmen aus aller Welt und das gemeinsame Bewusstsein, dass die Arbeit von Regierungen, internationalen Organisationen und Privatwirtschaft in Zukunft noch besser verzahnt werden muss, um Nahrungsmittelknappheit und Hunger wirksam zu bekämpfen.

To accompany the annual General Assembly meeting in September, the Global Compact, at the suggestion of Secretary General Ban Ki-moon, organised a forum on the food price crisis and its effects on the United Nations Millennium Development Goals. Around 50 CEOs from throughout the world, numerous heads of involved UN organisations, and the presidents of Rwanda and the Dominican Republic accepted the invitation. Guest speakers were the former US President Bill Clinton, World Bank President Robert Zoellick and activist and musician Bob Geldof, each of whom made impressive calls on the attending business representatives to contribute to solving the crisis. The impressive result of the event: More than 20 concrete project commitments from companies throughout the world and a shared understanding that the work of governments, international organisations and private business must be integrated even more in future in order to combat food shortages and hunger.

The Global Compact in 2008

By Georg Kell

When we look through the rear-view mirror at the often turbulent global events in 2008, we can say with great confidence that it was a year of profound changes, sharp breaks with the past and necessary new beginnings. The food price crisis of the first half of the year was followed by the long-smouldering financial crisis in the second. The ghost of recession is making its rounds throughout the world and, according to the latest research results, the threat from climate change is also progressing faster than was anticipated a short time ago. What we can perhaps learn initially from these developments is that, in future, companies will be measured more strongly than in the past on how well they are able to combine long-term sustainability and the profit motive in a credible and value-creating way. No question about it: the trust in a fair globalisation and the ability of free markets to regulate themselves – which has always been viewed with scepticism by some – has suffered considerable, though not irreparable damage.

If we reduce our perspective to the Global Compact in 2008, we can perhaps even be cautiously optimistic. If we believe the raw numbers, at least the understanding of the need for environmentally and socially responsible business is shared worldwide. This year, too, the Initiative's growth continues unabated. From January to the end of November 2008, an additional 1,380 companies joined, a growth rate we had never achieved before. In all, almost 4,900 companies in 132 nations are in the Initiative. If we add the numerous participants from civil society and the public sector, associations, employee organisations, foundations and universities, the number rises to almost 6,400.

Caring for Climate

Caring for Climate, die Klima-Aktionsplattform des Global Compact, hat in diesem Jahr erhebliche Fortschritte gemacht und konnte im November die „Schallmauer" von 300 Unterzeichnern durchbrechen. Die große Zahl von beteiligten Firmen aus allen Industriezweigen ist ein erfreuliches Indiz für das gestiegene – und bisweilen existenzielle – Interesse der Wirtschaft an der Entwicklung effektiver Lösungen zur Bewältigung des Klimawandels. Ein großer Teil dieser Unternehmen traf am 20. und 21. Oktober in Genf im Rahmen einer Unterzeichnerkonferenz erstmals zusammen, zum Austausch über praktische Ansätze und Innovationen, aber auch zur Diskussion eines gemeinsamen Beitrags der Wirtschaft zu den entscheidenden und wegweisenden politischen Verhandlungen des kommenden Jahres. Vor diesem Hintergrund wird Caring for Climate eine zentrale Rolle als Bindeglied zwischen Wirtschaft und Politik in der Entwicklung und Ausgestaltung eines wirksamen post-Kyoto-Szenarios spielen. Eine neue Serie von Studien zu unterschiedlichen wirtschaftlichen und politischen Aspekten des Klimawandels, darunter eine Untersuchung der bisherigen Klimapraxis in Unterzeichnerfirmen, wurde in Genf erstmals vorgestellt und wird im kommenden Jahr veröffentlicht.

Caring for Climate, the climate action platform of the Global Compact, made considerable progress this year and broke through the barrier of 300 signatories in November. The large number of participating companies from all branches of industry is an encouraging indication for the increased – and sometimes existential – interest of business in developing effective solutions to deal with climate change. Many of these companies met for the first time at a signatories' conference on 20 and 21 October in Geneva to discuss practical approaches and innovations, but also to discuss a shared contribution of business to the decisive and groundbreaking political negotiations of the coming year. In this context, Caring for Climate will play a central role as a link between business and politics in developing and designing an effective post-Kyoto scenario. A new series of studies on various economic and political aspects of climate change, including an investigation of the existing climate practice in signatory firms, was presented in Geneva for the first time and will be published in the coming year.

Hoffnung, dass die Netzwerke mehr denn je zu einer tragenden Säule der Initiative werden.

Finanzierung gesichert

Die Sicherung der finanziellen Stabilität des Global Compact ist ein jährlich wiederkehrender Tagesordnungspunkt. Eine engagierte Runde von Gebernationen trägt den Löwenanteil der Kosten des New Yorker Büros mit seinen rund 25 festen und freien Mitarbeitern. Die im Jahr 2006 ins Leben gerufene Foundation for the Global Compact hat ihrerseits einen sinnvollen und willkommenen Beitrag geleistet. Die durch die Stiftung gesammelten Mittel haben die Arbeit des New Yorker Büros an entscheidenden Stellen unterstützt – viele unserer Veranstaltungen und Publikationen, aber auch die stetige Weiterentwicklung unserer technischen Infrastruktur wären ohne die zahlreichen größeren und kleineren Spenden aus aller Welt nicht denkbar gewesen.

Unter den Gebernationen hat Deutschland eine führende Rolle übernommen, um die Arbeit der Initiative auch langfristig auf ein besseres Fundament zu stellen. Das in diesem Fall federführende Bundesministerium für Wirtschaftliche Zusammenarbeit (BMZ) hat einer Verdopplung des deutschen Beitrags, verteilt auf zwei Jahre, zugestimmt und damit neue Maßstäbe gesetzt. Es wäre wünschenswert, dass andere Nationen dem deutschen Beispiel folgen. In diesem Zusammenhang ist dem BMZ und auch dem Auswärtigen Amt ein besonderer Dank für die kontinuierliche und konstruktive Unterstützung der Initiative geschuldet.

Die weltweiten Entwicklungen dieses Jahres, allen voran die eingangs erwähnte Finanzkrise und ihre Folgen, haben wiederholt die Frage nach den Auswirkungen für den Global Compact und die künftige Bedeutung unternehmerischer Verantwortung aufgeworfen. Wir haben darauf im Oktober mit einem Positionspapier geantwortet, das auf der Website der Initiative veröffentlicht wurde.

Es ist klar, dass das Versagen oder Fehlen effektiver Kontrollinstrumente und Transparenzmechanismen, gekoppelt mit einer fast obsessiven Fokussierung auf kurzfristige Gewinnmaximierung, in erheblichem Maß zur Destabilisierung der Kapitalmärkte beigetragen hat und letztlich zu einer weitreichenden Vertrauenskrise führte, die nach dem Finanzsektor auch andere Wirtschaftszweige erfasst hat. Für global agierende Unternehmen gleich welcher Branche ergibt sich daraus die Notwendigkeit, dieses Vertrauen wieder aufzubauen, vor allem durch ein klares strategisches Bekenntnis zur Nachhaltigkeit auf der Grundlage universeller Werte, wie sie der Global Compact propagiert. Während die Verantwortung für die Einführung und Durchsetzung effektiver Regulierung natürlich bei den Regierungen liegt, bietet der Global Compact als freiwillige Initiative mehr denn je einen Raum für Innovation und Wertschöpfung jenseits gesetzlich vorgeschriebener Mindeststandards. Geht man davon aus, dass langfristige Nachhaltigkeitsstrategien künftig noch stärker als Differenzierungsmerkmal verstanden werden,

This encouraging global trend was also observed in Germany, where in this same period 25 companies committed themselves to the ten Principles of the Global Compact, an increase of almost 25 percent. Still: There is plenty of room for more.

COP quality should be improved

Of course, growth is only one side of the coin; fundamentally, the goal is to change business behaviour in reality. The Global Compact has therefore always placed the quality of commitment at the forefront. Those who enter the Initiative must be ready for change and submit to dialogue – which is sometimes critical – with others.

The "Communication on Progress (COP)" reports, introduced in 2005 and now required annually, have developed into a central instrument to increase transparency and facilitate measurement – and improvement – of performance for the companies involved. There is no doubt that some gaps remain in implementing the voluntary commitment, which is shown by the often large differences in the quality of the reports submitted.

At the same time, despite all the prophecies of doom, the Global Compact has repeatedly shown its teeth, especially in reaction to participating companies' failure to communicate. By mid-June, a total of 630 companies were removed from the Global Compact due to repeated failure to submit annual reports. That was a necessary and fairly uncontroversial step, which was strongly welcomed by the many seriously committed companies. A revised edition of the COP rules was submitted for the first time in October 2008, the result of a joint project of the Global Compact Office and KPMG. It pursues the goal of structuring the COP process more clearly. Its introduction is expected at the start of 2009.

Local networks established

The growth of the Global Compact is especially noticeable where local networks carry on the Initiative's work in their countries. New networks were created this year in Namibia, Russia, Israel and the Golf states, with additional ones planned. The Global Compact is now represented through various types of local structures in almost 80 nations.

The importance of the networks was made clear at the sixth Annual Local Network Forum, which was held on 21 and 22 October in Bonn with generous support of Deutsche Post AG as host and of the Gesellschaft für Technische Zusammenarbeit (GTZ), Germany's technical cooperation organisation. With almost 220 participants from 70 networks, it was the largest meeting of its type so far – a welcome opportunity for discussion and, in the view of all participants, an event of high practical benefit. The Forum offered the network representatives a series of informative events on central issues, including climate change, human rights, anti-corruption and management education. But as in previous years, the focus was on how to better design the networks' role in the Global Compact's overall structure. And so the plenary session decided to "legitimise" the networks annually in future if they meet certain minimum self-governing criteria. A new network workgroup will work out these minimum criteria and present them in the coming year.

In addition, to move the thematic work forward and overcome deficits in implementation, new cross-network workgroups will be formed on COPs, the integration of micro-enterprises and the role of civil society in

CEO Water Mandate

41 Vorstandsvorsitzende verschiedenster Branchen haben sich seit 2007 zum CEO Water Mandate (CEOWM) des Global Compact bekannt und damit ihre Unterstützung für nachhaltiges Wassermanagement signalisiert. Im Oktober 2008, als erstes Ergebnis von zwei CEOWM-Arbeitssitzungen in New York und Stockholm, verabschiedeten die Teilnehmer ein umfangreiches Regelwerk (Transparency Framework), um privatwirtschaftliche Wassernutzung transparenter zu gestalten und nachhaltiges Ressourcenmanagement zu fördern. Der Plan sieht vor, dass Unterzeichner des CEO Water Mandate jährlich in einer speziellen Communication on Progress (COP-Water) auf die Wassernutzung in ihrem Einflussbereich eingehen. Die dritte Arbeitssitzung des CEO Water Mandate wird aus Anlass des World Water Forums im März 2009 in Istanbul stattfinden.

Forty-one CEOs from various industries have committed to the Global Compact's CEO Water Mandate (CEOWM) since 2007 and so have signalled their support for sustainable water management. In October 2008, as the first result of two CEOWM work sessions in New York and Stockholm, participants passed a comprehensive set of rules (Transparency Framework) to make private-sector water use more transparent and promote sustainable resource management. The plan intends that signatories of the CEO Water Mandate will annually discuss water use in their sphere of influence in a special Communication on Progress (COP-Water). The third work session of the CEO Water Mandate will take place in March 2009 at the World Water Forum in Istanbul.

UN Generalsekretär Ban Ki-moon beim Start des russischen Global Compact Netzwerkes |
UN Secretary General Ban Ki-moon at the launch of the Russian Global Compact Network

können Unternehmen mit einem ernsthaften Bekenntnis zum Global Compact und seinen Prinzipien positive Akzente setzen und Wettbewerbsvorteile erringen.

Spreu vom Weizen trennen

Wie sich bereits erkennen lässt, hat die Krise in vielen Unternehmen auch zu einer Neubewertung der eigenen Nachhaltigkeitsansätze geführt. Man kann in diesem Zusammenhang vielleicht von einem „Reinigungseffekt" sprechen. Während rein philanthropisches Engagement erwartungsgemäß vielerorts bereits ersten Sparmaßnahmen zum Opfer gefallen ist, werden auch jene Ansätze, die unternehmerische Nachhaltigkeit als rein taktische, reaktive (Kommunikations-)Aufgabe betrachten, einer genaueren Überprüfung nicht standhalten. Die Frage, ob sich Unternehmen Corporate Responsibility in Zukunft „noch leisten können", erübrigt sich hingegen überall dort, wo Nachhaltigkeitsmanagement tatsächlich als strategische Priorität betrachtet wird. Denn ungeachtet der weltweiten wirtschaftlichen Entwicklung werden zentrale Herausforderungen wie Klimawandel oder Menschenrechte, und damit die Notwendigkeit effektiver unternehmerischer Strategien, nicht von der Bildfläche verschwinden, sondern eher an Relevanz gewinnen.

Zuletzt sei daran erinnert, dass jede Krise unweigerlich auch eine Bedrohung für das System der freien Märkte und des freien Handels bedeutet. Populistische Rufe nach protektionistischen Maßnahmen und Abschottung von Märkten werden lauter. Nachhaltige Entwicklung und wirksame Armutsbekämpfung können aber nur in einem Klima integrierter globaler Märkte funktionieren, frei von Handelshemmnissen und auf der Grundlage multilateraler Regelwerke. Es sollte daher im langfristigen Interesse aller Unternehmen liegen, diesen Bestrebungen entgegenzuwirken, auch durch glaubwürdiges und proaktives Herangehen an soziale und ökologische Herausforderungen.

Im Ganzen endet dieses Jahr für den Global Compact mit einer positiven Note. Am 10. Dezember erinnerten Veranstaltungen in aller Welt an den 60. Jahrestag der Verabschiedung der Universellen Erklärung der Menschenrechte durch die Generalversammlung der Vereinten Nationen. Als zentrales Dokument universeller Werte, aus dem auch die Prinzipien des Global Compact schöpfen, hat die Erklärung bis heute nicht an Gehalt verloren. Da sie sich explizit nicht nur an Regierungen, sondern an alle gesellschaftlichen Akteure richtet, erschien es sinnvoll, mit Unterstützung vieler Firmen im Global Compact eine gemeinsames Bekenntnis zu den Idealen und Zielen der Erklärung zu veröffentlichen. In allen Ausgaben der Financial Times vom 10. Dezember erschien daher eine ganzseitige Anzeige, unterzeichnet von den Vorstandsvorsitzenden von mehr als 250 Firmen, darunter auch eine stattliche Anzahl deutscher Firmen. Im Ganzen schloss mit dieser

the work of the network. Overall, the Bonn Forum contributed considerably to the motivation and improved integration of the local and regional representatives; meanwhile, talk of the "spirit of Bonn" has begun making the rounds. We have good reason to hope that the networks will become, more than ever, a pillar of the Initiative.

Financing secured

Securing the financial stability of the Global Compact is an annually recurring agenda item. A committed round of donor nations bears the lion's share of the New York Office's costs with its approximately 25 permanent and freelance employees. The Foundation for the Global Compact, established in 2006, has for its part made a sensible and welcome contribution. The funds collected by the foundation have supported the work of the New York Office at decisive points – many of our events and publications, as well as the constant development of our technical infrastructure, would have been unthinkable without the numerous large and small donations from throughout the world.

Among the donor nations, Germany has taken a leading role in putting the Initiative's work on a better long-term foundation. The German Federal Ministry for Economic Cooperation and Development (BMZ), which has the lead role here, has agreed to double the German contribution, divided over two years, thus setting new standards. We hope that other nations will follow the German example. In this connection, special thanks are owed the BMZ and also the German Foreign Office for their continuous and constructive support of the Initiative.

This year's global developments, especially the above-mentioned financial crisis and its consequences, have repeatedly raised the question of the impact on the Global Compact and the future importance of corporate responsibility. We responded to this in October with a position paper, which was published on the Initiative's website.

It is clear that the lack or failure of effective control instruments and transparency mechanisms, coupled with an almost obsessive focus on short-term profit maximisation, has contributed significantly to destabilising the capital markets and ultimately to a far-reaching crisis of confidence, which has spread to other industries beyond the financial sector. For globally active companies, regardless of industry, the result is a need to rebuild this trust, especially through a clear strategic commitment to sustainability, based on universal values as proclaimed in the Global Compact. While the responsibility for introducing and implementing effective regulation lies, of course, with governments, the Global Compact as a voluntary initiative more than ever offers space for innovation and value creation beyond legally mandated minimum standards. If we assume that long-run sustainability strategies will be seen as differentiating characteristics even more in future, companies with a serious commitment to the Global Compact and its Principles will set positive priorities and gain competitive advantages.

Separating the wheat from the chaff

As can already be seen, the crisis has also led many companies to

Principles for Responsible Management Education

Die Principles for Responsible Management Education (PRME) wurden 2007 geschaffen, um das Thema Corporate Responsibility schon in der Ausbildung des Management-Nachwuchses zu verankern, und zwar als zentralen Bestandteil des Hochschulcurriculums wie auch der akademischen Forschung. Was mit einer Kerngruppe von acht Organisationen begann, fand sehr schnell den Zuspruch und die Unterstützung von Managementschulen in aller Welt. Knapp 180 Hochschulen und sonstige akademische Einrichtungen haben sich zu den PRME bekannt. Erste, vielversprechende Ansätze zur Umsetzung der Prinzipien liegen vor und wurden auf dem ersten Global Forum for Responsible Management Education, das am 4.-5. Dezember in New York stattfand, vorgestellt. Das Forum selbst war das erste seiner Art und brachte weit über 200 hochrangige Hochschulvertreter zu den Vereinten Nationen nach New York.

The Principles for Responsible Management Education (PRME) were created in 2007 to anchor the subject of corporate responsibility in the education of future managers as a central part of university curricula and academic research. What began with a core group of eight organisations very quickly found the approval and support of management schools throughout the world. Almost 180 universities and other academic institutions have committed to the PRME. Initial, very promising approaches for implementing the Principles already exist and were presented at the first Global Forum for Responsible Management Education, held in New York on 4 - 5 December. The Forum itself was the first of its kind and brought well over 200 high-ranking university representatives to the United Nations in New York.

Aktion ein sehr erfolgreiches Jahr, in der die unternehmerische Verantwortung für die Wahrung der Menschenrechte Gegenstand vieler globaler und lokaler Aktivitäten im Rahmen des Global Compact war. Die thematische Arbeit des deutschen GC-Netzwerks unter Führung der GTZ ist hier besonders hervorzuheben.

Der Blick nach vorn

Das Jahr 2009 wirft seine Schatten voraus. Am 30. Januar nähert sich der 10. Jahrestag der Rede Kofi Annans vor dem Weltwirtschaftsforum in Davos, in der der damalige Generalsekretär dazu aufforderte, in Zusammenarbeit mit den Vereinten Nationen einen „globalen Pakt gemeinsamer Werte und Prinzipien zu initiieren, der den globalen Märkten ein menschliches Antlitz verleiht." An diese Initialzündung der Initiative wird natürlich zum gegebenen Zeitpunkt erinnert werden, aber bereits jetzt laufen die ersten Vorbesprechungen zum eigentlichen Höhepunkt: dem zehnten Gründungsjubiläum des Global Compact am 26. Juli 2010. Da 2010 auch das Jahr des dritten Global Compact Leaders Summit sein wird, werden wir den runden Geburtstag der Initiative angemessen würdigen.

Auf der inhaltlichen Seite, wird der Klimawandel auch im kommenden Jahr für die Vereinten Nationen eine zentrale Rolle spielen, nicht erst im Dezember 2009, wenn die Weltklimakonferenz in Kopenhagen über die Zukunft des Kyoto-Protokolls beraten wird. Schon jetzt hat der Global Compact mit Caring for Climate eine Plattform geschaffen, die sicherstellen soll, dass die Wirtschaft einen konstruktiven Beitrag zu diesen Beratungen leistet. In Zusammenarbeit mit verschiedenen Partnern plant der Global Compact einen Weltwirtschaftsgipfel zum Klimawandel, der vom 24. bis 26.Mai 2009 ebenfalls in Kopenhagen stattfinden wird. Dieser Gipfel zielt darauf ab, konkrete Empfehlungen des Privatsektors zu artikulieren, die in die zwischenstaatlichen Verhandlungen der Weltklimakonferenz wenige Monate später einfließen. Deutsche Firmen engagieren sich bereits heute mit großem Engagement in Caring for Climate, aber es wäre zu wünschen, dass die Zahl der Unternehmen, die sich zu dieser einzigartigen Plattform bekennen, noch steigt. Die deutsche Wirtschaft kann unter Verweis auf bereits getätigte Investitionen und zahlreiche Innovationen einen wichtigen Beitrag zu den politischen Verhandlungen leisten.

Georg Kell ist Executive Director des UN Global Compact Office.

Principles for Responsible Investment (PRI)

Auch die im Jahr 2006 gestartete PRI (Principles for Responsible Investment)-Initiative hat ihre Aktivitäten in diesem Jahr erheblich erweitert. Mit knapp vierhundert beteiligten Investoren und Kapitalverwaltern und einem Marktwert von über 15 Billionen US-Dollar hat PRI in nur zweieinhalb Jahren einen erheblichen Anteil der globalen Investorengemeinschaft für die Idee nachhaltigen Investitionsmanagements mobilisieren können – mit beachtlichen Resultaten: Schon im Januar 2008 hat sich eine Investorengruppe erstmals gezielt an Firmen im Global Compact gewandt, die auf der Global Compact Website als „nicht-kommunizierend" oder „inaktiv" identifiziert worden waren. Eine Reihe dieser Firmen hat sich dem Dialog mit PRI gestellt und Besserung gelobt. Diese Entwicklung hat gezeigt, dass der PRI-Ansatz des konstruktiven Dialogs (anstelle der Desinvestition) tatsächlich Früchte trägt und zu Verbesserungen führen kann. Im November dann folgte die bis dato wohl spektakulärste Aktion: Die Vorstandsvorsitzenden von 9.000 börsennotierten Firmen in aller Welt wurden in einem gemeinsamen Schreiben von 52 PRI-Unterzeichnern aufgefordert, sich zur unternehmerischen Nachhaltigkeit zu bekennen und dem Global Compact beizutreten. Vor dem Hintergrund der globalen Wirtschaftskrise und dem gestiegenen Interesse am Sozial- und Umweltverhalten von Unternehmen ist anzunehmen, dass diese Aktion zu einem erneuten Anstieg der Teilnehmerzahlen führen wird. Die ersten, durchaus positiven Reaktionen lassen darauf schließen.

The PRI (Principles for Responsible Investment) initiative, launched in 2006, also expanded its activities considerably this year. With almost 400 participating investors and asset managers and a market value of over 15 trillion US dollars, the PRI in only two-and-a-half years has been able to mobilise a significant part of the global investor community for the idea of sustainable investment management – with significant results: In January 2008, an investor group for the first time targeted companies in the Global Compact that were identified on the Global Compact website as "not communicating" or "inactive". Many of these companies have taken up dialogue with the PRI and promised improvement. This development has shown that the PRI approach of constructive dialogue (instead of disinvestment) can actually bear fruit and lead to improvements. This was followed in November by probably the most spectacular action up to now: In a joint letter by 52 PRI signatories, the CEOs of 9,000 listed companies throughout the world were called on to commit to corporate sustainability and join the Global Compact. Against the backdrop of the global economic crisis and the increased interest in companies' social and environmental behaviour, we can assume that this action will lead to a new increase in participant numbers. The first, very positive reactions point to this.

re-evaluate their own sustainability approaches. In this context, we can perhaps talk about a "cleansing effect". While purely philanthropic commitments have, as expected, already fallen victim to the first savings measures in many places, those approaches that regard company sustainability as a purely tactical, reactive (communication) task cannot withstand closer examination. In contrast, the question whether companies can "still afford" corporate responsibility in future becomes moot when sustainability management is considered a strategic priority. For worldwide economic developments notwithstanding, central challenges such as climate change or human rights, and with them the need for effective company strategies, will not disappear from the screen but rather gain in significance.

Finally, we should remember that every crisis inevitably means a threat to the system of free markets and free trade as well. Populist calls for protectionist measures and isolation of markets become louder. But sustainable development and an effective fight against poverty can only work in a climate of integrated global markets, free of trade barriers and based on multilateral rules. It should therefore be in the long-term interest of all companies to counter these efforts, also through credible and proactive approaches to meet social and ecological challenges.

Overall, this year is ending on a positive note for the Global Compact. On 10 December, events throughout the world commemorated the 60th anniversary of the United Nations General Assembly's adoption of the Universal Declaration of Human Rights. The Declaration has lost none of its relevance as a central document of universal values, from which the Principles of the Global Compact also draw. Since it explicitly addresses not just governments but all social actors, it seemed to make sense to publish, with the support of many Global Compact companies, a joint commitment to the ideals and goals of the Declaration. And so a full-page advertisement appeared on 10 December in all editions of the Financial Times, signed by the CEOs of more than 250 companies, including a good number of German companies. This action finished up a year that was very successful overall, in which companies' responsibility for upholding human rights was the subject of many global and local activities under the Global Compact. The thematic work of the German GC network, under the leadership of the GTZ, should be especially emphasised here.

Georg Kell, September 2008

A look forward

The year 2009 is throwing its shadow forward. On 30 January, we will be nearing the 10th anniversary of Kofi Annan's speech at the World Economic Forum in Davos, in which the then Secretary General called on business leaders, in cooperation with the United Nations, to "initiate a global compact of shared values and principles, which will give a human face to the global market". We will, of course, remember this initial spark of the Initiative, but the first advance discussions about the actual highpoint are already underway: the tenth anniversary of the founding of the Global Compact, which will take place on 26 July 2010. Since 2010 will also be the year of the third Global Compact Leaders Summit, we will appropriately celebrate this important birthday of the Initiative.

On the content side, climate change will also play a central role for the United Nations in the coming year, and not just in December 2009, when the World Climate Conference in Copenhagen will discuss the future of the Kyoto Protocol. Even now, with Caring for Climate, the Global Compact has created a platform to ensure that business makes a constructive contribution to these discussions. In cooperation with various partners, the Global Compact is planning a World Economic Summit on climate change, which will take place from 24 to 26 May 2009, also in Copenhagen. The goal of this summit is to articulate concrete recommendations of the private sector for inclusion in the intergovernmental negotiations of the World Climate Conference a few months later. Even today, German companies are showing great commitment in Caring for Climate, but we hope that the number of companies committing to this unique platform will still rise. By pointing out the investments they have already made and their numerous innovations, German companies can provide an important contribution to the political negotiations.

Georg Kell is Executive Director, UN Global Compact Office.

Netzwerk-Strukturen deutlich ausgebaut

Von Constanze Helmchen

„Wir brauchen mutige Unternehmen, die sich auf neue Wege, Geschäftsmodelle und Märkte einlassen. Unternehmen, die langfristige Visionen entwickeln und die auch den Mut haben, eigene Defizite beim Namen zu nennen!" Mit diesem Aufruf begrüßte die Parlamentarische Staatssekretärin Karin Kortmann Delegierte aus 70 nationalen Netzwerken des UN-Global Compact in Bonn Mitte Oktober. Als gastgebendes Netzwerk konnte das Deutsche Global Compact Netzwerk (DGCN) den Erfolg dieser bislang größten Zusammenkunft der Netzwerke unterstützen – und die eigenen Fragen in die internationale Diskussion einbringen.

Getragen durch die großzügige Unterstützung des BMZ und der Deutschen Post World Net ermöglichte das „Global Compact VI. Annual Local Network Forum (ALNF)" den länderübergreifenden, inhaltlichen Erfahrungsaustausch. Wie werden privatwirtschaftliche Beiträge zu wichtigen Entwicklungsthemen mobilisiert? Wie kann ein nationales Netzwerk als Multi-Stakeholderforum gestaltet werden? Welche Rolle spielen Beiträge der Zivilgesellschaft? Welche Anreize können Staaten über Gesetzgebung und Regulierung hinaus setzen?

Auch im Deutschen Global Compact Netzwerk stand die Intensivierung der inhaltlichen Arbeit in 2008 im Vordergrund. Erstmals fokussierte sich die Arbeit auf zwei Schwerpunktthemen, „Wirtschaft und Menschenrechte" und „nachhaltiger Konsum". Relevante Fragen und Beiträge bestimmten nicht nur die bekannten regelmäßigen DGCN-Arbeitstreffen; sie brachten auch neue Arbeitsformate hervor. Eine vierteilige Vortragsreihe, im Stil abendlicher Kamingespräche, beleuchtete Gedanken zur Unternehmensverantwortung für Menschenrechte jenseits direkter Implementierungsfragen. Ein dreitägiges Unternehmenscoaching mit international renommiertem Trainer ermöglichte vertrauliche Kleingruppenarbeit zu Dilemmata in der Wirtschaftspraxis. Im Frühjahr 2009 erscheint „Partnerships for Sustainable Consumption", eine gemeinsame Publikation des DGCN mit dem Center on Sustainable Consumption and Production (CSCP), die verschiedene Typen von Partnerschaften darstellen, einige Ergebnisse des DGCN-Jahresthemas aufgreifen und zur Nachahmung inspirieren wird.

Strukturell brachte das ALNF einige wichtige Neuerungen: Die Anzahl und die Bedeutung nationaler Netzwerke nehmen weltweit kontinuierlich zu. Um diese Dezentralisierung der Global Compact-Aktivitäten in inzwischen fast 80 Netzwerke steuern zu können, wird die Arbeit vor Ort auf der Basis eines jährlich zu erneuernden „Memorandum of Understanding" mit dem Global Compact Office in New York durchgeführt. Dies stärkt auch das ALNF als eine von sechs Säulen der Global Compact Governance-Architektur in seiner Funktion als sprachfähige

Network Structures Significantly Expanded

By Constanze Helmchen

"We need brave companies ready to take on new paths, societal models and markets. Companies that develop long-term visions and also have the courage to identify their own deficits!" With this appeal, Parliamentary State Secretary Karin Kortmann welcomed delegates from 70 national networks of the UN Global Compact to Bonn in mid-October. As host, the German Global Compact Network (DGCN) contributed to the success of the largest meeting of networks in the Global Compact's history – and brought its own questions into the international discussion.

Held with the generous support of the German Federal Ministry for Economic Cooperation and Development (BMZ) and Deutsche Post World Net, the "Global Compact VI. Annual Local Network Forum (ALNF)" made it possible to share content-related experience across countries. How can we mobilise private-sector contributions to important development themes? How can we design a national network as a multi-stakeholder forum? What role do the contributions of civil-society groups play? What incentives can states create through legislation and regulation?

Intensification of content-related work was also at the forefront in the German Global Compact Network in 2008. For the first time, the work focussed on two main topics: 'business and human rights' and 'sustainable consumption'. Relevant questions and contributions did more than shape the familiar, regular DGCN workshop: They created new work formats. A four-part lecture series, in the style of an evening fireside chat, illuminated ideas about companies' responsibilities for human rights that went beyond direct implementation questions. A three-day company coaching session with an internationally renowned trainer enabled small,

Vertretung der lokalen Unternehmensinteressen.

Das DGCN hat sich ebenso weiter gefestigt: Der Lenkungskreis tagt regelmäßig, beschließt das Arbeitsprogramm des DGCN, reflektiert auftretende Schwierigkeiten und erörtert die kontinuierliche Verbesserung der Aktivitäten zum Global Compact in Deutschland. Schon in 2008 beliefen sich Unternehmensbeiträge auf eine umgerechnet insgesamt üppige fünfstellige Summe. Die Ende 2008 gegründete Förderstiftung zur Unterstützung des DGCN bietet zukünftigen finanziellen Beiträgen eine institutionelle Struktur. Inzwischen hat das DGCN auch seine eigene Webseite live geschaltet (www.globalcompact.de), die sich peu á peu zur zentralen Informationsplattform des Netzwerks entwickeln wird.

Die aktuelle Weltfinanzkrise wird einiges in unserem Weltverständnis grundlegend ändern. Differenzierungsmerkmale des Global Compact werden in diesem Zusammenhang weiter bekräftigt: Eine Verankerung ethischer Grundsätze im Geschäftsalltag ist notwendiger denn je, um das Vertrauen in Unternehmen und marktwirtschaftliche Prozesse wieder herzustellen. Um dies kühn zu erkennen und beherzt anzugehen, brauchen Unternehmen vom Global Compact eine solide Struktur und substantielle Inhalte. Trotz verbleibender Fragen gingen die Entwicklungen im Jahr 2008 in Deutschland in die richtige Richtung.

Constanze Helmchen koordiniert als Focal Point das Deutsche Global Compact Netzwerk (DGCN).

informal groups to work on dilemmas in business practice. "Partnerships for Sustainable Consumption", a joint publication by DGCN and the Centre on Sustainable Consumption and Production (CSCP), will appear in the spring of 2009 and introduce various types of partnerships, discuss some results of the DGCN annual theme and inspire emulation.

Structurally, the ALNF brought some significant changes: The number and importance of national networks are growing continuously throughout the world. To manage this decentralisation of Global Compact activities in what is now almost 80 networks, a memorandum of understanding with the Global Compact Office in New York, to be updated annually, will provide the basis for local work. This also strengthens the ALNF, one of six pillars of the Global Compact governance architecture, in its function as a vocal representative of local companies' interests.

The DGCN has likewise strengthened its own foundations: The steering group meets regularly, decides on the DGCN's work program, reflects on difficulties that come up and discusses continuous improvement of Global Compact activities in Germany. In 2008, total company contributions reached a large five-figure amount. The foundation to support the DGCN, established at the end of 2008, offers an institutional structure for future financial contributions. The DGCN has meanwhile switched on its own Website (www.globalcompact.de), which is developing step-by-step into the Network's central information platform.

The current world financial crisis will fundamentally change our understanding of the world in many ways. The characteristics that differentiate the Global Compact will be reinforced in this context: Anchoring of ethical principles in everyday business life is needed more than ever to rebuild trust in companies and market economies. To boldly recognise and courageously tackle this, companies need a solid structure and substantial content from the Global Compact. Despite the remaining questions, the developments in Germany in 2008 went in the right direction.

Constanze Helmchen coordinates the German Global Compact Network (DGCN) as focal point.

Der Global Compact in der Praxis – Eine Analyse der COPs

Was hat sich bei deutschen Unternehmen nach ihrem Beitritt zum Global Compact verändert? Dieser Frage geht ein Lehrforschungsprojekt an der TU Darmstadt seit dem Herbst 2007 nach. Die Ergebnisse der Unternehmensfallstudien zeigen, dass die untersuchten deutschen Unternehmen verstärkt Anstrengungen unternehmen, den Global Compact-Prinzipien auch im Unternehmensalltag Geltung zu verleihen.

Von Dr. Lothar Rieth

Wurden im Umweltschutz und bei der Umsetzung von Arbeitsstandards bereits große Fortschritte erzielt, so bestehen in den Bereichen Menschenrechtsschutz und Korruptionsbekämpfung noch gravierende Lücken. Außerdem findet zu selten eine Evaluation der durchgeführten Maßnahmen statt.

Auch wenn mit der Einführung der Fortschrittsmitteilungen im Jahr 2004 gegenüber Kritikern aus der Zivilgesellschaft und den Gewerkschaften ein Entgegenkommen und ansatzweise Verständnis für die vorgebrachte Kritik signalisiert werden sollte, so kann gleichzeitig mit der bloßen Einführung von Fortschrittsmitteilungen („Communication on Progress", COP) nicht direkt auf die Wirksamkeit des Global Compact geschlossen werden. Jedoch wurden mit der Verpflichtung zur Einreichung von COPs erste weiche Sanktionsmittel zur Qualitätssicherung eingeführt. Wenn ein Unternehmen keine Fortschrittmitteilung einreicht, kann etwa schrittweise ein Ausschluss aus dem Global Compact forciert werden.

COP-Projekt an der TU Darmstadt

Als Reaktion auf die Erkenntnis, dass das New Yorker Global Compact Büro aus Kapazitätsgründen nicht in der Lage ist, die eingereichten COPs umfassend zu analysieren, versucht das COP-Projekt an der TU Darmstadt einen Beitrag zur Schließung dieser Lücke zu leisten. Ausgehend vom einst in New York angedachten zentral koordinierten „COP Review Project" wird mit Hilfe eines objektiven Bewertungsmaßstabes untersucht, ob die Unternehmen die vorgegebenen Kriterien für eine COP befolgen: a) Unterstützung der GC-Teilnahme durch den Vorstand, b) Beschreibung praktischer Maßnahmen zur Umsetzung der GC-Prinzipien, und c) Messung der Ergebnisse durchgeführter Maßnahmen. Weiterhin wird u.a. analysiert, ob die Daten einer COP umfassend und aktuell sind und ob diese extern geprüft werden. Erklärtes Ziel des Projekts war und ist es, nicht nur Untersuchungsergebnisse zu generieren, sondern die Ergebnisse den Unternehmen vor Ort zu präsentieren und diese gemeinsam mit ihnen zu diskutieren. In den ersten beiden Projektphasen wurden mit Unterstützung des Deutschen Global Compact Netzwerks im Wintersemester 2007/08 neun und im Sommersemester 2008 acht Unternehmen untersucht.

Ergebnisse des Projekts

(1) Miteinbeziehung des Vorstands

Ein konkretes Bekenntnis des Vorstands, das sich idealerweise auch in entsprechenden Organisationsstrukturen im Unternehmen niederschlägt, deutet im Regelfall auch auf ein höheres Maß an unternehmerischem Nachhaltigkeitsengagement hin. So finden sich bei fast allen Unternehmen Aussagen des Vorstandsvorsitzenden zum Global Compact und zum Nachhaltigkeitsengagement in den COPs. Andererseits ist der Vorstand häufig nicht direkt in die operative Umsetzung mit eingebunden, so dass die Vorstandsunterstützung allzu häufig nicht über Lippenbekenntnisse hinausgeht. Jedoch haben einige Unternehmen hochkarätig besetzte Gremien unter Einbeziehung von Vorstandsmitgliedern geschaffen, die sich regelmäßig treffen und die Nachhaltigkeitsstrategie eines Unternehmen diskutieren. Grundsätzlich ermöglichen – neben dem Bekenntnis des Vorstands zum Global Compact – fest etablierte Organisationsstrukturen den Aufbau und die stringente Umsetzung einer Nachhaltigkeitsstrategie im gesamten Unternehmen.

(2) Was plant ein Unternehmen?

Den Ergebnissen zufolge kommen die Unternehmen ihren Versprechen am ehesten in den Bereichen Umweltschutz (GC Prinzipien 7-9) und Arbeitsstandards (GC-Prinzipien 3-6) nach. Hier bestehen bereits etablierte Managementsysteme, die die Umsetzung der Vorgaben sicherstellen. Zudem werden Themen wie das Verbot der Kinderarbeit oder auch Gewerkschaftsfreiheit aufgrund der korporatistischen Tradition des rheinischen Kapitalismus in Deutschland nicht in Frage gestellt – und oftmals schon gar nicht mehr genannt. Unternehmen sind zudem vermehrt bestrebt, in eigenen Produktionsstätten weltweit GC-Prinzipien in der Unternehmenspraxis Geltung zu verleihen. Wie die konkrete Umsetzung beispielsweise in autokratischen Ländern erfolgt, darüber wird leider in den Nachhaltigkeitsberichten nur sehr spärlich Auskunft erteilt.

In den Bereichen Menschenrechtschutz (GC Prinzipien 1-2) und Anti-Korruption (GC Prinzip 10) haben die Unternehmen hingegen immer noch größere Probleme, die unternehmensspezifischen Herausforderungen zu erkennen, zu thematisieren und diese aktiv zu bearbeiten. Die Bestimmung der eigenen Einflusssphäre ist in vielen Unternehmen nicht abschließend geklärt, die Unterrichtung und Überprüfung der Zulieferer erfolgt zudem auf sehr unterschiedlichem Wege. Das Thema Anti-Korruption wird nur von jenen Unternehmen pro-aktiv bearbeitet und ausführlich dargestellt, die in der Vergangenheit bereits von Korruptionsaffären betroffen waren. Andere Unternehmen, die in der Öffentlichkeit weniger mit dem Thema assoziiert werden, beschreiben vor allem eingeführte Standardmaßnahmen wie Meldestellen oder die Durchführung von internen Compliance-Programmen. Dies erstaunt umso mehr, als nicht wenige Unternehmen in Ländern geschäftstätig sind, die im Korruptionsindex von Transparency International im unteren Drittel zu finden sind.

(3) Ergebnissicherung mit Entwicklungspotential

Auch wenn Berichtsstandards wie die Vorgaben der Global Reporting Initiative (GRI) in den Nachhaltigkeitsberichten an Bedeutung gewonnen haben, so sind die bereitgestellten Informationen basierend auf den übernommenen GRI-Indikatoren oftmals ohne große Aussagekraft. Aufwändig erstellte GRI-Indizes halten bei genauerer Durchsicht nicht, was sie auf den ersten Blick versprechen. In einigen Fällen werden ohne Begründung Kernindikatoren nicht genannt, oder zur Verfügung gestellte Daten entsprechen nicht den Vorgaben.

So erfährt der Leser zum Beispiel über den GRI-Indikator HR2, der nachfragt, ob Zulieferer und Auftragnehmer unter Menschenrechtsgesichtspunkten überprüft wurden, im Regelfall nur sehr wenig. Sensible weitergehende Fragen, ob beispielsweise Lieferantenbeziehungen bei Nicht-Einhaltung der GC-Prinzipien beendet wurden, werden nicht thematisiert. In anderen Fällen werden Projekte beispielsweise im Bereich Arbeitsstandards angekündigt, ohne dass detaillierte Informationen bereitgestellt werden. Hingegen stellen kommentierte Fortschrittsbeschreibungen, die Aufschluss darüber geben, was in der Vergangenheit als Ziel ausgegeben wurde und was bisher erreicht wurde, eine sinnvolle und aufrichtige Ergänzung von Nachhaltigkeitsberichten dar. Dies ist insbesondere dann der Fall, wenn vermeintlich negative Entwicklungen nicht ausgespart werden.

Im Bereich Ergebnissicherung sind insgesamt gute bis sehr gute Ansätze zu erkennen, jedoch konzentriert sich die Berichterstattung meist sehr stark auf die Bereiche Umweltschutz und Arbeitsstandards. Der Grad der Vergleichbarkeit der Berichte nimmt zu, wenn auch die Auswahl von Indikatoren oft willkürlich erscheint. Die Referenz auf branchenbezogene Maßzahlen erleichtert zudem nicht nur den Vergleich zwischen Unternehmen, wie im Fall der Automobilindustrie mit der Maßzahl CO_2-Ausstoß in g/km geschehen, sondern fördert auch in der Öffentlichkeit eine sachliche und faktenbezogene Nachhaltigkeitsdiskussion.

Haben Unternehmen im Global Compact gelernt?

Basierend auf den erarbeiteten Teilergebnissen wurde abschließend eine Gesamtbeurteilung der Unternehmen vorgenommen. In beiden Projektphasen wurde deutlich, dass die untersuchten Unternehmen mehrheitlich anstreben, die Global Compact-Prinzipien in Managementprozesse zu integrieren. Einige wenige Unternehmen versuchen bereits, strategische Vorteile daraus zu ziehen. Interessanterweise ist dies bei Unternehmen mit Endverbraucherkontakt (‚b2c') tatsächlich stärker der Fall als bei ‚business-to-business'-Unternehmen (‚b2b'). Auch wenn nur wenige Unternehmen untersucht wurden, so gibt es dennoch erste belastbare Hinweise (Strukturen, Argumentation etc.) dafür, dass ‚b2c'-Unternehmen in ihrer Entwicklung bei der Berücksichtigung von Global Compact-Prinzipien weiter vorangeschritten sind und stärker den strategischen Nutzen von CSR-Maßnahmen erkennen. Darüber hinaus unterstützen weitere Projektergebnisse auch interne Studien des Global Compact, die einen Zusammenhang zwischen einer höheren Verlässlichkeit bei der Eingabe von COPs in Abhängigkeit von der Dauer der Teilnahme am Global Compact beschreiben. So weisen die Ergebnisse des COP-Projekts darauf hin, dass je länger ein Unternehmen am Global Compact teilnimmt, desto stärker die Anstrengungen sind, Nachhaltigkeitsgedanken in alltägliche Unternehmensentscheidungen mit einfließen zu lassen. Neueinsteiger im Global Compact scheinen zunächst primär damit beschäftigt, Stärken und Schwächen ihres Nachhaltigkeitsengagements zu identifizieren. Die Implementierung von weitergehenden Ansätzen erfolgt zumeist erst im zweiten Schritt.

Quo Vadis Global Compact in Deutschland?

Das deutsche Global Compact-Netzwerk hat sich stetig entwickelt, so ist nicht nur die Teilnehmerzahl kontinuierlich gewachsen (Stand 01.11.2008 = 121 Unternehmen), sondern auch die regelmäßig durchgeführten Netzwerktreffen sind gut besucht und

The Global Compact in Practice – An Analysis of the COPs

What has changed at German companies since they joined the Global Compact? A research project at the Technical University Darmstadt has been studying this question since the autumn of 2007. The results of the company case studies show that the investigated German companies are strengthening their efforts to follow the Global Compact principles in their daily activities.

By Dr. Lothar Rieth

While great progress has already been made in environmental protection and implementation of labour standards, there are still serious gaps in human rights protection and anti-corruption. In addition, evaluations of the implemented measures take place too rarely.

While the introduction of progress reports in 2004 was meant to accommodate critics from civil-society groups and labour unions and signal some understanding for their objections, the mere introduction of "Communications on Progress" (COPs) does not prove the effectiveness of the Global Compact. But with the obligation to submit COPs, the first soft sanctioning tools for quality assurance have been introduced. If a company does not submit progress reports, its step-by-step exclusion from the Global Compact can be enforced.

COP project at TU Darmstadt

Given that the New York Global Compact Office does not have the capacity to analyse the submitted COPs in detail, the COP project at Technical University Darmstadt is helping to close the gap. Based on a centrally coordinated "COP Review Project" originally under consideration in New York, objective standards are applied to evaluate whether companies are following the specified criteria for COPs: a) support of GC participation by top management, b) description of practical measures to implement the GC principles, and c) measurement of the results of the implemented measures. The analysis also examines whether the COP data are complete and current and have been externally checked. The declared goal of the project was, and is, not just to generate investigation results, but also to present and discuss the results with the companies. With the support of the German Global Compact Network, the first two project phases examined nine companies in winter semester 2007/08 and eight in summer semester 2008.

Results of the project

(1) Inclusion of top management
A concrete pledge by top management, ideally reflected in the company's appropriate organisational structures, normally indicates a greater corporate commitment to sustainability. Almost all companies have statements by the CEO on the Global Compact and a commitment to sustainability in their COPs. On the other hand, top management frequently is not directly involved in operational implementation, so its support all too often serves merely as lip service. But some companies have created high-ranking committees, including members of the executive board, that meet regularly and discuss the company's sustainability strategy. Besides top management's professed commitment to the Global Compact, permanent organisation structures make it possible, in principle, to establish and stringently implement a sustainability strategy throughout the entire company.

(2) What is the company planning?
The results show that companies are best keeping their promises in the areas of environmental protection (GC Principles 7-9) and labour standards (GC Principles 3 6). Here, established management systems ensure that standards are implemented. Moreover, issues such as the prohibition of child labour or acceptance of union activities are not questioned due to the corporatist tradition of "Rhine capitalism" in Germany, and so in many cases they are not even mentioned. Companies have also increasingly tried to apply GC Principles in their own production facilities as standard practice. But how implementation looks in autocratic countries, for example, is discussed only sparingly in the sustainability reports.

In contrast, in the areas of human rights protection (GC Principles 1-2) and anti-corruption (GC Principle 10), companies still have major problems recognising, discussing and working on the company-specific challenges. Determination of the company's own sphere of influence has not been definitively clarified in many companies, and instruction and inspection of suppliers are also performed in very different ways. As for the anti-corruption theme, it is proactively addressed and discussed in detail only by those companies that were affected by corruption scandals in the past. Other companies less publicly associated with the issue mainly describe standard measures they have implemented, such as reporting offices or internal compliance programmes. This is especially astounding, since a number of companies are active in countries in the lower

verfügen über eine fest etablierte Struktur, die ausreichend Raum und Zeit für die Bearbeitung von verschiedenen Jahresthemen lässt. Zudem ist die Bilanz bei der Eingabe von COPs durchaus sehenswert. Zum 1.November 2008 hatten knapp 80 Prozent aller deutschen Global Compact-Teilnehmer ihre COPs fristgemäß eingereicht. Nur zwei deutsche Unternehmen werden als inaktiv eingeordnet, d.h. sie werden nicht mehr als aktive Global-Compact-Teilnehmer geführt.

Wenn auch einige Teilaspekte im Nachhaltigkeitsengagement der untersuchten Global Compact-Teilnehmer stark verbesserungswürdig sind, so nehmen diese eine Vorreiterrolle in der deutschen CSR-Bewegung ein. Es handelt sich bei diesen deutschen Global Compact-Teilnehmern um besonders pro-aktive Unternehmen, die nicht mehr in Frage stellen, „ob" CSR von Bedeutung ist, sondern vielmehr diskutieren „wie" es im Unternehmen am besten umgesetzt werden kann.

Im Deutschen Global Compact-Netzwerk sind 70 Prozent der börsennotierten DAX30-Unternehmen vertreten, hingegen stammen nur sechs Unternehmen aus dem MDAX. Dies wirft unweigerlich die Frage auf, ob der Global Compact bisher die beabsichtigte Tiefenwirkung und den gewünschten Durchdringungsgrad bei deutschen Großunternehmen erreicht hat. Es gilt daher vermehrt zu prüfen, ob jene Großunternehmen, die der Global Compact noch nicht zu seinen Teilnehmern zählt, tatsächlich in anderen CSR-Initiativen aktiv sind, oder ob diese Unternehmen mögliche zukünftige Global Compact-Kandidaten darstellen. Hier scheint es ein großes Nachholpotential bei großen und mittelständischen Unternehmen zu geben, die sich bisher im Windschatten der größten Unternehmen hinsichtlich ihres Nachhaltigkeitsengagements zurückgehalten haben.

Lernen und Dialog als unsichtbarer Schlüssel des Erfolgs

Die Analyse der COPs von 17 deutschen Großunternehmen hat gezeigt, dass das Geheimnis seines Erfolgs auch gleichzeitig sein Fluch ist. So war und ist der Global Compact bei vielen Unternehmen wichtiger Impulsgeber und Schrittmacher bei der Etablierung des Nachhaltigkeitsgedankens im Unternehmen. Die Dialoge im Rahmen von Global Compact-Veranstaltungen, die Möglichkeit unter Gleichgesinnten offen und ohne Zwänge, dank „Chatham House Rules", aktuelle Nachhaltigkeitsthemen zu diskutieren, fördern auch gleichzeitig die Umsetzung in Unternehmen, ohne dass dies für den externen Beobachter immer sichtbar wird.

Dr. Lothar Rieth arbeitet am Institut für Politikwissenschaft an der TU Darmstadt.

third of Transparency International's corruption index.

(3) Securing results with development potential
Even though reporting standards, such as those of the Global Reporting Initiative (GRI), have gained importance in sustainability reports, the information provided, which is based on the adopted GRI indicators, often has little meaning. Upon closer examination, complex GRI indices do not do what they seem to promise at first

glance. In some cases, core indicators remain unnamed without justification, or data provided do not meet the specifications.

For example, the reader normally learns very little about the GRI indicator HR2, which asks whether suppliers and contractors have been examined from a human rights perspective. Sensitive questions are not asked, such as whether relationships with suppliers are terminated if they fail to comply with the GC Principles. In other cases, projects are announced in the area of labour standards, for example, without any detailed information. In contrast, useful and honest supplements to sustainability reports are those progress reports with comments that give information on what past goals were and what has been achieved until now. This is especially the case when presumably negative developments are discussed.

With regard to securing of results, good to very good approaches can be seen generally, but reporting usually focuses very strongly on environmental protection and labour standards. The reports are increasingly comparable, even though selection of leading indicators often appears arbitrary. In addition, the reference to industry-specific indices not only makes comparisons between companies easier, as is the case for the automobile industry with the index CO2 emissions in g/km, but also promotes an objective and fact-related sustainability discussion in the public realm.

Have companies learned in the Global Compact?

An overall evaluation of the companies was made based on the results developed so far. In both project phases, it became clear that a majority of the examined companies are striving to integrate the Global Compact Principles into their management processes. A few companies are already trying to gain strategic advantages from this. Interestingly, this tendency is in fact stronger among companies with contact to the final consumer ("B2C") than for "business-to-business" companies ("B2B"). Although only a few companies were examined, there are already the first robust indications (structures, argumentation, etc.) that "B2C" companies are further along in their consideration of Global Compact Principles and more strongly recognise the strategic benefits of CSR measures. Furthermore, other project results also support internal Global Compact studies that show a greater reliability in submitting COPs as the duration of participation in the Global Compact increases. The results of the COP project suggest that the longer a company participates in the Global Compact, the greater are its efforts to consider sustainability in its daily business decisions. Newcomers to the Global Compact at first seem mainly occupied with identifying the strengths and weaknesses of their sustainability commitment. More advanced approaches are mostly implemented in the second step.

Quo Vadis Global Compact in Germany?

The German Global Compact Network has developed progressively. Not only has the number of participants grown continuously (121 companies as of 1 November 2008), but the regularly held Network meetings are well attended and have an established structure that allows sufficient time and space to work on various annual themes. Moreover, the track record for submission of COPs is very good. As of 1 November 2008, almost 80 percent of all German Global Compact participants had submitted their COPs on time. Only two German companies are classified as inactive, that is, they are no longer carried on the rolls as active Global Compact participants.

Even if some aspects of the examined Global Compact participants' sustainability commitment need much improvement, these companies are pioneers in the German CSR movement. These German Global Compact participants are particularly proactive companies that no longer question "whether" CSR is important, but "how" it can best be carried out in the company.

The German Global Compact Network includes 70 percent of the listed DAX30 companies, but only six companies from the German medium-sized company index MDAX. This raises the question whether the Global Compact has achieved the intended depth and desired penetration among large German companies. Accordingly, more research is needed to determine whether those large companies that do not yet participate in the Global Compact are actually active in other CSR initiatives, or whether these companies represent possible future Global Compact candidates. Here there seems to be great catch-up potential among large as well as small and medium-sized companies, which have stayed in the shadows of the largest companies regarding their sustainability commitment.

Learning and dialogue, invisible keys to success

The analysis of the COPs of 17 large German companies has shown that the secret of success is at the same time a curse. For many companies, the Global Compact has been an important impulse and pacemaker in establishing the sustainability idea in the company. At the same time, the dialogues connected with the Global Compact events, the possibility to discuss current sustainability issues among like-minded people openly and without constraint – thanks to the "Chatham House Rules" – promote implementation in companies without always making this visible to the external observer.

Dr. Lothar Rieth works at the Institut für Politikwissenschaft (Institute for Political Science) at TU Darmstadt.

DAS DEUTSCHE GLOBAL COMPACT NETZWERK I THE GERMAN GLOBAL COMPACT NETWORK

I. Unternehmen I Companies

4Flow
A.C.A. Riegelsberger
ADDINOL Lube Oil
Adecco Deutschland
Adels – Contact
Advanced Clean Production Information Technology
Aidcraft
Alanod Aluminium Veredelung
Alex and Gross
Allianz
Altana
AMPEG Technologie and Computer Service
Arcandor (ehemals KarstadtQuelle)
Armacell Group
ascention information management
BASF
Bayer
BCD Travel Germany
Betek Bergbau und Hartmetalltechnik
Bertelsmann
Bewachungsdienst Dipl.-Kfm. Helmut
Bilfinger Berger
bluO
BMW
Boll und Partner Software
BSH Bosch und Siemens Haushaltsgeräte
Business Keeper
C&G Logistics
Ch. Dahlinger
Commerzbank
Compware Medical
Control Risks Deutschland
DECON
Deutsche Bank
Deutsche Gesellschaft für Technische Zusammenarbeit (GTZ)
Deutsche Lufthansa
Deutsche Post World Net
Deutsche Telekom
DHB Media Service
Drehtainer
DZ BANK
E.ON
Ernst & Young
EPCOS
EPOS Health Consultants
Faber-Castell
FAI rent-a-jet
Fraport
Fritz Massong
Fritz Winter Eisengießerei
Geister Medizintechnik
Gerling
GOPA Consultants
Hager
Harter Stanztechnik
HELOG Lufttransport
Henkel
Heraeus Hold Holding
Holtz Immobilien
Ideen Quartier
ILF Beratende Ingenieure
InCity Immobilien
IMC Information Multimedia Communication
Infineon Technologies
Institut fur Organisationkommunikation IFOK
Karl Simon
Karl Storz
Leon Levy Freres Montres and Chronographes Pierce
Linde Group
Mediengruppe macondo
Magnetec
Mannheimer Kongress- und Touristik
MAS-Aeromed
mc-quadrat
MCS Promotion
MEDIA CONSULTA International Holding
MEN Mikro Elektronik
Merck
Mettenmeier – Utility Solutions
Miele
Münchener Rückversicherungs-Gesellschaft
Nehm & Coll Societat der Rechtsanwälte
NOBA Verbandmittel Danz
Novacard Informationssysteme
Nowinta Vermogensverwaltung
Osram
Otto Group
Outermedia
PARTICIP
Phoenix Contact
PIXELCHAMPIONS
PriceWaterhouseCoopers
Puma
Qimonda
Qualifizierungsförderwerk Chemie
Quick-Line Transporte
Richard Bergner Elektroarmaturen
Richter Media Group
Robert Bosch

RWE
SAP
ScherdelGroup
Sedus Stoll
Siemens
Sitek – Spikes
Studiosus Reisen München
TAD Pharma
technotrans
tesa
The Intercultural Institute, ICI
Theben
TIMA International
trans-o-flex Schnell-Lieferdienst
TÜV Rheinland Holding
united communications
UR Holding (ex-SITEC)
VOKS DAMS GRUPPE
Volkswagen
VS Vereinigte Spezialmobelfabriken
Wacker Chemie
Wenzel Elektronik
WestLB

II. Ministerien | Ministries

Auswärtiges Amt (AA)
Bundesministerium für Arbeit und Soziales (BMAS)
Bundesministerium für wirtschaftliche Zusammenarbeit und Entwicklung (BMZ)
Bundesministeriums für Wirtschaft und Technologie (BMWi)

III. Verfasste Wirtschaft | Business sector institutions

Bellagio Forum for Sustainable Development
International Chamber of Commerce (ICC) Deutschland
Leadventures
Wirtschaftsjunioren Deutschland
Zukunft Metropolregion Rhein-Neckar

IV. Stiftungen | Foundations

Stiftung Sozialpädagogisches Institut – SPI
Institute for Corporate Cultural Affairs

V. Öffentliche Einrichtungen | Public Institutions

Land Berlin
Stadt Nürnberg
Stadt Bonn

VI. Zivilgesellschaftliche Organisationen | Non-governmental Organisations

Amnesty International Deutschland
betterplace
Bundesinitiative Partner der Jugend (UPJ)
CARE Deutschland-Luxemburg
Collective Leadership Institute
Deutsche Welthungerhilfe
Deutscher Entwicklungsdienst (DED)
Ecologic-Insitut für Internationale und Europäische Umweltpolitik
Germanwatch
HABITAT FOR HUMANITY Deutschland
International Association for Human Values
Mobifair
Rationalisierungs- und Innovationszentrum der Deutschen Wirtschaft
Transparency International

VII. Wissenschaft und Forschung | Science and Research

European Business School – EBS
Freie Universität Berlin
Management and Technology – SIMT
Wittenberg Zentrum für Globale Ethik

Kontakt | Contact

In Deutschland | *in Germany*:

Deutsche Gesellschaft für Technische Zusammenarbeit (GTZ) GmbH
Büro für die Zusammenarbeit mit der Wirtschaft | *Center for Cooperation with the Private Sector, Public Private Partnerships (PPP)*
– Global Compact –
Reichpietschufer 20
D - 10785 Berlin

In den USA | *in the US:*

United Nations Global Compact
United Nations
New York, NY 10017
USA

Quelle | *Sources:*

www.globalcompact.de
www.unglobalcompact.org

Stand | *Status:*

Dezember 2008

IMPRESSUM | IMPRINT

Verlag | Publishing house
Mediengruppe macondo
Berliner Platz 8-10
D - 48143 Muenster
Germany
Tel: +49 (0) 251 - 48 44 93 40
Fax: +49 (0) 251 - 48 44 93 42
E-Mail: info@macondo.de
Web: www.macondo.de
Umsatzsteuer-ID: DE214683825

Für die redaktionellen Beiträge der Sektion „Best Practice" sind ausschließlich die Unternehmen selbst verantwortlich. Namentlich gekennzeichnete Beiträge geben nicht die Meinung des Herausgebers wieder.| *Solely responsible for the editorial contributions under the heading "Best Practice" are the companies themselves. Named articles do not reflect the opinion of the publisher.*

Herausgeber | Publisher
Dr. Elmer Lenzen

Photo Director
Marion Book

Art Director
Alexander Pawlak

Autoren dieser Ausgabe | Authors of this edition (in alphabetic order)

Prof. Dr. Werner Abelshauser, Sigmar Gabriel, Constanze Helmchen, Georg Kell, Michael Kuhndt, Dr. Elmer Lenzen, Barbara Lochbihler, Dr. Christine M. Merkel, Anne-Valérie Ohlsson, Nicole Piepenbrink, Dr. Nadine Pratt, Dr. Lothar Rieth, Stephan Schaller, Alexander Schulz, Paul Strebel, Elisabeth Strohscheidt, Marlehn Thieme.

Autoren des Unternehmensteils | Authors of the corporate section (in alphabetic order)

Hans Arnaldo, Prof. Dr. Friedrich Berschauer, Aiko Bode, Dr. Achim Deja, Dietlind Freiberg, Carmen Giese, Kristóf Gosztonyi, Christine Gottlob, Susan Heuer, Dr. Alexandra Hildebrandt, Dr. Marita Hilgenstock, Hanns Michael Hölz, Dieter Horst, Elise Kissling, Lutz Laemmerhold, Peter Laser, Dr. Ulrich Lehmann, Dr. Elmer Lenzen, Wolf-Rainer Lowack, Dr. Sabine Lutz, Stephan de Maria, Dr. Natalie Mayet, Susanne Moll, Dr. Gerhard Prätorius, Maria Schaad, Dr. Verena Schuler, Torsten Sewing, Alexander Sonneck, Hans Jürgen Stephan, Andreas Streubig, Götz von Stumpfeldt, Pavan Sukhdev, Dr. Martina Timmermann, Kenan Tur, Antonio Veloso, Fridolin Weindl, Ursula Wilms.

Bildnachweis | Photo Credits

UN Photo/Eskinder Debebe (P. 3, 124), BMZ/photothek/U. Grabowski (P. 4 oben, 14), UN Photo/Logan Abassi (P. 4 Mitte, 30/31 oben, 32/33, 34), UN Photo/Joao Araujo Pinto (P. 4 unten, 121), WFP/Vanessa Vick (P. 6, 9 Mitte und unten), Heiner Hestermann/Fotolia.com (P. 7 unten), WFP/Vince Dewitt (P. 8), childrensworld.org (P. 9 oben), Ken Hurst/Fotolia.com (P. 10 oben), Wolfram Zummach/Fotolia.com (P. 10 unten), digitalpress/Fotolia.com (P. 11 links), Dron/Fotolia.com (P. 11 rechts), BMZ/Frank Ossenbrink (P. 18), Stephan Dietl/pixelio.de (P. 19 links), Harry Hautumm/pixelio.de (P. 20), A. Schüler (P. 22/23), sculpies/Fotolia.com (24/25), Andreas Franke/Fotolia.com (P. 26/27, 30 unten), UN Photo (P. 28/29), UN Photo/Nayan Tara (P. 29 rechts), LVDESIGN/Fotolia.com (P. 38/39), Franz Pfluegl/Fotolia.com (P. 41), Marc Heiligenstein/Fotolia.com (P. 42), Frank Peters/RNE (P. 46/47), Alexander Pawlak (P. 48, 51, 92), Presseamt Bonn (P. 55), Claus-P. Schulz/pixelio.de (P. 57), ABB (P. 60), Arcandor (P. 62), Armacell (P. 64/65), BASF (P. 66/67), Bayer CropScience (P. 68), BMW (P. 70), Bosch (P. 72/73), BSH Bosch und Siemens Hausgeräte/Marie Hippenmeyer (P. 74/75), Business Keeper (P. 76), Control Risks (P. 78), Deutsche Bank/Nicole Desire Kahl/Shotshop (P. 80) und Elena Elisseeva/Shotshop (P. 81), DPWN/Patricia Graf/WWF (P. 82/83), Deutsche Telekom (P. 84/85), Geister (P. 86/87), Zubin Shroff/Getty Images (P. 88), GTZ (P. 89), Lufthansa (P. 90/91), Merck (P. 94/95), Metropolregrion Rhein-Neckar (P. 96/97), Miele (P. 98/99), Otto Group/HHLA (P. 100) und Anjelika Conrad (P. 101), PwC (P. 102), RWE (P. 104/105), SAP (P. 106/107), Storz (P. 108/109), The Linde Group (P. 110/111), TIMA (P. 112), TÜV Rheinland (P 114/115), Volkswagen/Dudu Cavalcanti (P. 117), UN Photo/Marco Castro (118), UN Photo/Rick Bajornas (P. 127), Yuri Arcurs/Fotolia.com (P. 129), Mehmet Dilsiz/Fotolia.com (P.130, 132), Vladimir Popovic/Fotolia.com (P. 134) sowie Marion Book (P. 7 oben, 12, 15, 17, 19 rechts, 21, 35, 37)

Titelbild | Cover
Rainer Friedrich

Übersetzungen | Translations
Sybille Frey & Gregory Rampinelli

Lektorat | Chief Editorial Officer
Marion Book

Danksagung | Credits

Das Statement von UN Generalsekretär Ban Ki-moon stammt von der feierlichen Eröffnung des russischen GC-Netzwerkes im April 2008 in Moskau. | *The remarks of his excellency, UN Secretary General Ban Ki-moon, were originally given during the inauguration of the Russian GC network in Moscow, April 2008.*

Das Interview mit Werner Abelshauser wurde ursprünglich für tagesschau.de produziert. Wir danken für die Freigabe! | *The interview with Werner Abelshauser was originally produced for tagesschau.de. Thank's for permission!*

Produktion
Mediengruppe macondo

Papier | Paper
Plano® Art (Schneidersöhne Deutschland GmbH & Co. KG)

Druck | Print
Kontakt Offset-Druck, Dortmund

Bezugspreis | Ordering price
30,00 € zzgl. Porto | *plus Shipping:*
[D] + 1,00 €, [EU] + 2,00 €,
[CH] + 3,50 €, [World] + 5,50 €

ISSN 1614-7685
ISBN-10: 3-9810638-6-4
ISBN-13: 978-3-9810638-6-8

Printed in Germany © 2009